D1700661

Das Recht auf sich selbst

progress

FOUNDATION

Das Recht auf sich selbst

Bedrohte Privatsphäre
im Spannungsfeld
zwischen Sicherheit und Freiheit

Herausgegeben von
Konrad Hummler
und Gerhard Schwarz

NZZ Verlag

© 2003 Verlag Neue Zürcher Zeitung, Zürich

ISBN 3-03823-052-9

www.nzz-buchverlag

Inhalt

III. Privatheit gegenüber Dritten

IV. Finanzielle Privatheit

Vorwort

In den Diskussionen um das schweizerische Bankgeheimnis wird oft suggeriert, es handle sich dabei um ein ausserordentliches Privileg, das den Bürgern eigentlich gegenüber dem «wohlwollenden», für Gerechtigkeit sorgenden Staat gar nicht zustehe. Das Bankgeheimnis ist jedoch kein Sonderfall, sondern steht in einer Reihe mit zahlreichen anderen Berufsgeheimnissen, die alle eine lange Tradition aufweisen und die Privatsphäre des Individuums sowohl gegenüber dem Staat als auch gegenüber Dritten schützen sollen. Die zwei bekanntesten sind zweifellos das Arztgeheimnis und das Beichtgeheimnis. Die Progress Foundation (Zürich) hat vor diesem Hintergrund im Rahmen ihrer Workshop-Veranstaltungen zu sozialen und psychologischen Aspekten der Ökonomie nach dem Neid und der Grosszügigkeit (und vor der Angst) im Herbst 2000 die Privatheit zum Thema einer vertieften intellektuellen Diskussion gemacht. Eine kleine Gruppe von Vertretern verschiedenster Wissensbereiche (Juristen, Theologen, Mediziner, Historiker, Psychologen und Ökonomen) aus Deutschland, Österreich und der Schweiz debattierten anhand verschiedener klassischer Texte während zweieinhalb Tagen in Schwarzenberg (Vorarlberg) über die Bedeutung der Privatsphäre und über ihre Gefährdungen.

Nach dem 11. September 2001 erhielt diese umfassende, nicht allein auf die finanzielle Privatsphäre fokussierte Sichtweise ungeahnte Aktualität, weil mit Blick auf die Terrorismusbekämpfung der Schutz der Privatsphäre plötzlich stärker in Bedrängnis geriet. Im Rahmen ihrer öffentlichen «Economic Conferences» in Zürich hat sich die Progress Foundation daher im November 2001 und im April 2002 gleich zweimal mit Aspekten der Privatheit auseinander gesetzt. Die eine dieser Konferenzen galt eher grundsätzlichen rechtsphilosophischen Fragen zum Schutz der Privatsphäre gegenüber Dritten, die andere dem schwierigen Spannungsfeld zwischen Schutz der Privatsphäre und öffentlicher Sicherheit.

Auf der Basis dieser drei Veranstaltungen haben die Herausgeber versucht, mit dem vorliegenden Buch einen möglichst vielfältigen, zugleich jedoch klar im Liberalismus verankerten Blick auf die Privatheit als Pfeiler einer offenen, freiheitlichen Gesellschaft zu werfen. Bei den Texten, die hier versammelt sind, handelt es sich im Wesentlichen um einzelne der im Workshop von Schwarzenberg diskutierten grundlegenden Aufsätze (Brandeis, Arendt, de Tocqueville, Rahn), um durch diesen Workshop inspirierte Artikel (Schwarz, Ruetz), um überarbeitete Fassungen der Vorträge der beiden «Economic Conferences» (Feulner, Hummler, Schweizer, Epstein) sowie schliesslich um Originalbeiträge, die eigens für das Buch geschrieben wurden (Sandoz, Siegert, Rudin, Ackermann, Koslowski).

Das Buch wäre vielleicht überhaupt nicht oder zumindest nicht so rasch zustande gekommen, hätte nicht Dr. Bernhard Ruetz (Liberales Institut) die Herausgeber tatkräftigst unterstützt, für die zeitgerechte Einholung der Manuskripte gesorgt, einen grossen Teil der Redaktionsarbeit übernommen und alle Texte mit kurzen Zusammenfassungen auf Englisch und Deutsch versehen. Dafür sei ihm herzlich gedankt. Selbstverständlich liegt die Verantwortung für allfällige dennoch verbliebene Fehler und Unzulänglichkeiten ausschliesslich bei den Herausgebern.

St. Gallen/Zürich, im Mai 2003
Konrad Hummler und Gerhard Schwarz

I. Grundlagen

Privatheit – Sauerstoff der Freiheit

Gerhard Schwarz

Das Recht auf Privatheit ist ein relativ junges Grundrecht. Es wird von vielen gar als überflüssig angesehen, weil es durch andere Grundrechte bereits abgedeckt werde. Der folgende einführende Text vertritt demgegenüber im Vorgriff auf viele in den anderen Aufsätzen des Buches ausführlicher angestellte Überlegungen die These von der grundlegenden Rolle der Privatheit für eine freiheitliche Gesellschaft. Die Privatsphäre ist nach Ansicht des Autors mehr durch den Staat als durch Private gefährdet. Nach seiner Ansicht gibt es leider für ein umfassendes Recht auf Privatheit fast nirgends eine konsistente, konsequente und glaubwürdige Lobby.

The right to enjoy privacy is a relatively recent basic right. Moreover, many people even consider it as superfluous, because other basic rights are already supposed to provide sufficient legal protection. As a prelude to numerous more detailed expositions contained in the other essays of this book, the following introductory text strongly underlines the thesis of privacy's fundamental role for a free society. In the author's opinion, the private sphere is more threatened by the State than by private parties. Viewed from his angle, a consistent, uncompromising and credible lobby advocating a comprehensive right to enjoy privacy is almost nowhere to be found.

Einleitung

Privatsphäre und Öffentlichkeit bilden ein heikles Spannungsfeld. Einerseits will man von sich selbst nichts preisgeben, die eigene Privatsphäre vor fremden Blicken schützen, andererseits möchte man über die andern oft möglichst viel, ja am liebsten alles wissen. Tratsch und Klatsch auf der einen, die (professionelle) Neugier von Medien und Behörden auf der anderen Seite bedrohen den privaten Raum deshalb seit je. Noch kaum einmal dürfte die Bedrohung allerdings so umfassend und fundamental gewesen sein wie heute.

Dafür gibt es zumindest zwei wesentliche Gründe. Zum einen liefern die Anschläge des 11. September 2001 unmittelbar einleuchtende Argumente, um den Schutz der Privatsphäre zumindest teilweise zu durchlöchern. Nur so lasse sich, lautet der Tenor, die Sicherheit der Gemeinschaft und der Individuen garantieren und der Kampf gegen den Terrorismus erfolgreich führen. Die im Rahmen der Regierungsgewalt für die Überwachung zuständigen Institutionen nutzen die Gunst der Stunde und versuchen, Methoden einzuführen, die ihnen schon lange ein Anliegen sind und die massiv in die Privatsphäre, auch die wirtschaftliche Privatsphäre, der Bürgerinnen und Bürger eingreifen. Zum andern gibt es – vom genetischen Code bis zu Finanzinformationen, vom Sexualleben der Prominenz bis zur Internet-Kommunikation, vom Verhalten am Arbeitsplatz bis zu medizinischen Angaben – fast nichts mehr, das nicht öffentlich ist oder zumindest dem Zugriff Privater und erst recht des Staates immer mehr zugänglich wird. Von den technischen Möglichkeiten her – Rasterfahndung, Videoüberwachung, Lauschangriff, «Ubiquitous Computing» oder DNA-Analyse, um nur einige zu nennen – ist George Orwells negative Utopie «1984» längst überholt, und nicht nur der Staat, sondern auch Private können sich am «grossen Lauschangriff» ohne besondere Schwierigkeiten beteiligen. Das Private ist also in Gefahr, heute noch mehr als früher.

Ein Grundrecht der besonderen Art

Die wachsende Bedrohung der Privatsphäre ist zunächst insofern erstaunlich, als die Idee eines Rechts auf Privatheit in den westlichen Kulturen doch ziemlich stark verwurzelt ist. Es ist letztlich die vor fremden Einflüssen und Einblicken aller Art geschützte Privatsphäre, welche die Autonomie jeder einzelnen Person ermöglicht und welche Individualität und Gemeinschaft miteinander versöhnt. Ohne das Grundrecht auf Privatheit ist eine selbstbestimmte bürgerliche Gesellschaft eigentlich nicht vorstellbar. Umgekehrt gehört es zu den herausragenden Charakteristika totalitärer Regime wie etwa des real existierenden Sozialismus bis zum Fall der Berliner Mauer, dass das Privatleben nicht gesichert ist, dass die

12

«eigenen» vier Wände eben keinen Schutz bieten. Verschiedene Verfassungen, auch die schweizerische, kennen deswegen – wenn auch oft relativiert durch viele Ausnahmen und zahlreiche Bedingungen – einen Schutz der Privatsphäre und einen Schutz persönlicher Daten. So sind etwa in der Grundrechte-Charta der EU, die auf der Ratstagung von Nizza formuliert wurde, sowohl der Schutz persönlicher Daten als auch der Schutz der Unverletzlichkeit der Wohnung festgehalten.

Das Erstaunen über die Erosion des Privaten wird jedoch kleiner, wenn man sich vor Augen führt, dass der Schutz der Privatsphäre eine eher moderne Errungenschaft ist. Über die Jahrhunderte, ja Jahrtausende hinweg hatten die Menschen bemerkenswert wenig Privatsphäre; jedes Detail des Lebens unterlag der genauen Kontrolle der Familie oder der Dorfgemeinschaft. Erst im Laufe des 18. Jahrhunderts wurden Öffentlichkeit und Privatsphäre zunehmend feiner geschieden: Das Öffentliche wurde als Sache des Staates «entprivatisiert», das Private als Bereich der Familie und des Hauses ausgegrenzt. So verwundert es denn nicht, dass etwa die französische Aufklärung den Schutz der Privatsphäre noch nicht zu den Grundrechten zählte. Erst rund 100 Jahre nach der französischen Revolution, im Jahre 1890, umschrieb und postulierte in den USA der oberste Richter Louis Brandeis in einem wegweisenden Artikel das «Recht, in Ruhe gelassen zu werden». Dieses Recht wird gemäss Brandeis nicht nur durch Einmischung verletzt, sondern auch durch unerbetenes Beobachtetwerden. In dieser späten «Entdeckung» der Privatheit als Grundrecht, in der Tatsache somit, dass die Privatheit in der Aufklärung noch kein zentrales Anliegen war, sondern erst später postuliert wurde, liegt wohl eine Ursache dafür, dass das Recht auf Privatheit bis heute nicht im gleichen Ausmass als absolutes Menschenrecht angesehen wird wie die Rede-, Versammlungs- oder Religionsfreiheit.

Dazu kommt ein Zweites. Nicht wenige Autoren, so etwa die Philosophen Judith Jarvis Thomson oder Raymond Geuss, sind der Ansicht, es brauche das Konzept der Privatheit gar nicht, weil es ohnehin zu schwammig, zu heterogen sei und zudem durch klassischere individuelle Rechte bereits genügend geschützt werde. Die Unterscheidung zwischen «privat» und «öffentlich» sei von Fall zu Fall unterschiedlich, was eben zeige, dass Privatheit nicht ein kompaktes, in sich geschlossenes Konzept sei, sondern dass es sich dabei um eine Vielzahl von Einzelphänomenen handle.

Schliesslich sehen viele Beobachter in einem möglichst offenen Informationsaustausch und in der freien Zugänglichkeit von Wissen eine wichtige Quelle des Erkenntnisfortschritts. Jede Geheimniskrämerei so wie jedes Tabu seien dem abträglich. Ähnlich sind auch jene bereit, den Schutz der Privatsphäre zu relativieren, die um die Sicherheit besorgt sind. In beiden Fällen besteht die Tendenz, im besten Fall das Recht auf Privatheit mit dem (über weite Strecken vermeintlichen) Recht der Öffentlichkeit auf Information, mit dem Anliegen der nationalen Sicherheit oder mit dem Ziel des weltweiten Freihandels in eine Balance zu bringen, im schlechteren und häufigeren Fall aber, das Recht auf Privatheit den anderen Rechten und Zielen unterzuordnen.

Die relative Neuheit des Konzepts, seine Schwammigkeit und die konfliktgeladene, ja zum Teil antinomische Beziehung zu anderen Anliegen dürften alle zusammen erklären, weshalb das Recht auf Privatheit so leicht – und in den letzten Jahren zunehmend – unter die Räder kommt.

Neutrale Technologie

Die technologische Entwicklung, also die Möglichkeiten, die sich allenthalben bieten, zu beobachten und zu überwachen, ohne dass der Beobachtete dies merkt, dürfte bei der Gefährdung der Privatheit im Vergleich mit der ungenügend tiefen Verankerung des Konzepts der Privatheit im kollektiven Bewusstsein eine viel unbedeutendere Rolle spielen. Jedenfalls ist diese Rolle kleiner, als meist behauptet wird. Der technische Fortschritt ist nämlich mit Blick auf den Schutz der Privatsphäre weitgehend neutral. Das bedeutet, dass die Privatheit in den letzten Jahrzehnten zwar unter dem technischen Fortschritt gelitten hat, dass sie aber zugleich auch von ihm profitiert hat. Per saldo ist der Einfluss der Technologie auf den Schutz der Privatsphäre ambivalent.

Gewiss: Wo es früher das Öffnen von Briefen oder das Aufbrechen von Kästen brauchte, erlauben heute neue Techniken wie Bewegungsdetektoren oder Nachtsichtgeräte in Verbindung mit modernen Lebensformen eine Registrierung unserer Gewohnheiten, Vorlieben und Verhaltensweisen in grosser Breite und Detailliertheit, ohne dass dafür «physische» Gewalt angewendet werden müsste. Selbst wo die Einzelinformation – die gewählte Telefonnummer, die Bezahlung eines Essens, die Bestellung im Versandhaus – gar nicht als besonders heikel oder wirklich vertraulich zu bezeichnen ist, kann das Zusammenfügen dieser persönlichen Daten eine bedrohliche Dimension annehmen. Unter dem Motto «Know your customer» können sich beispielsweise Kreditkartenunternehmen völlig

14

«unschuldig» und ohne jedes schlechte Gewissen auf Grund der Transaktionen ein genaues Bild vom Konsummuster ihrer Kunden machen.

Aber gleichzeitig bringen fast alle neuen Technologien neben der Gefährdung auch eine Stärkung der Privatheit. So ermöglicht das weltweite Netz den Rückzug in die eigenen vier Wände – bis hin zum Autismus –, und das Fernsehen erlaubt es, sich nicht mehr ins Kino oder Theater bemühen zu müssen. Früher war man, wenn man im Dorf- oder Quartierladen einkaufte, in seinen Konsumgewohnheiten wohl mehr überwacht, als wenn man heute seine Käufe in unzähligen Supermärkten und Fachgeschäften tätigt und dies gleichzeitig noch mit der Bestellung über das Internet bei ganz vielen Versandhäusern kombiniert. Dazu kommt eine auch in diesem Bereich gültige, einfache Alltagserfahrung: Technisch möglich ist heute so viel, dass selbst noch so interessierte Stellen Mühe haben, die Flut an Informationen richtig zu steuern. In einem gewissen Sinne können die technischen Möglichkeiten der Überwachung also das Gegenteil bewirken: ein Mehr an Privatsphäre, weil die potenziellen Überwacher schlicht überschwemmt werden, weil die Datenjagd zur Datenflut führt.

Privatheit als Raum der Autonomie

Der Verlust an Privatheit in den modernen Gesellschaften – mit dem übrigens ein Verlust an Scham einherzugehen scheint, und zwar beim Beobachter wie beim Beobachteten gleichermassen – betrifft keineswegs nur den voyeuristischen Blick in die Privatsphäre, an den man zuerst denkt und der vom Paparazzi-Journalismus bis zu erfolgreichen Reality-TV-Shows à la «Big Brother» allgegenwärtig zu sein scheint. Das Recht auf Privatheit meint mehr als nur den Schutz vor beobachtenden Blicken, vor lauschenden Ohren und vor dem Sammeln von Daten, es meint, um mit Beate Rössler zu sprechen, dass es Entscheidungen, Informationen und Orte geben kann und muss, zu denen andere nur mit Einwilligung des jeweiligen Individuums Zugang haben sollen. An erster Stelle stehen also die Entscheidungen. Deshalb umfasst das Recht auf Privatheit auch, ja sogar ganz besonders, den Schutz vor unerwünschten Einflüssen und das Recht, die persönlichsten Entscheide im Leben in voller Autonomie zu treffen.

Vor diesem Hintergrund kann man Tendenzen wie die «political correctness», welche die Freiheit der Meinungsbildung und der Meinungsäusserung einschränken, in der Quintessenz durchaus als massive Gefahren für die Privatheit interpretieren, wenngleich gerade an diesem Beispiel auch deutlich wird, dass Privatheit eben kein sehr präziser, leicht fassbarer und allgemein verständlicher Begriff ist, sondern eng mit Aspekten der Freiheit verknüpft ist. Gefährdet ist die Privatheit auch und erst recht, wenn das Verhalten bis hinein in den Privatbereich reglementiert oder doch sozial vorgegeben wird, wenn dort, eben im Privaten –, immer unter der Voraussetzung der allseitigen Freiwilligkeit – nicht alles möglich und erlaubt ist, was nicht ausdrücklich verboten ist.

Jenseits ideologischer Schützengräben

Angesichts der Vielschichtigkeit des Begriffs «Privatheit» ist es nur zu verständlich, dass die Sorge um die Sicherung der Privatheit kaum entlang der üblichen ideologischen Schützengräben verläuft. Zum Teil gewinnt man den Eindruck, der Schutz der Privatheit kümmere Linke wie Rechte gleichermassen wenig, zum Teil – und noch öfter – kommt es einem so vor, als ob die Privatheit je nach politischer Ausrichtung nur unter ganz spezifischen Aspekten verteidigt werde. Das ist von der Sache her nicht zu rechtfertigen und somit nur schwer verständlich, es lässt sich jedoch sehr wohl von der je unterschiedlichen Anhängerschaft der Parteien her nachvollziehen.

So stellen, wie Charles S. Sykes in «The End of Privacy» zeigt, in den USA ausgerechnet die Konservativen, die man als Bollwerk der Privatsphäre vermuten würde, den Schutz der Privatheit in Frage; sie bekunden keinen Respekt für die Privatheit des Schlafzimmers und ärgern sich darüber, dass im privaten Bereich auch Unmoralisches möglich ist. Radikale Feministinnen wiederum halten den häuslichen Bereich und die private Familie ohnehin für einen Hort der Unterdrückung der Schwächeren durch den Stärkeren, sprich: den Mann; auch ihnen ist somit das Private nicht heilig. Sozialdemokraten respektieren die privaten Eigentumsrechte generell nur wenig und opfern sie ohne Zögern ihren redistributiven Absichten. Für die Kommunitaristen schliesslich ist die Betonung der Privatsphäre Ausdruck des übertriebenen Individualismus unserer Zeit. Zusammen mit vielen Konservativen sind sie daher offen für das Recht des Staates, die Privatsphäre einzuschränken, sofern es dem Gemeinwohl, von der Gesundheit bis zur Sicherheit, dient.

Eine besonders wichtige Gruppe in dieser Debatte bilden die Libertären. Weil sie grundsätzlich das Verfügungsrecht der Individuen über sich selbst hochhalten, sind sie völlig offen für jegliches private Sammeln von Informationen über Personen (womit sie sich mit jenen auf Ruhe und Ordnung ausgerichteten, ihnen ideologisch eher entgegengesetzten Kräften treffen, die in grösstmöglicher Transparenz das Heil einer von Terrorismus und Kriminalität bedrohten Gesellschaft sehen). Ihre Begründung lautet, der freie Zugang zu und der freie Umgang mit Daten seien Ausdruck der Privatautonomie; privates Sammeln von Daten sei nichts anderes als eine moderne und systematisierte Form von Klatsch, die man weder verbieten könne noch dürfe. Auch wenn einem dieses Argument in seiner Radikalität vielleicht etwas gar amerikanisch erscheinen mag, so wird man ihm nicht nur die Originalität, sondern auch ein Körnchen Wahrheit nicht absprechen können. Ausserdem weist die libertäre Sicht auf einen zentralen Unterschied hin, nämlich den zwischen der Verletzung der Privatsphäre durch Dritte und jener durch den Staat.

Staatliche und private Gefährdungen

Private Eingriffe in die Privatsphäre kann man, sofern sie nicht versteckt, sondern offen erfolgen, als normalen Ausdruck einer Verhandlungssituation verstehen. Die Ausbalancierung zwischen Privatsphäre und Transparenz erfolgt freiwillig im Rahmen des Verhandlungsprozesses. Wenn etwa ein Arbeitgeber von einem potenziellen Mitarbeiter bestimmte Informationen (beispielsweise über seine Gesundheit oder seine Vorstrafen) haben will, stellt dies keine grundsätzliche Infragestellung des Rechtes auf Privatheit dar, solange der Arbeitnehmer die Auskunft verweigern kann. Der Arbeitgeber will die Katze nicht im Sack kaufen, der Arbeitnehmer kann sich überlegen, ob er mit Blick auf seine Anstellung Teile seiner Privatsphäre aufgeben will. Freiwilligkeit und Freiheit sind gewahrt. Das gilt selbst dort, wo Arbeitnehmer während ihrer Arbeitszeit mit Videokameras überwacht werden, solange die Betroffenen informiert sind und im Prinzip die Möglichkeit haben, die Arbeitsstelle zu wechseln. Ähnliches gilt mit Blick auf finanzielle Daten. Niemand wird sich gross daran stören, wenn jemand für einen Kredit seine finanziellen Verhältnisse darstellen oder für den Abschluss einer Lebensversicherung den Vertrauensarzt aufsuchen muss.

Entgegen einer weit verbreiteten Ansicht ist demgegenüber das staatliche Eindringen in die Privatsphäre nicht etwa unproblematischer, im Gegenteil. Es ist zwar richtig, dass solche staatlichen Eingriffe immer moralisch verbrämt daherkommen, dass sie praktisch immer mit dem Gemeinwohl oder dann doch mit dem Wohl des beobachteten und nach Informationen ausgequetschten Staatsbürgers begründet werden. Doch gerade, wenn Verhalten nicht mit Eigeninteresse, sondern mit hehren Absichten begründet wird, gilt es, auf der Hut zu sein. Gewiss: Wer wollte schon grundsätzlich dagegen sein, wenn die Kriminalität reduziert, die Gesundheit erhöht, der Wohlstand gefördert werden kann. Deshalb dürfte, so steht zu befürchten, gerade im Zeichen terroristischer Bedrohungen eine wachsende Zahl von Bürgern die geheime Überwachung ihrer privaten Aktivitäten akzeptieren, frei nach dem Motto: Wenn sich die einen aus blossem Jux und zur Unterhaltung im Container rund um die Uhr mit Fernsehkameras beobachten lassen, warum soll dann nicht für ein viel höheres Ziel, nämlich die nationale Sicherheit, die Beobachtung durch spezialisierte Polizeidienste hingenommen werden?

Hier verstärken sich zwei durchaus unterschiedliche Formen des Verlusts der Wertschätzung für die Privatheit gegenseitig. Die Frage nach der Verhältnismässigkeit des Überwachungsstaates wird dabei kaum einmal gestellt, und es wird übersehen, dass man sich gegen den (gewaltmonopolistischen) Eingriff des Staates in die Privatsphäre praktisch nicht zur Wehr setzen kann; wenn der Staat Informationen verlangt, gibt es in der Regel kein Verweigerungsrecht. Insofern stellt der Staat mit seiner Mischung aus moralischen Schalmeienklängen und seinem Zwangsmonopol die grössere Gefahr für die Privatsphäre dar als die kommerziellen Interessen von Unternehmen, der auf Sicherheit bedachte Wissensdurst der Arbeitgeber oder schlicht die Neugier Dritter. Der grosse Bruder «Staat», der über «seine» Bürger und «seine» Unternehmen alles wissen will und für sich vollkommene Transparenz über seine «Untertanen» anstrebt, ist und bleibt die Horrorvision jedes Liberalen.

Freiheitssichernde Privatheit

Die Gefährdung der Privatheit ist schon für sich allein genommen schlimm genug, weil der Privatheit ein hoher Eigenwert zukommt. Noch viel wichtiger ist jedoch, dass Privatheit eng mit Freiheit, Intimität und Autonomie zusammenhängt, ja dass sie deren Grundlage bildet. Der «gläserne Mensch» ist Gift für die Freiheit, Privatheit ist ihr Sauerstoff. Privatheit legt jene notwendige Distanz zwischen die Individuen, die zum würdigen Menschsein genauso gehört wie die Nähe der Gemeinschaft. Sie

18

legt aber auch die unabdingbare Distanz zwischen Bürger und Staat, die Geborgenheit und Respekt gleichzeitig ermöglicht.

Leider besitzt das so verstandene Recht auf Privatheit fast nirgends eine konsistente, konsequente und damit glaubwürdige Lobby, ganz abgesehen davon, dass das Bewusstsein für den Verlust an Privatheit bei einer breiten Öffentlichkeit noch kaum vorhanden ist, nicht zuletzt, weil die bedrohlichen Seiten mancher technologischer Entwicklungen weniger erkannt werden als ihre positiven. Anstatt die Privatheit als fundamentales Menschenrecht einer freien Gesellschaft zu verstehen, greift der Generalverdacht um sich, dass – weil Kriminelles immer geheim erfolgt – alles, was im Verborgenen geschieht, auch schon kriminell sein müsse. Wer Geheimnisse hat, macht sich gewissermassen schon von vornherein verdächtig. Und anstatt die Privatsphäre als natürliches Pendant des Öffentlichen zu begreifen, wo der Mensch jene Spontanität leben kann, die ihm verantwortungsvolles Wirken in der Öffentlichkeit oft erst ermöglicht, wird das Private fälschlicherweise als Gefährdung des Gemeinwohls verstanden.

Will man die Privatheit besser sichern, kann man grundsätzlich auf zwei Seiten ansetzen. Man kann einerseits auf das öffentliche Recht und auf spezielle Bestimmungen zum Schutz der Privatheit vertrauen. Es entbehrt nicht einer gewissen Ironie, dass ausgerechnet Europa, das in seiner Geschichte so oft das Opfer von die Privatsphäre missachtenden Regierungen geworden ist, dieser Form der Sicherung der Privatheit einige Sympathie entgegenbringt. Anderseits kann man auf das Privatrecht setzen, das – konsequent umgesetzt – weitgehenden Schutz gewähren könnte. Dazu gehörte allerdings zuvörderst eine klare Stärkung der Eigentumsrechte, denn Privatheit und Privateigentum gehören, wie schon Hannah Arendt betont hat, untrennbar zusammen. Eine solche Stärkung der Abwehrkräfte des Individuums gegenüber dem Zugriff sowohl des Staates als auch von Dritten könnte verhindern, dass ein verkanntes Grundelement einer freiheitlichen Gesellschaft zunehmend erodiert. Sonst könnte sich die Aussage bewahrheiten, wonach Privatheit wie Sauerstoff ist, man ihre Bedeutung also erst richtig einschätzen und schätzen lernt, wenn sie nicht mehr da ist.

The Right To Privacy

Louis D. Brandeis

Toward the end of the 19th century the American lawyer and subsequent Federal Justice Louis D. Brandeis laid down this basic definition: «Privacy is the right to be let alone». This quotation is often erroneously interpreted to mean «the right to be left to one's own devices». However, Brandeis rather means «the right to be left in peace» as an expression of the modern concept of liberty vis-à-vis the powers of the State and social entities such as the media.

Gegen Ende des 19. Jahrhunderts formulierte der amerikanische Anwalt und spätere Bundesrichter Louis D. Brandeis die grundlegende Definition: «Privacy is the right to be let alone». Dieses Zitat wird oft irreführend übersetzt als «das Recht, alleine gelassen zu werden». Brandeis hingegen meint, «das Recht, in Ruhe gelassen zu werden» als Ausdruck eines modernen Freiheitsverständnisses sowohl gegenüber staatlichen als auch gegenüber sozialen Gewalten wie den Medien.

> «It could be done only on principles of private justice, moral fitness, and public convenience, which, when applied to a new subject, make common law without a precedent; much more when received and approved by usage.»
>
> Willes, J., in Millar v. Taylor, 4 Burr. 2303, 2312

That the individual shall have full protection in person and in property is a principle as old as the common law; but it has been found necessary from time to time to define anew the exact nature and extent of such protection. Political, social, and economic changes entail the recognition of new rights, and the common law, in its eternal youth, grows to meet the demands of society. Thus, in very early times, the law gave a remedy only for physical interference with life and property, for trespasses *vi et armis*. Then the «right to life» served only to protect the subject from battery in its various forms; liberty meant freedom from actual restraint; and the right to property secured to the individual his lands and his cattle. Later, there came a recognition of man's spiritual nature, of his feelings and his intellect. Gradually the scope of these legal rights broadened; and now the right to life has come to mean the right to enjoy life –, the right to be let alone; the right to liberty secures the exercise of extensive civil privileges; and the term «property» has grown to comprise every form of possession-intangible, as well as tangible.

Thus, with the recognition of the legal value of sensations, the protection against actual bodily injury was extended to prohibit mere attempts to do such injury; that is, the putting another in fear of such injury. From the action of battery grew that of assault.[1] Much later there came a qualified protection of the individual against offensive noises and odors, against dust and smoke, and excessive vibration. The law of nuisance was developed.[2] So regard for human emotions soon extended the scope of personal immunity beyond the body of the individual. His reputation, the standing among his fellow-men, was considered, and the law of slander and libel arose.[3] Man's family relations became a part of the legal conception of his life, and the alienation of a wife's affections was held remediable.[4] Occasionally the law halted – as in its refusal to recognize the intrusion by seduction upon the honor of the family. But even here the demands of society were met. A mean fiction, the action *per quod servitium amisit*, was resorted to, and by allowing damages for injury to the parents' feelings, an adequate remedy was ordinarily afforded.[5] Similar to the expansion of the right to life was the growth of the legal conception of property. From corporeal property arose the incorporeal rights issuing out of it; and then there opened the wide realm of intangible property, in the products and processes of the mind,[6] as works of literature and art,[7] goodwill,[8] trade secrets, and trademarks.[9]

This development of the law was inevitable. The intense intellectual and emotional life, and the heightening of sensations which came with the advance of civilization, made it clear to men that only a part of the pain, pleasure, and profit of life lay in physical things. Thoughts, emotions, and sensations demanded legal recognition, and the beautiful capacity for growth which characterises the common law enabled the judges to afford the requisite protection, without the interposition of the legislature.

Recent inventions and business methods call attention to the next step which must be taken for the protection of the person, and for securing to the individual what Judge Cooley calls the right «to be let alone.»[10] Instantaneous photographs and news-paper enterprise have invaded the sacred precincts of private and domestic life; and numerous mechanical devices threaten to make good the prediction that «what is whispered in the closet shall be proclaimed from the house-tops.» For years there has been a feeling that the law must afford some remedy for the unauthorized circulation of portraits of private persons;[11] and the evil of the invasion of privacy by the newspapers, long keenly felt, has been but recently discussed by an able writer.[12] The alleged facts of a somewhat notorious case brought before an inferior tribunal in New York a few months ago,[13] directly involved the consideration of the right of circulating portraits; and the question whether our law will recognize and protect the right to privacy in this and in other respects must soon come before our courts for consideration.

Of the desirability-indeed of the necessity-of some such protection, there can, it is believed, be no doubt. The press is overstepping in every direction the obvious bounds of propriety and of decency. Gossip is no longer the resource of the idle and of the vicious, but has become a trade, which is pursued with industry as well as effrontery. To satisfy a prurient taste the details of sexual relations are spread broadcast in the columns of the daily papers. To occupy the indolent, column upon column is filled with idle gossip, which can only be procured by intrusion upon the domestic circle. The intensity and complexity of life, attendant upon advancing civilization, have rendered necessary some retreat from the world, and man, under the refining influence of culture, has become more sensitive to publicity, so that solitude and privacy have become more essential to the individual; but modern enterprise and invention have, through invasions upon his privacy, subjected him to mental pain and distress, far greater than could be inflicted by mere bodily injury. Nor is the harm wrought by such invasions confined to the suffering of those who may be made the subjects of journalistic or other enterprise. In this, as in other branches of commerce, the supply creates the demand. Each crop of unseemly gossip, thus harvested, becomes the seed of more, and, in direct proportion to its circulation, results in a lowering of social standards and of morality. Even gossip apparently harmless, when widely and persistently circulated, is potent for evil. It both belittles and perverts. It belittles by inverting the relative importance of things, thus dwarfing the toughts and aspirations of a people. When personal gossip attains the dignity of print, and crowds the space available for matters of real interest to the community, what wonder that the ignorant and thoughtless mistake its relative importance. Easy of comprehension, appealing to that weak side of human nature which is never wholly cast down by the misfortunes and frailties of our neighbors, no one can be surprised that it usurps the place of interest in brains capable of other things. Triviality destroys at once robustness of thought and delicacy of feeling. No enthusiasm can flourish, no generous impulse can survive under its blighting influence.

Notes

1   Year Book, Lib. Ass., folio 99, pl. 60 (1348 or 1349), appears to be the first reported case where damages were recovered for a civil assault.
2   These nuisances are technically injuries to property; but the recognition of the right to have property free from interference by such nuisances involves also a recognition of the value of human sensations.
3   Year Book, Lib. Ass., folio 177, pl. 19 (1356), (2 Finl. Reeves Eng. Law, 395) seems to be the earliest reported case of an action for slander.
4   Winsmore v. Greenbank, Willes, 577 (1745).
5   Loss of service is the gist of the action; but it has been said that «we are not aware of any reported case brought by a parent where the value of such services was held to be the measure of damages.» Cassoday, J., in Lavery v. Crooke, 52 Wis. 612, 623 (1881). First the fiction of constructive service was invented; Martin v. Payne, 9 John. 387 (1812). Then the feelings of the parent, the dishonor to himself and his family, were accepted as the most important element of damage. Bedford v. Mc Kowl, 3 Esp. 119 (1800); Andrews v. Askey, 8 C. & P. 7 (1837); Phillips v. Hoyle, 4 Gray, 568 (1855); Phelin v. Kenderdine, 20 Pa. St. 354 (1853). The allowance of these damages would seem to be a recognition that the invasion upon the honor of the family is an injury to the parents's person, for ordinarily mere injury to parental feelings is not an element of damage, e. g, the suffering of the parent in case of physical injury to the child. Flemington v. Smithers, 2 C. & P. 292 (1827); Black v. Carrolton R. R. Co., 10 La. Ann. 33 (1855); Covington Street Ry. Co. v. Packer, 9 Bush, 455 (1872).
6   «The notion of Mr. Justice Yates that nothing is property which cannot be earmarked and recovered in detinue or trover, may bet true in an early stage of society, when property is in its simple form and the remedies for violation of it also simple, but is not true in a more civilized state, when the relations of life and the interests arising therefrom are complicated.» Erle, J., in Jefferys v. Boosey, 4 H.L.C. 815, 869 (1854).
7   Copyright appears to have been first recognized as a species of private property in England in 1558. Drone on Copyright, 54, 61.
8   Gibblett v. Read, 9 Mod. 459 (1743), is probably the first recognition of goodwill as property.

9 Hogg *v.* Kirby, 8 Ves. 215 (1803). As late as 1742 Lord Hardwicke refused to treat a trade-mark as property for infringement upon which an injunction could be granted. Blanchard *v.* Hill, 2 Atk. 484.

10 Cooley on Torts, 2d ed., p. 29.

11 8 Amer. Law Reg. N.S.I (1869); 12 Wash. Law Rep. 353 (1884); 24 Sol. J & Rep. 4 (1879).

12 Scribner's Magazine, July, 1890. «The Rights of the Citizen: To his Reputation», by E.L. Godkin, Esq., pp. 65, 67.

13 Marion Manola *v.* Stevens & Myers, N.Y. Supreme Court, «New York Times» of June 15, 18, 21, 1890. There the complainant alleged that while she was playing in the Broadway Theatre, in a role which required her appearance in tights, she was, by means of a flashlight, photographed surreptitiously and without her consent, from one of the boxes by defendant Stevens, the manager of the «Castle in the Air» company, and defendant Myers, a photographer, and prayed that the defendants might be restrained from making use of the photograph taken. A preliminary injunction issued *ex parte*, and a time was set for argument of the motion that the injunction should be made permanent, but no one then appeared in opposition.

Kleine Geschichte der Privatheit

Bernhard Ruetz

Der Schutz der Privatheit ist eine zutiefst liberale Aufgabe. Eine auf Handel, Verträgen und Privateigentum beruhende Zivilgesellschaft erfordert ein relativ ausgeglichenes Spannungsverhältnis zwischen Privatheit und Öffentlichkeit. Die Liberalen befinden sich mit ihrer Auffassung von Privatheit zwischen den Fronten von Konservativen und Sozialisten. Deshalb erklärt sich die Ambivalenz von Privatheit aus liberaler Perspektive. Einerseits soll die Privatheit vor dem Zugriff des Staates geschützt und andererseits durch diesen rechtlich garantiert werden. Wie es zu dieser Zweischneidigkeit des Begriffs «Privatheit» gekommen ist, soll der folgende kurze Gang durch die Geschichte darstellen.

The protection of privacy corresponds to a fundamental task of Liberalism. A civil society based on trade, contracts and private property requires a comparatively balanced relationship – not subject to excessive tensions – between «privacy» and the «public sphere». With their interpretation of «privacy», the followers of Liberalism find themselves sandwiched between the opposite fronts of Conservatives and Socialists. On the one hand, the powers of the State should be reduced to the utmost extent with respect to the «privacy» of individuals and social entities, while on the other hand the State should legally guarantee the «privacy» of individuals and social entities, protecting them by coercive means. How did «privacy» assume this double-edged meaning? That's what the following historic retrospect is trying to explain.

Der Vorrang des Öffentlichen vor dem Privaten
in der griechischen Antike

Die Unterscheidung zwischen Privatheit und Öffentlichkeit ist ein Produkt der okzidentalen Geschichte. Ihre Wurzeln liegen in der griechischen Antike. Seit 750 vor Christus entstanden in Griechenland eine Vielzahl überschaubarer Stadtstaaten. Deren Entwicklung vollzog sich im Unterschied zur despotischen Welt des Orients auf dem Boden der Gemeindefreiheit. Diese so genannten Poleis waren genossenschaftlich organisierte Gemeinschaften freier und wehrfähiger Bürger eines städtischen Siedlungszentrums und des dazugehörigen Landes. Die Bürger einer solchen Polis gehörten zwei unterschiedlichen, aber nicht gleichrangigen Seinsordnungen an – einer privaten und einer öffentlichen.

Die private Sphäre war diejenige des Hauses (oikos), des hierarchisch gegliederten Familienverbandes mit dem Hausherrn an der Spitze. Im Haus, ob adelig oder bäuerlich, vollzog sich das soziale, wirtschaftliche und religiös-kultische Handeln. Es dominierten Notwendigkeit und Zwänge. Werktätige Arbeit war verachtet und wurde den unfreien Niedergelassenen und Sklaven zugewiesen. Dem privaten Hausverband übergeordnet war die öffentliche, die politische Sphäre. In ihr herrschte die Freiheit. Mittelpunkt des öffentlichen Raumes war der Marktplatz, auf welchem sich die Hausherren zu kultischen Festen sowie zu politischen und militärischen Beratungen trafen. Obschon sich die Hausherren der Idee nach als «Gleiche unter Gleichen» begegneten, waren die griechischen Poleis in der Regel genossenschaftlich-demokratisch verfasst unter Führung einer Adelsschicht. Politische Rechte ergaben sich nach Besitz und Wehrkraft. Eine Ausnahme bildete die athenische Polis, die sich infolge ihres Aufstieges zur führenden See- und Handelsmacht im ägäischen Raum zu einer direkten Demokratie weiterbildete.

Die Polis war eine politische und kultische Gemeinschaftsordnung auf der Grundlage der «welt-immanenten» politheistischen griechischen Religion. Eine davon gesonderte, rechtlich geschützte Privatheit als Bereich persönlicher Freiheit gab es nicht. Die Freiheit der Bürger bestand in der politischen Betätigung, das heisst dem Recht, nach eigenen Gesetzen zu leben. Als Bürger, so charakterisierte Benjamin Constant das antike Freiheitsverständnis aus klassisch-liberaler Sicht, ist «der Einzelne zwar fast durchweg souverän in nahezu allen öffentlichen Angelegenheiten, aber Sklave in allen privaten Beziehungen».[1] Obschon das Privateigentum keinen eigentlichen Rechtsschutz vor dem Zugriff der Öffentlichkeit kannte, war es dennoch respektiert. Das griechische Denken begriff die Politik als Selbstzweck und nicht als Instrument zur Förderung sozialer und ökonomischer Wohlfahrt. Weil die Polis eine Versammlung begüterter Hausherren war, konnte sie eine Sphäre der Freiheit im Verständnis der Abwesenheit von materiellen Nöten und sozialen Zwängen sein. Sie erfuhr ihren Sinn durch Rhetorik und gemeinsames Handeln. Begriffe wie «Nationalökonomie» oder «politische Ökonomie» wären den Griechen unverständlich gewesen. Das Eigentum war als Teil der Privatsphäre nicht um seiner selbst willen geachtet, sondern um der politischen Freiheit der Bürger wegen.

Der Vorrang des Privaten vor dem Öffentlichen
in der römischen Antike

Die zwei Seinsordnungen von «privat» und «öffentlich» waren auch den Römern bekannt. Allerdings hatten die Römer das «Private» dem «Öffentlichen» niemals untergeordnet. Im Unterschied zu den Griechen verstanden die Römer den Menschen nicht mehr als ein politisches, sondern als ein soziales, auf die Gemeinschaft hin angelegtes Wesen. Wie es die stoische Philosophie lehrte, war nicht die politische Aktivität wesentlich, sondern die Selbstliebe, welche sich auf das lebensnotwendige Privateigentum richtete und auf die Liebe zur Nachkommenschaft. Die römische Familienstruktur war weitaus rigider als diejenige der Griechen. Die Familie war ein in sich geschlossener Rechtsverband. Zu diesem zählten die Kinder, die Sklaven und im weiteren Sinn auch die Familien der Söhne und die Klienten, welche sich in den Schutz eines adeligen Patrons stellten. Der Familienvorstand, der «pater familias», besass bis zu seinem Tod eine fast absolute Herrschaftsgewalt über den engeren Familienverband und das Familiengut. Im Testament verlieh er seinem absoluten Willen den letzten Ausdruck und befreite damit seine Söhne aus der Unmündigkeit. Nach römischer Auffassung gehörte das Private in den Bereich des Hauses und oblag der Verfügungsgewalt des «pater familias». In der frührömischen Zeit entstand der Begriff des Privateigentums spontan, weil es fruchtbaren Boden und damit Sesshaftigkeit zur Grundlage hatte. Eigentum war als solches nicht nur unbeweglich, sondern identisch mit der Familie, welche an diesem Ort lebte. Diese besondere Situation des Grund und Bodens führte zur streng individualistischen Eigentumsauffassung der Römer, welche anfänglich jede Form des Miteigentums ausschloss. Als «öffentlich» galt den Römern dasjenige, was sich ausserhalb des Hauses abspielte und der Allgemeinheit gehörte wie Strassen, Plätze, Theater und Bäder.

Der Begriff «Privatheit» stammt vom lateinischen Verb «privare» (berauben). Wer «privat» lebte, war mit anderen Worten der öffentlich-politischen Sphäre beraubt. Der römische Privatmann (privatus) führte, sofern er sich nicht politisch betätigte, eine unvollkommene Existenz. Nach römischem Verständnis war das öffentliche Leben eine Erweiterung und Vollendung des privaten Lebens. Politik war kein Selbstzweck mehr, sondern ein erweitertes Haushaltsregiment unter der Fürsorge begüterter Familienväter. Römische Bürger legten Wert darauf, ihren sozialen Status an den erhaltenen politischen und militärischen Ehrungen zu bemessen. Auf ihren Grabsteinen liessen sie die Stationen ihrer politischen und militärischen Laufbahn für die Öffentlichkeit Revue passieren.

Die Verwaltungsgrundsätze der Römischen Republik beruhten auf dem patronalen Denken der regierenden Nobilität. Zwischen privaten und öffentlichen Mitteln gab es keinen klaren Unterschied. Die Steuereintreibung in den römischen Provinzen lag beispielsweise in den Händen von Privatpersonen. Politische Ämter wurden ehrenhalber ausgeübt und waren an eine bestimmte Vermögensqualifikation gebunden. Mit der territorialen Expansion des Römischen Reiches schritt auch die Institutionalisierung und Verrechtlichung des politischen Systems voran. Die Aufgaben an Regierung, Verwaltung und Armee wurden fortwährend vielfältiger und komplexer. Solchen Anforderungen vermochte die republikanisch-aristokratische Verfassung immer weniger zu genügen. Mit dem Übergang zur Kaiserherrschaft war das Fundament für den Aufbau einer professionellen Verwaltung und einer Berufsarmee und damit auch einer geregelten Finanzierung dieser Apparate gelegt. Der zentralistischen Regierung mit dem Kaiser an der Spitze unterstand ein bürokratischer Militär-, Gerichts- und Finanzapparat mit besoldeten Beamten. Daneben lebte die republikanische Verwaltung weiter fort, wurde aber immer mehr an den Rand gedrängt und deren Trägerschaft, die senatorischen Familien, entmachtet. Oberste Gebote der kaiserlichen Herrschaft in den Provinzen waren die Herstellung von Ruhe und Ordnung, die Sicherstellung geregelter Steuereinnahmen und die Verbreitung römischer Kultur und Lebensweise. Als Entgelt für diese Unterwerfung wurde den Bürgern auch einiges geboten. Das patronale Denken und Handeln der römischen

Oberschicht manifestierte sich in der Praktik des Euergetismus, das heisst der Erweisung sozialer Wohltaten durch politische Würdenträger, wie die Finanzierung öffentlicher Bauten oder die Veranstaltung von Spielen. Die römischen Städte verfügten gesamthaft über eine gute Infrastruktur, wie Strassen, Wasser- und Getreideversorgung, Theater und Bäder. In der Stadt Rom kamen die Bürger nicht nur in den Genuss von Theater- und Zirkusspielen, sondern erhielten auch verbilligtes Getreide, Öl, Salz, Wein, Fleisch und Kleider. Bisweilen wurde sogar Bargeld verteilt. Besondere kaiserliche Fürsorge erhielten auch Armeeveteranen in Form eines Geldbetrages oder Landstückes.

Im 2. Jahrhundert stiess das Römische Weltreich an seine Grenzen und im 3. Jahrhundert befand es sich im Niedergang. Die Vielzahl von Kriegen zur Sicherung des immensen Reichsgebietes trieben den Aufwand und die Kosten für das Heer unaufhörlich in die Höhe und behinderten auch den freien Handel. Den wachsenden wirtschaftlichen und sozialen Problemen versuchten die Kaiser mit einer forcierten Macht- und Zentralisierungspolitik entgegenzuwirken. Dies benötigte einen umfassenden und kostspieligen Zwangs- und Steuerapparat, welcher sich aus den spärlich fliessenden Steuerquellen kaum mehr finanzieren liess. Die Lasten dieser Zentralisierungs- und Umverteilungsspirale hatten vor allem das städtische Bürgertum und die Bauernschaft zu tragen. Die städtische Selbstverwaltung war das Rückgrat des Römischen Reiches gewesen. Mit deren Zerstörung durch sukzessive Zentralisierung und Repression sank auch die Wirtschaftsmoral rapide. Die Konsequenz all dieser Ursachen war eine schwere Inflation, welche die Kaiser durch stets neuen Dirigismus und durch Münzverschlechterungen einzudämmen versuchten. Während breiteste Bevölkerungsgruppen dem enormen Steuer- und Leistungsdruck nicht mehr standzuhalten vermochten, wurde das monarchische Herrschaftssystem immer despotischer und absoluter.

Mit dem Übergang von der Republik zur Kaiserherrschaft und den neuen Erfordernissen im Rechts-, Handels- und Geldverkehr bildeten sich staatliche Strukturen und ein Steuersystem heraus, welche das republikanische Verhältnis zwischen privat und öffentlich auf eine neue Grundlage stellte und beide als getrennte Rechtssphären zu definieren begann. Die Profanisierung des Rechts war mit der Zwölftafelgesetzgebung um die Mitte des 5. Jahrhunderts vor Christus abgeschlossen. Mit der historisch wegweisenden begrifflichen Verselbstständigung des Rechts (ius) bahnte sich zugleich die Unterscheidung zwischen dem öffentlichen Recht (ius publicum) und dem Privatrecht (ius privatum) an. Unter «ius publicum» war jeder allgemeinverbindliche Ausdruck des Gemeinwillens in Form des Gesetzes gemeint. Das «ius privatum» bezog sich auf den einzelnen Rechtsgenossen mit Geltung für den Hausverband. Der Gegensatz zwischen öffentlichem Recht und Privatrecht bildete sich in der Blütezeit der Römischen Republik heraus und fand seine klare begriffliche Unterscheidung erst im frühen 3. Jahrhundert nach Christus.

Das öffentliche Recht wuchs gleichsam aus dem Privatrecht hervor und begann sich mit wachsender Bürokratisierung und sozialer Verflechtung als eigenen Bereich zu konstituieren. Damit waren zwei Phänomene verbunden: Zum einen wurde das bislang absolute Eigentum relativiert, versachlicht und verfügbar nach dem Willen des Eigentümers durch Verträge, wie Kauf oder Miete. Dieses entmystifizierte Eigentumsverständnis wurde zur Grundlage des modernen Eigentums. Die Bürokratisierung des politischen Systems führte zum anderen zu einem langsamen, aber tiefgreifenden sozialen Wandel. Die anfänglich geschlossene, auf Sippen beruhende frührömische Gesellschaft wurde immer durchlässiger für vertikale und horizontale Mobilität. Die alten adeligen Familien verschwanden und an deren Stelle rückte eine vermögensrechtlich organisierte adelig-bürgerliche Oberschicht (Nobilität). Sie wurde stets mit neuen Aufsteigern, die sich über politische und militärische Ämter hochgedient hatten, verstärkt, wobei die Bürger aus entlegenen Provinzen allmählich Überhand nahmen. Dieser Oberschicht gegenüber formierte sich eine Unterschicht, welche mit dem Ausbau des römischen Verwaltungsapparates und der Ausdehnung des römischen Bürgerrechts immer einheitlicher und in der Spätzeit des Kaiserreiches immer unfreier wurde.

Die jenseitige Orientierung des Öffentlichen im Mittelalter

In der Völkerwanderungszeit stiessen die germanischen Stämme in das zerfallende Weströmische Reich vor. Mit dem endgültigen Zusammenbruch eines einheitlichen Verwaltungs-, Rechts- und Währungssystems zersplitterte Europa in eine Land- und Naturalwirtschaft. Durch die vordringenden Araber wurde der Mittelmeerhandel für Jahrhunderte unterbunden und Europa auf den Weg einer binnenländischen Entwicklung verwiesen. Wichtigste Ressource war der Boden. Arbeitsteilung, Verkehrswege, Transport- und Kommunikationsmittel und vor allem der Geldumlauf verharrten auf einem tiefen Niveau.

Die Haus-Wirtschaft des römischen Zeitalters wurde durch die Hof-Wirtschaft des frühen Mittelalters abgelöst. Sie hatte einen geschlossenen und lokalen Charakter. Der Einzelne war eingebettet in die Solidarität der Feudalherrschaft und der dörflichen, kleinstädtischen oder klösterlichen Gemeinschaft. Der Zusammenhang in der Verwandtschaft und die Vasallenbindung verwurzelten den Einzelnen in einer Welt, wo jeder jeden irgendwie kannte und die weder privat noch öffentlich war. Wer diesen überschaubaren Lebensbereichen entfliehen wollte oder musste, begab sich in die Wälder oder in unwegsames Gebiet, wo nicht nur Einsiedler und Räuber hausten, sondern auch Mönche, die Niederlassungen gründeten oder Bauern, die Wald rodeten, um neues Land fruchtbar zu machen. In späteren Epochen dienten Städte und Kolonien als Orte der Zuflucht und des sozialen und ökonomischen Neubeginns.

Weil sich die Könige bis ins Hochmittelalter keiner ergiebigen Steuerquellen bedienen konnten, hatten sie den Aufwand für Familie, Hof und Gefolgschaft aus dem eigenen Vermögen zu bestreiten, welches zum Hauptteil aus Ländereien bestand. Die Verwaltung dieser Gebiete delegierten sie an ihre Gefolgsleute und übten die Aufsicht durch beständiges Reisen aus. An eine zentralisierte Verwaltung und ein stehendes Heer war angesichts einer kaum existierenden Geldwirtschaft nicht zu denken. Legitimität und Treue verschafften sich die Könige durch Land- und Ämtervergabe an adelige und geistliche Vasallen. Dadurch entstand weltlicher und kirchlicher Grossgrundbesitz, welcher die noch frei verbliebenen Bauern in weiten Teilen Europas in die Bande der Hörigkeit schlug. Das Prinzip der Landvergabe an Vasallen zwecks Sicherung der Herrschaft führte insgesamt zu einer Machtatomisierung zwischen den Adelsgruppierungen. Die Vasallen wurden durch die tatsächliche Verfügungsgewalt über den Boden ökonomisch autark und konnten sich gegenüber dem Lehnsherrn vor allem in Friedenszeiten behaupten, wenn sich dessen Macht eher abschwächte. Das Konkurrenzverhältnis zwischen Lehnsherren und Vasallen um die Bildung von Boden- und Herrschaftsmonopolen war typisch für das naturalwirtschaftlich geprägte Früh- und teilweise noch Hochmittelalter. In diesen Epochen gedieh auch die Idee des ständischen Widerstandsrechts gegen monarchischen Despotismus und Zentralismus.

Obschon sich im Mittelalter privat und öffentlich kaum voneinander trennen liessen, waren sie in gewisser Hinsicht dennoch geschieden. Inmitten des Niedergangs des Römischen Reiches war es die christliche

Kirche, welche sich auf dem Boden der griechisch-römischen Stadtstaaten zu entfalten und den Menschen einen Ersatz für die Zugehörigkeit zu einem öffentlichen Raum zu bieten vermochte. Dabei glichen sie sich religiös und öffentlich an. In der Kirche fanden die Menschen Trost und Erhabenheit über alltägliche Not, Ängste und Zwänge. Die Klöster waren Horte des Wissens, der Kunst und der Bildung.

Die mittelalterliche Gesellschaftsordnung war eine religiös-politische Einheit. Die christliche Religion bildete nicht nur das Fundament, sondern auch das Ziel aller Politik. Das Bündnis zwischen Thron und Altar diente dazu, das Seelenheil der Menschen zu retten und damit auch die weltliche und kirchliche Machtstellung auszubauen. Die erste Erschütterung erfuhr diese religiös-politische Einheit mit dem Investiturstreit, die zweite mit der Reformation und die dritte mit der Aufklärung. Der Investiturstreit entzündete sich an der Frage der Suprematie von König- oder Papsttum über die abendländische Christenheit. Den Machtkampf entschied ein Kompromiss mit weitreichenden Folgen. Das Sakralkönigtum wurde aufgehoben und die königlich-weltliche von der geistlich-päpstlichen Gewalt geschieden, was in der «Zweischwerterlehre» ihre gedankliche Ausformulierung fand. Die weltliche Herrschaft gewann dadurch einen ungeahnten schöpferischen Freiraum, in welchem sich die fundamentale Abkehr vom klassisch-antiken und mittelalterlich-christlichen Weltbild und ihrem davon abgeleiteten Politik- und Rechtsverständnis vollziehen sollte. Politik und Recht wurden auf sich selbst zurückgeworfen und begannen sich als eigene, von der Letztbegründung in einer vernünftigen oder einer göttlichen Seinsordnung befreiten Sphäre zu etablieren. Dadurch erlangten sie eine historisch einzigartige Aufwertung als Instrumente zur Schaffung irdischen Wohlergehens.

Promotoren der europäischen Staats- und Gesellschaftsbildung waren einerseits die Fürstenhöfe und andererseits die Städte. Sie bildeten sich mit der Entstehung der Geldwirtschaft im 12. Jahrhundert heraus und trieben sich in ihrer Entwicklung gegenseitig an. Die Städte waren Ventile für soziale Expansion in einer stagnierenden Naturalwirtschaft. Sie wurden zu Zentren von Handwerk, Märkten, Handel und Wissenschaft. Mit steigender wirtschaftlicher Macht der Städte emanzipierten sich deren Bewohner, das Bürgertum, auch politisch von den Lehnsherren und bildeten einen neuen Stand der Freien. In der Stadt als einem wehrhaften Gemeindeverband trat die kommunale Selbstverwaltungsidee ihren okzidentalen Siegeszug an. Das städtische Eigentum unterschied sich vom ländlichen erheblich. Es war lehnsfrei oder wandelte sich rasch in Individualeigentum um, verlor seinen politischen und territorialen Charakter und wurde frei verfügbar. Mit der Entstehung städtisch-bürgerlichen Eigentums formierten sich auch die verschiedenen Schulen für römisches Recht, welche die individuelle Auffassung des bürgerlichen Eigentums zu begründen hatten.

Der wirtschaftliche Erfolg der Städte gereichte den Königen und Fürsten zum Nutzen, da es ihnen gelang, über Steuereinnahmen und Rekrutierung von qualifiziertem Personal aus dem Bürgertum bürokratische und militärische Macht aufzubauen und damit die kleinen Feudalherren in ihre Gewalt zu bringen. Den meisten mittelalterlichen Stadtgemeinden glückte es jedoch nicht, sich der fürstlich-feudalen Herrschaftsgewalt zu entziehen, nicht zuletzt deshalb, weil sie keinen Rückhalt in einem freien, waffenfähigen Bauerntum hatten. Weder in Italien, noch in Frankreich, Spanien oder Deutschland wurde die städtische Gemeindefreiheit zur Keimzelle okzidentaler Kultur.

Der Ausscheidungskampf zwischen konkurrierenden Feudalherren um die Monopolisierung von Boden und Herrschaft war im 17. Jahrhundert in Gestalt des souveränen Territorialstaates im Wesentlichen abgeschlossen, worauf nun die zweite, bis ins 19. Jahrhundert reichende Phase der Staats- und Gesellschaftsbildung einsetzte. Diese stand im Innern im Zeichen des ständischen Konkurrenzkampfes um die Verteilung des staatlichen Gewaltmonopols und im Äussern um die Positionierung im europäischen Mächtekonzert. Adel, Klerus und Bürgertum rangen um die Machtverteilung, wobei die Fürsten, in der Mitte stehend, das Kräftemessen zur Sicherung ihrer politischen Vorherrschaft möglichst ausbalancieren mussten. Aus dieser spezifischen Konkurrenzfiguration entwickelte sich auf dem europäischen Festland die absolute Monarchie, welche die Stände zwar nicht mediatisierte, sie jedoch der monarchischen Zentralgewalt unterstellte. Der Druck der ökonomisch erfolgreichen bürgerlichen Schichten auf Adel und Klerus verlieh dem Königtum eine bislang ungeahnte Machtfülle. Mit Vergabe von Ämtern, Titeln und Privilegien vermochten sich die Könige als integrierende und steuernde Instanz im sozialen Kräftespiel zu etablieren. Im Unterschied zum Feudalzeitalter verfügten sie nun über monetäre Macht kraft des Steuermonopols und einer funktionierenden Geldwirtschaft.

Im Mittelalter war die Zentralgewalt schwach geblieben. Privat und öffentlich waren nicht klar auseinanderzuhalten. Mit der Formierung staatlicher Institutionen trat – vergleichbar mit dem Römischen Kaiserreich – der Gegensatz zwischen privat und öffentlich allmählich zu Tage; aber diesmal auf aufklärerisch-vertragstheoretischer Grundlage. Es blieb allerdings noch bis ins 19. Jahrhundert ein Freiraum vorhanden, der von ständischen Institutionen, Rechten und Klientelnetzen durchzogen war. Diese erfüllten mit ein- und denselben Mitteln öffentliche und private Aufgaben. Dieses Doppelverhältnis zwischen Privatem und Öffentlichem verschwand dort weitgehend, wo sich der Staat als absolut zu etablieren und die Stände zu Untertanen zu formen vermochte. Der öffentlich-staatliche Bereich wurde «entprivatisiert». Diesem gegenüber bildete sich die bürgerliche Gesellschaft heraus, welche im Verhältnis zum Staat zwar «privat» war und sich auch privatrechtlich konstituierte, im Verhältnis zur untergehenden ständischen Gesellschaft hingegen einen öffentlichen Anspruch hegte, beispielsweise in Form öffentlicher Zeitungen, öffentlicher Konzerte oder Kaffeehäuser.

Die neuzeitliche Staats- und Gesellschaftsbildung vollzog sich auf aufklärerisch-säkularer Basis und war deshalb auch ein Prozess der Individualisierung im doppelten Sinn. Auf der einen Seite verloren traditionelle, integrierende Lebens- und Arbeitsgemeinschaften und Glaubenssysteme an Bedeutung und stellten den Einzelnen auf sich alleine. Damit eröffneten sich historische Freiräume und Wahlmöglichkeiten. Die Kehrseite dieses Prozesses war aber eine zunehmende Regulierung und Standardisierung der Lebens-, Arbeits- und Produktionsverhältnisse. Die ständisch entgrenzten sozialen Schichten wurden zunehmend «uniformiert» und staatlich diszipliniert, beispielsweise als Arbeitnehmer, Konsumenten, Steuerzahler und Soldaten. Mit verstärkter Arbeitsteilung und steigender sozialer Verflechtung und Abhängigkeit wurde auch das Verhalten der Menschen zivilisiert im Sinne einer grösseren Selbstkontrolle und Selbstbeherrschung. Auf den Druck des aufsteigenden Bildungs- und Wirtschaftsbürgertums reagierte der staatlich gebändigte Adel mit einer Verfeinerung der adelig-höfischen Sitten und Lebensweise, welche das Bürgertum im 19. Jahrhundert vielfach zu imitieren versuchte, beispielsweise in einem übersteigerten Ehrbegriff oder im Duell. Während in mittelalterlichen Gesellschaften das Essen mit den Fingern, das Schneuzen in die Hände oder das Tischtuch, das Spucken und das Fluchen alltäglich waren, galt dies in der Neuzeit zunehmend als unzivilisiert. Über einen höfischen Verhaltenskodex oder über Sittenmandate in den Städten versuchte die Obrigkeit, Affekte und Triebe durch eine verstärkte Selbstkontrolle und Selbstanalyse zu bändigen. Mit der Zeit wurden diese Fremdzwänge zu Selbstzwängen. Ersichtlich war dies an einer neuen Einstellung zum Körper und zur Hygiene, an Tagebüchern und autobiographischer Literatur, am Wohnungsbau mit abgetrennten und möblierten Zimmern oder an neuen Praktiken der Religiosität wie der individuellen Beichte bei den Katholiken oder des intimen Tagebuchs bei den Puritanern.

Das System konkurrierender sozialer Schichten um den Zugang zum staatlichen Gewaltmonopol brach erst auseinander, als Teile des Bürgertums infolge des rasanten wissenschaftlichen und technisch-industriellen Wachstums nicht mehr auf ständische Privilegien und korporative Bindungen angewiesen waren und sie für ihren sozialen Aufstieg als hemmend und überholt empfanden. Im 19. Jahrhundert schuf sich das «neue» Bürgertum eine Ordnung auf der Basis der Rechtsgleichheit, der Freiheit von Person und Eigentum sowie der Bindung aller staatlichen Macht an das Recht. Damit wurde die gesamte Ständegesellschaft, also Adel, Geistlichkeit und privilegiertes Bürgertum aus den Angeln gehoben und durch die staatsbürgerliche, auf dem freien, selbstbestimmten und erwerbsorientierten Individuum aufbauende Gesellschaft ersetzt. In dieser Zeit, wo sich bürgerliche Gesellschaft und Staat noch ungefähr die Waage hielten, entstand die klassisch-liberale Vorstellung des Dualismus von Staat und Gesellschaft. Dem Staat, welcher die Regierungsfunktion ausübte, trat die bürgerliche, sich in Vereinen, Parteien und Medien organisierende Gesellschaft gegenüber. Je mehr sich diese aber emanzipierte, politische Mitbestimmung einforderte und sich staatlicher Institutionen bemächtigte, umso mehr verlor der Dualismus von Staat und Gesellschaft, von Öffentlichkeit und Privatheit an Spannung, was wiederum wirtschaftliche, soziale, kulturelle und religiöse Fragen allesamt zu staatlichen Fragen werden liess und damit nicht nur dem zentralistischen und umverteilenden Wohlfahrtsstaat des 20. Jahrhunderts den Weg bereitete, sondern auch seinen totalitären Entartungen im Nationalsozialismus und im Kommunismus. Mit der engen Verflechtung von Staat, Gesellschaft und Wirtschaft wurde der Unterschied zwischen privat und öffentlich immer diffuser – alles Private wurde öffentlich, politisch und somit disponibel. So gesehen erklärt sich die Ambivalenz von Privatheit aus liberaler Perspektive. Einerseits hat der Staat die individuelle Privatsphäre gegenüber Dritten zu schützen und andererseits soll der Zugriff der Staatsgewalt auf den Einzelnen möglichst limitiert werden.

Privatheit in der Zivilgesellschaft

Die stärksten staatlichen Eingriffe in die Privatsphäre finden sich heute in liberalisierten Obrigkeitsstaaten wie Italien, Frankreich, Spanien und Deutschland. In Frankreich beispielsweise findet sich der Begriff «Privatheit» in keinem Wörterbuch. «Privat» hat in der französischen Sprache noch immer die negative Bedeutung des «Abgesonderten» oder des «Intimen». In Ländern mit einer kommunalen Selbstverwaltungstradition hingegen, wie die Schweiz, England oder die Vereinigten Staaten von Amerika, hat sich das doppelte Verhältnis zwischen Privatheit und Öffentlichkeit, die Verbindung traditioneller Gemeinschaftsformen mit aufklärerischen Staats- und Gesellschaftsideen bis heute erhalten, womit sich der Prozess zu einem zentralistischen und umverteilenden Wohlfahrtsstaat insgesamt verlangsamte. In Ländern mit traditionell hoher kommunaler Autonomie und Gemeinschaftsethik haben sich die Ideen vorstaatlicher, unveräusserlicher Menschenrechte tiefer verankert als in zentralistischen Rechts- und Verfassungsstaaten.

In der Globalisierung liegt die historisch einzigartige Chance, den Wohlfahrts- und Umverteilungsstaat wirksam zu entlasten durch Rückführung massgeblicher Gesetzgebungs- und Steuerkompetenzen in kleinere, non-zentrale und friedlich konkurrierende Einheiten. «Der Handel gibt dem Eigentum eine neue Qualität», wie es Benjamin Constant bereits zu Beginn des 19. Jahrhunderts prognostizierte, «nämlich die der grösseren Beweglichkeit [...] Aus den gleichen Gründen ist auch die individuelle Existenz weniger stark in die politische einbezogen. Die Privatpersonen verlagern ihre Schätze an entfernte Orte; wenn sie fortgehen, nehmen sie alle angenehmen Möglichkeiten ihres privaten Daseins mit; der Handel hat die Nationen einander näher gebracht und ihnen allen nahezu gleiche Sitten und Gewohnheiten gegeben; die Anführer mögen Feinde sein; die Völker sind wie Bürger ein und desselben Landes.»[2] Die freie Zivilgesellschaft gründet im Bekenntnis zur Privatautonomie und begrenzt den Einfluss des Staates auf das Notwendigste. Der Staat kann Privatheit letztlich nicht garantieren. Sie vermag nur dort zu gedeihen, wo sie zuallererst im kleinen Verband gelebt und praktiziert wird.

Anmerkungen

1 Benjamin Constant, «Über die Freiheit der Alten im Vergleich zu der heutigen», Rede vor dem Athénée Royal in Paris, in: Benjamin Constant, Werke in vier Bänden, Bd. IV, hrsg. von Axel Blaeschke und Lothar Gall, Berlin o. J., S. 369.
2 Ebd., S. 390 f.

Literatur

Zur Geschichte der Privatheit vgl. Philippe Ariès und Georges Duby (Hrsg.), «Geschichte des privaten Lebens», 5 Bd., Frankfurt a. Main 1995.

Zur Begriffsgeschichte von «Öffentlichkeit» vgl. den Artikel «Öffentlichkeit», in: «Geschichtliche Grundbegriffe: Historisches Lexikon zur politisch-sozialen Sprache in Deutschland», hrsg. von Otto Brunner, Werner Conze und Reinhart Koselleck, Bd. 4, Stuttgart 1993, S. 413–467.

Zum Spannungsverhältnis zwischen Privatheit und Öffentlichkeit in geschichtlicher und philosophischer Perspektive vgl. Hannah Arendt, «Vita Activa», Serie Piper, München 1996[8].

Zur bürgerlichen Öffentlichkeit vgl. Jürgen Habermas, «Strukturwandel der Öffentlichkeit: Untersuchungen zu einer Kategorie der bürgerlichen Gesellschaft», Frankfurt a. Main 1996[5].

Zur antiken und mittelalterlichen politischen Ideengeschichte vgl. Ernst-Wolfgang Böckenförde, «Geschichte der Rechts- und Staatsphilosophie», Tübingen 2002.

Zur Geschichte des Eigentums vgl. Franco Negro, «Das Eigentum: Geschichte und Zukunft – Versuch eines Überblicks», München 1963.

Zur okzidentalen Staats- und Gesellschaftsbildung sowie zur Individualisierung vgl. Norbert Elias, «Über den Prozess der Zivilisation», 2 Bd., Frankfurt a. Main 1997.

Zum Anwachsen der Staatsmacht in der Neuzeit vgl. Alexis de Tocqueville, «Über die Demokratie in Amerika», bes. Bd. 2, Philipp Reclam Jun., Stuttgart 1985.

Zur Geschichte und Bedeutung der Kommunalautonomie vgl. Adolf Gasser, «Gemeindefreiheit als Rettung Europas», Basel 1947.

Zum Non-Zentralismus vgl. Robert Nef, «Lob des Non-Zentralismus», Argumente der Freiheit 8 (Friedrich Naumann Stiftung), Sankt Augustin 2002.

Der private Bereich: Eigentum und Besitz

Hannah Arendt

In ihrem Werk «Vita Activa» untersucht Hannah Arendt, wie sich die Bereiche des «Privaten» und des «Öffentlichen» im Lauf der Geschichte zueinander verhalten haben. In der Antike waren privat und öffentlich getrennte Sphären. Der private Bereich war der Ort der Notwendigkeit und der Zwänge. Der öffentliche Bereich war der Ort des Handelns und der Freiheit. In der Neuzeit begannen sich diese Bereiche allmählich zu vermischen. Begleitet war dieser Prozess von einer Abwertung des Privateigentums.

In her essay «Vita Activa», Hannah Arendt examines the reciprocal relationship between the «private» and the «public» spheres during the course of history. In classic Antiquity, the private sphere corresponded to the domain of necessity and constraints, whereas the public sphere was the domain of freedom and action. In modern times, the two spheres gradually intermingled, a process accompanied by a steadily diminishing prestige and valuation of private property.

Auf diese vielfältige Bedeutung des öffentlichen Raumes ist der Begriff des Privaten in seinem ursprünglich privativen Sinne bezogen. Nur ein Privatleben führen, heisst in erster Linie, in einem Zustand leben, in dem man bestimmter, wesentlicher menschlicher Dinge beraubt ist. Beraubt nämlich der Wirklichkeit, die durch das Gesehen- und Gehörtwerden entsteht, beraubt einer «objektiven», d.h. gegenständlichen Beziehung zu anderen, die sich nur dort ergeben kann, wo Menschen durch die Vermittlung einer gemeinsamen Dingwelt von anderen zugleich getrennt und mit ihnen verbunden sind, beraubt schliesslich der Möglichkeit, etwas zu leisten, das beständiger ist als das Leben. Der privative Charakter des Privaten liegt in der Abwesenheit von anderen; was diese anderen betrifft, so tritt der Privatmensch nicht in Erscheinung, und es ist, als gäbe es ihn gar nicht. Was er tut oder lässt, bleibt ohne Bedeutung, hat keine Folgen, und was ihn angeht, geht niemanden sonst an.

In der modernen Welt haben diese Beraubungen und der ihnen inhärente Realitätsverlust zu jener Verlassenheit geführt, die nachgerade ein Massenphänomen geworden ist, in welchem menschliche Beziehungslosigkeit sich in ihrer extremsten und unmenschlichsten Form äussert.[1] Der Grund, warum es zu diesem Äussersten gekommen ist, liegt wohl darin, dass die Massengesellschaft nicht nur den öffentlichen Raum, sondern auch den privaten Bereich zerstört, dass sie also die Menschen nicht nur ihres Platzes in der Welt beraubt, sondern ihnen auch die Sicherheit ihrer eigenen vier Wände nimmt, in denen sie sich einst vor der Welt gerade geborgen fühlten und wo jedenfalls auch diejenigen, welche die Öffentlichkeit ausgeschlossen hatte, einen Wirklichkeitsersatz an der Wärme des eigenen Herdes innerhalb der Grenzen der Familie finden konnten. Die volle Entwicklung eines Familienlebens an Haus und Herd zu einem Innenraum mit eigenständigem Recht und eigenständigen Gesetzen verdanken wir dem ausserordentlichen Sinn des römischen Volkes für das Politische; denn die Römer, anders als die Griechen, haben niemals das Private dem Öffentlichen geopfert, sondern verstanden, dass diese beiden Bereiche in ihrer Existenz voneinander abhängen. Und obwohl die tatsächlichen Lebensbedingungen der Sklaven in Athen kaum schlechter waren als in Rom, ist es doch charakteristisch, dass gerade ein römischer Autor meinte, für die Sklaven sei der Haushalt des Herrn dasselbe wie die res publica für die Bürger.[2] Wie erträglich jedoch das Privatleben innerhalb der Familie auch gewesen sein mag, es konnte doch nie mehr sein als ein Ersatz; die Beraubung blieb bestehen, auch wenn in Rom wie in Athen der Privatbereich genug Raum bot für Tätigkeiten, die wir heute sogar höher einschätzen mögen als die politischen – wie etwa das Erwerbsleben in Griechenland oder die Pflege von Kunst und Wissenschaft in Rom. Diese «liberale» Einstellung, die es ermöglichte, dass unter besonders günstigen Umständen Sklaven es zu grossem Wohlstand und hoher Bildung bringen konnten, besagt nur, dass Reichtum kein öffentliches Ansehen genoss und dass es in der römischen Republik nicht viel besagte, ein Philosoph zu sein.[3]

Das Gefühl dafür, dass ein nur in der Enge des Familienhaushalts verbrachtes Leben wesentlicher menschlicher Möglichkeiten beraubt ist, ist bereits in den letzten Jahrhunderten des Römischen Reiches immer

schwächer geworden, um dann durch das Christentum vollends zu verlö-
schen. Die christliche Moral, die mit den fundamentalen christlich religiösen Lehren nicht unbedingt identisch ist, hat immer betont, dass man
sich nur um das Eigene kümmern solle, dass politische Verantwortung
eine Last sei und dass man die Bürde des Politischen ausschliesslich um
der Nächstenliebe willen auf sich nehmen dürfe, nämlich um die um ihr
Seelenheil besorgten Gläubigen von der Sorge um die öffentlichen Angelegenheiten zu befreien.[4] Es ist erstaunlich, dass diese Einstellung zum
Politischen die Säkularisierung der Neuzeit überlebt hat, und dies in
einem solchen Masse, dass Marx – der in dieser Hinsicht wie in vielen
daneben nur die noch unausgesprochenen Voraussetzungen der Neuzeit
begrifflich gefasst und programmatisch ausgesprochen hat – schliesslich
das Absterben des gesamten öffentlichen Raumes nicht nur vorhersagen,
sondern erhoffen konnte. Vom Politischen her gesehen, ist der Unterschied zwischen Christentum und Sozialismus nicht erheblich, weil er
nicht in einer verschiedenen Bewertung des Öffentlichen und der Welt
besteht, sondern lediglich der menschlichen Natur, deren Sündhaftigkeit
in dem einen Fall den Staat als ein notwendiges Übel erscheinen lässt für
die kurze Dauer des irdischen Lebens, während man im anderen Falle
hoffen darf, ihn schon auf Erden abzuschaffen. Zudem bezog Marx seine
Prophezeiung, dass der Staat absterben würde, aus der ihm vielleicht
kaum bewussten Erkenntnis, dass der öffentliche Raum bereits am
Absterben war, beziehungsweise zurückgedrängt in den engen Bezirk des
Staatsapparats; ein weiteres Absterben des Staats- und Regierungsappa-
rats hatte bereits zu Marx' Zeiten begonnen, insofern das Regieren selber
immer mehr als ein sich über die ganze Nation erstreckendes Haushalten
verstanden wurde, bis schliesslich in unserem Jahrhundert auch der
Staatsapparat im Begriff steht, sich in einen noch begrenzteren und ganz
und gar unpersönlichen Verwaltungsapparat aufzulösen.

Es scheint im Wesen der zwischen den Bereichen des Privaten und des
Öffentlichen obwaltenden Bezüge zu liegen, dass das Absterben des
Öffentlichen in seinen Endstadien von einer radikalen Bedrohung des Privaten begleitet ist. Soweit diese Dinge in der Neuzeit überhaupt erörtert
wurden, hat die Diskussion stets die Frage des Privateigentums betroffen;
und dies ist kein Zufall, denn selbst für antikes politisches Denken verliert
das Wort «privat» seinen privativen Charakter und steht nicht mehr unbedingt im Gegensatz zum Öffentlichen, wenn es im Zusammenhang mit
Eigentum, eben als Privateigentum auftritt. Offenbar besitzt das Eigentum

gewisse Eigenschaften, die, wiewohl privater Natur, dennoch äusserst wesentlich für das Politische sind.

Die modernen, uns selbstverständlichen Gleichsetzungen von Eigentum mit Besitz und Reichtum, von Eigentumslosigkeit mit Armut und Elend erschweren ein wirkliches Verständnis des einzigen positiven Bezugs des Öffentlichen zum Privaten, wie er sich in der Pflicht der Staaten kundgibt, Privateigentum zu schützen. Die moderne Identifizierung von Eigentum und Besitz ist um so störender, als nicht nur Eigentum, sondern auch Besitz und Reichtum geschichtlich immer eine grössere Rolle im Politischen gespielt haben als irgendein anderes nur privates Anliegen oder Interesse. Bis zum Ende des neunzehnten Jahrhunderts waren bekanntlich Besitz- und Vermögensqualifikationen die unerlässliche Bedingung für Zulassung zum politischen Raum und für den Genuss der vollen Bürgerrechte. Dies legt es nahe, den Unterschied zwischen Eigentum und Besitz, bzw. Reichtum, die nicht nur nicht dasselbe, sondern ganz verschiedener Natur sind, zu übersehen. Andererseits ist ja gerade in der heutigen Gesellschaft nur zu deutlich, wie wenig diese beiden Dinge etwas miteinander zu tun zu haben brauchen, dass nämlich eine ausserordentliche Steigerung des Reichtums der Gesellschaft durchaus mit einem Schwinden des Privateigentums zusammengehen kann, sofern nämlich der Einzelne nicht mehr besitzt als den Anteil, der aus dem wachsenden Nationaleinkommen auf ihn entfällt.

In dem Streit zwischen Kapitalismus und Sozialismus wird meist vergessen, dass es der Kapitalismus war, der mit Enteignungen angefangen hat, und dass der Sozialismus in dieser Hinsicht nur dem Gesetz folgt, nach dem die gesamte Wirtschaftsentwicklung der Neuzeit angetreten ist. Vor der Enteignung der unteren Schichten der Bevölkerung zu Beginn der Neuzeit ist die Heiligkeit des Privateigentums immer etwas Selbstverständliches gewesen; aber erst der enorme Zuwachs an Besitz, Reichtum und eben Kapital in den Händen der enteignenden Schichten hat dazu geführt, privaten Besitz überhaupt für sakrosankt zu erklären. Eigentum war ursprünglich an einen bestimmten Ort in der Welt gebunden und als solches nicht nur «unbeweglich», sondern identisch mit der Familie, die diesen Ort einnahm.[5] Deshalb konnte auch noch im Mittelalter die Verbannung die Vernichtung und nicht nur die Konfiskation des Eigentums nach sich ziehen.[6] Eigentum zu haben hiess, keinen angestammten Platz in der Welt sein eigen zu nennen, also jemand zu sein, den die Welt und der in ihr organisierte politische Körper nicht vorgesehen

44

hatte. Dies war natürlich der Fall von ansässigen Fremden und Sklaven, bei denen weder Besitz noch Reichtum das fehlende Eigentum ersetzen konnten,[7] so wie umgekehrt Armut nicht der Bürgerrechte, der Zugehörigkeit zu dem politischen Körper, berauben konnte, solange das Eigentum, der angestammte Platz in der Welt, intakt blieb. Mit dem Verlust dieses Eigentums wiederum war in älterer Zeit auch der Verlust des Schutzes der Gesetze verbunden.[8] Das Eigentum selbst wiederum war mehr als eine Wohnstätte; es bot als Privates den Ort, an dem sich vollziehen konnte, was seinem Wesen nach verborgen war, und seine Unantastbarkeit stand daher in engster Verbindung mit der Heiligkeit von Geburt und Tod, mit dem verborgenen Anfang und dem verborgenen Ende der Sterblichen, die wie alles Lebendige aus dem Dunkel kommen und in das Dunkel eines unterirdischen Reiches zurückkehren.[9] Als dieser Ort der Verborgenheit, in dessen Obhut Menschen vor dem Licht des Öffentlichen geschützt geboren werden und sterben, aber nicht ihr Leben verbringen, wo also das vor sich geht, wohin kein menschliches Auge und kein menschliches Wissen dringt,[10] als der Ort von Geburt und Tod war der Bereich des Haushalts und des Eigentums «privat» in einem nicht privativen Sinne. Seine unantastbare Verborgenheit vor dem Öffentlichen und der allen gemeinsamen Welt entsprach der nüchternen Tatsache, dass der Mensch nicht weiss, woher er kommt, wohin er geht, wenn er stirbt. Das Geheimnis des Anfangs und des Endes sterblichen Lebens kann nur da gewahrt werden, wo die Helle der Öffentlichkeit nicht hindringt.

So ist nicht das Innere dieses Bereichs, dessen Geheimnis die Öffentlichkeit nichts angeht, sondern seine äussere Gestalt, dasjenige nämlich, was von aussen errichtet werden muss, um ein Inneres zu bergen, was von politischer Bedeutung ist. Innerhalb des Öffentlichen erscheint das Private als ein Eingegrenztes und Eingezäuntes, und die Pflicht des öffentlichen Gemeinwesens ist es, diese Zäune und Grenzen zu wahren, welche das Eigentum und Eigenste eines Bürgers von dem seines Nachbarn trennen und gegen ihn sicherstellen. Was wir heute Gesetz nennen, bedeutete zumindest bei den Griechen ursprünglich so etwas wie eine Grenze[11], die in früher Zeit ein sichtbarer Grenzraum war, eine Art Niemandsland[12], das jeden, der überhaupt ein Jemand war, umschloss und einhegte. Zwar ist das Gesetz der Polis über diese uralten Vorstellungen weit hinausgegangen, aber auch ihm haftet noch deutlich eine räumliche Bedeutung an. Denn das Gesetz der griechischen Stadtstaaten war weder der Gehalt

und das Resultat politischen Handelns (dass politische Tätigkeit in erster
Linie Gesetzgebung ist, ist römischen Ursprungs und dann eine wesentlich moderne Vorstellung, die ihren grössten Ausdruck in Kants politischer Philosophie gefunden hat), noch stellte es eine Aufzählung von Verboten im Sinne moderner Gesetze dar, die alle noch auf dem «Du sollst
nicht» der Zehn Gebote beruhen. Das griechische Gesetz war wirklich
eine «Gesetzesmauer» und schuf als solche den Raum einer Polis; ohne
diese Mauer konnte es zwar eine Stadt im Sinne einer Ansammlung von
Häusern für das Zusammenleben von Menschen geben (ein ἄστυ), aber
keine πόλις, keinen Stadtstaat als eine politische Gemeinschaft.[13] Die
Mauer des Gesetzes war heilig, aber nicht sie selbst, sondern nur das, was
sie einhegte, war eigentlich politisch. Das Aufstellen des Gesetzes war
eine vorpolitische Aufgabe; aber erst wenn sie erfüllt war, war das eigentlich Politische, nämlich die Polis selbst, konstituiert.[14] Ohne die Mauer des
Gesetzes konnte ein öffentlicher Raum so wenig existieren wie ein Stück
Grundeigentum ohne den es einhegenden Zaun; jene umhegte und
beherbergte das politische Leben der Stadt, wie dieser das «private» Leben
ihrer Bewohner schirmte und schützte.

Daher genügt es auch nicht zu sagen, dass Privateigentum vor dem
Beginn der Neuzeit die selbstverständlichste Voraussetzung für die Aus-
übung der Bürgerrechte bildete; es handelte sich dabei um viel mehr.
Der dunkle, verborgene Raum des Privaten bildete gleichsam die andere
Seite des Öffentlichen, und während es wohl möglich war, ausserhalb des
Öffentlichen sein Leben zu verbringen, wiewohl dies hiess, sich der höch-
sten menschlichen Möglichkeiten zu berauben, war es nicht möglich,
kein Eigentum, nicht seine eigenen vier Wände zu haben; daher galt das
Leben des Sklaven, der wohl Besitz, aber kein Eigentum haben konnte,
als ein des Menschen unwürdiges, als ein unmenschliches Leben.

Ganz anderen und viel späteren historischen Ursprungs ist die politische Bedeutung des Privatbesitzes oder Reichtums, aus dem man die Mittel für den eigenen Lebensunterhalt und den der Familie bestreitet. Wir
erwähnten bereits die antike Gleichsetzung von Notwendigkeit mit dem
Privatbereich des Haushalts, d.h. dem Bereich, in dem man der Lebensnotwendigkeiten Herr wurde. Auch der freie Mann, der Privateigentum
besass und nicht wie der Sklave einem fremden Herrn gehörte, konnte
noch von der Notwendigkeit gezwungen werden in Gestalt der Armut.[15] So
wurde Wohlstand und Reichtum zur Bedingung der Teilnahme am öffentlichen Leben, aber nicht, weil sein Besitzer damit beschäftigt war, Reich-

tum anzuhäufen, sondern im Gegenteil, weil man sich halbwegs darauf verlassen konnte, dass des reichen Mannes Lebensunterhalt gesichert war, seine Betätigung nicht beanspruchte und er daher frei war für die öffentlichen Angelegenheiten.[16] Es ist ja selbstverständlich, dass öffentliche Tätigkeit nur dann möglich ist, wenn für die viel vordringlicheren Lebensnotwendigkeiten gesorgt ist. Dies wiederum konnte nur durch das Arbeiten geschehen, und der Reichtum eines Mannes wurde daher oft nach der Zahl von Arbeitern, d. h. natürlich nach seinem Sklavenbesitz berechnet.[17] Hier bedeutet Privatbesitz, dass man Herr über die eigenen Lebensnotwendigkeiten und daher potentiell ein freier Mensch ist, frei nämlich; das eigene Leben zu transzendieren und in die allen gemeinsame Welt einzutreten.

Erst wenn eine solche gemeinsame Welt handgreiflich real vorliegt, also erst nach der Konstitution der Polis, konnte diese Art des Privatbesitzes, der nicht so sehr den Platz in der Welt als die Freiheit von den Notwendigkeiten des Lebensunterhalts verbürgte, eine so ausserordentliche politische Bedeutung gewinnen. Und es ist daher auch beinahe eine Selbstverständlichkeit, dass wir die berühmte griechische Verachtung für die Handarbeit noch nicht in der homerischen Welt antreffen. Auch die Verachtung des Erwerbslebens ist späteren Datums und mit der Verachtung der Arbeit eng verbunden. Wenn jemand, der genug besass, um den eigenen Lebensunterhalt zu bestreiten, beschloss, seinen Besitz zu vermehren, anstatt ihn aufzubrauchen oder gerade soviel Sorgfalt auf ihn zu verwenden, wie zu seiner Erhaltung notwendig war, so hatte er eben freiwillig auf seine Freiheit verzichtet und sich zu dem erniedrigt, was die Sklaven und die Armen nur unter Druck der Umstände geworden waren – ein Knecht der Notwendigkeit.[18]

Dieser Besitz ist nun bis zum Beginn der Neuzeit niemals für sakrosankt erachtet worden. Nur wo der Reichtum als Unterhaltsquelle mit dem Stück Land, von und auf dem eine Familie lebte, zusammenfiel, also in einer im wesentlichen Ackerbau treibenden Gesellschaft, konnten Eigentum und Besitz so unentwirrbar ineinander übergehen, dass sie zur Deckung kamen, was natürlich dann besagte, dass der Besitz ebenso heilig wurde wie das Eigentum. Innerhalb einer feudalen Gesellschaftsordnung mag es damit in einem beschränkten Mass seine Richtigkeit haben. Die modernen Verfechter des Privateigentums aber, die darunter niemals etwas anderes verstehen als Privatbesitz und privaten Reichtum, haben wenig Grund, sich auf eine Tradition zu berufen, für die es in der

Tat keine öffentliche Freiheit geben konnte ohne eine Garantie des Privateigentums und keine politische Tätigkeit ohne Privatbesitz. Denn für sie handelt es sich in erster Linie um eine Freiheit des Erwerbs, welche dieser Tradition für Knechtschaft galt, um den Schutz eines sich akkumulierenden Kapitals, und nicht um den Schutz des Privateigentums. Vielmehr ist der Akkumulationsprozess des Kapitals in der modernen Gesellschaft überhaupt nur dadurch in Gang gekommen, dass man des Eigentums nicht mehr achtete; an seinem Anfang stehen die ungeheuren Enteignungen – die Enteignung der Bauern, die wiederum die fast automatische Nebenerscheinung der Enteignung des Kirchen- und Klostereigentums nach der Reformation war;[19] auf Privateigentum gerade hat dieser Prozess niemals Rücksicht genommen, sondern es immer und überall enteignet, wo es mit der Akkumulation des Kapitals in Konflikt geriet. Proudhons Dictum, dass Eigentum Diebstahl sei, enthält eine Wahrheit, die bis in die Ursprünge des Kapitalismus reicht; allerdings ist nicht das Eigentum Diebstahl gewesen, wohl aber ist in der modernen Gesellschaft Kapital aus Diebstahl am Eigentum entstanden. Um so charakteristischer ist es, dass selbst Proudhon zögerte, eine allgemeine Enteignung zu fordern; er wusste nur zu gut, dass die völlige Abschaffung des Privateigentums zwar vielleicht das Übel der Armut zu heilen vermöchte, aber dafür aller Wahrscheinlichkeit nach das grössere Übel der Tyrannis heraufbeschwören würde.[20] Da er begrifflich zwischen Eigentum und Besitz nicht zu unterscheiden wusste, kann es wohl gelegentlich so aussehen, als geriete er mit seinen beiden Einsichten in einen Selbstwiderspruch, was in Wahrheit gar nicht der Fall ist. Auf die Dauer überspült der Akkumulationsprozess einer immer reicher werdenden Gesellschaft alle Formen des Privateigentums, dazu bedarf es nun wahrlich nicht einer ausdrücklichen Enteignung der Produktionsmittel. Denn es liegt im Wesen dieser Gesellschaft, dass das Private in jeglicher Form der Entwicklung der gesellschaftlichen Produktivkräfte nur im Wege stehen kann, und vor dieser Tatsache, die nicht eine Erfindung von Marx ist, weichen alle Rücksichten auf Privateigentum, das Platz machen muss einem immer noch anwachsenden gesellschaftlichen Reichtum.[21]

Anmerkungen

1 Für die Verlassenheit als ein modernes Massenphänomen siehe David Riesman, The Lonely Crowd.

2 So Plinius junior, zitiert nach W. L. Westermann, «Sklaverei» in Pauly-Wissowa, Supplement Band VI, S. 1045.

3 Die verschiedene Bewertung von Reichtum und Bildung in Rom und in Griechenland bedarf keiner Belege. Aber es ist amüsant, zu beobachten, wie sich diese verschiedenen Bewertungen für die jeweilige Position der Sklaven auswirkte. So spielten die Sklaven eine recht ansehnliche Rolle im römischen Kulturleben, während sie in Griechenland eine wichtige Stellung im Erwerbsleben einnahmen (siehe Westermann, op. cit., S. 984).

4 Nach Augustin setzt die Pflicht zur Nächstenliebe dem otium und der Kontemplation die Grenze. Die Vita activa entspringt der Nächstenliebe; und in ihr dürfen wir «nicht trachten nach Ehren oder Macht in diesem Leben, ... sondern nach dem Heile derer, die uns unterstellt sind» (De Civitate Dei XIX, 19). Offenbar hat dies mehr zu tun mit der Verantwortlichkeit eines Familienvaters für seine Familie als mit politischer Verantwortlichkeit. Das christliche Gebot, sich um seine eigenen Angelegenheiten zu kümmern, das sich meist auf I Thess. 4, 11 beruft: «dass ihr stille seid und das Eure schafft», ist im Gegensatz zu politischer Betätigung gemeint; dem πράττειν τὰ ἴδια steht das geläufige πράττειν τὰ κοινά, sich in öffentlichen Angelegenheiten betätigen, entgegen.

5 Coulanges schlägt vor, das Wort familia mit Eigentum zu übersetzen, da es den Grund und Boden, das Haus, das Geld und die Sklaven bezeichne. Mommsen übersetzt familia gelegentlich auch einfach mit Knechtschaft, was natürlich im Grunde auf das Gleiche hinausläuft. Wichtig ist, dass dies Eigentum kein Besitz ist, den etwa die Familie oder ihr Oberhaupt mit sich nehmen könnte; das Eigentum ist vielmehr ein räumlicher Bezirk, «Die Familie ist an den Herd, der Herd ist an den Boden gebunden». Das Eigentum ist unbeweglich wie der Herd und das Grab, zu dem es gehört. «C'est l'homme qui passe. C'est l'homme qui, à mesure que la famille déroule ses générations, arrive à son heure marquée pour continuer le culte et prendre soins du domaine «(op. cit., Buch II, Kap. 6).

6 Levasseur (op. cit., S. 240 und Anm.) berichtet von der Gründung einer mittelalterlichen Gemeinde wie folgt: «Il ne suffisait pas d'habiter la ville pour avoir droit à cette admission. Il fallait ... posséder une maison.» Daraus folgt: «Toute injure proférée contre la commune entraînait la démolition de la maison et le bannissement du coupable.»

7 Der Unterschied zwischen Eigentum und Besitz wird ganz deutlich im Falle der Sklaven, die zwar kein Eigentum, d. h. kein eigenes Heim, haben durften, aber keineswegs eine besitzlose Klasse im modernen Sinn bildeten. Das peculium, der römische Privatbesitz eines Sklaven, konnte sich auf beträchtliche Summen belaufen und sogar eigene Sklaven umfassen (vicarii). Barrow (op. cit., S. 122) spricht von «property which the humblest of his class possessed».

8 Coulanges gibt eine Bemerkung von Aristoteles wieder, dass in alten Zeiten der Sohn zu Lebzeiten des Vaters nicht Bürger werden konnte und dass nach seinem Ableben nur der älteste Sohn das Bürgerrecht erhielt. So bestand auch der Unterschied zwischen der römischen Plebs und dem populus Romanus darin, dass die Plebs von Leuten ohne Haus und Herd gebildet war (op. cit., Buch III, Kap. 12).

9 «Toute cette religion était renfermée dans l'enceinte de la maison. ... Tous ces dieux, Foyer, Lares, Mânes, on les appelait des dieux cachés ou les dieux de l'intérieur. Pour tous les actes de cette religion il fallait le secret, sacrificia occulta, dit Cicéron.» (Coulanges, op. cit., Buch I, Kap. 4).

10 Es scheint die Aufgabe der Eleusinischen Mysterien gewesen zu sein, dies Verborgene, das wiewohl alle Menschen gemeinsam, doch jeden gerade in seiner Singularität trifft, den Eingeweihten so zu vermitteln, dass es in der ihm zukommenden Aura des Geheimnisses noch einmal zu einer Art gemeinsamen Erfahrung werden konnte, die dann aber, obwohl so viele an ihr teilhatten, niemals öffentlich besprochen werden durfte. Das Prinzip der Mysterien war, dass jeder in sie eingeweiht werden und an ihnen teilnehmen, aber niemand über sie sprechen durfte, und zwar weil sie das Unaussprechliche betrafen; Erfahrungen aber, die unaussagbar waren, lagen jenseits des Politischen, wie sie jenseits der Sprache lagen. Dass die Mysterien das Geheimnis von Geburt und Tod betrafen, scheint ein Fragment von Pindar zu belegen: οἶδε μὲν βίου τελευτάν, οἶδεν δὲ διόσδοτον ἀρχάν(Fragm. 137a): Der Eingeweihte «weiss um des Lebens Ausgang und den von Zeus gegebenen Anfang» (siehe Karl Kerenyi, Die Geburt der Helena, 1943–45, S. 48 ff.).

11 Νόμος, das griechische Wort für Gesetz, kommt wohl von νέμειν, verteilen, besitzen, was verteilt worden ist, und wohnen. Dass das Gesetz ursprünglich ein «Zaun des Gesetzes» ist, kommt in einem Heraklitfragment deutlich zum Ausdruck: «Das Volk muss für das Gesetz kämpfen wie für eine Mauer.» Die römische Lex hingegen bedeutet das, was Menschen verbindet, nicht das, was sie trennt oder einschliesst. Aber die Grenze und der Grenzgott Terminus, der den agrum publicum a privato trennte (Livius), stand in höheren Ehren als die entsprechenden Gottheiten in Griechenland, die θεοὶ ὅροι.

12 So berichtet Coulanges (op. cit.) von einem alten griechischen Gesetz, das verbot, dass zwei Gebäude aneinandergebaut wurden; es musste immer einen Zwischenraum, eine Art Niemandsland zwischen ihnen geben.

13 Πόλις scheint ursprünglich die Bedeutung von «Ringmauer» gehabt zu haben, und das lateinische urbs, das mit orbis verwandt ist, bezeichnete auch eine Einkreisung. So geht das englische town auf den Zaun zurück und bedeutet ursprünglich Einzäunung (siehe R.B. Onian, The Origins of European Thought, 1954, S. 444, Anm. 1).

14 Darum brauchte der Gesetzgeber auch nicht Bürger der Stadt zu sein und wurde häufig von auswärts berufen. Sein Werk, die Gesetzgebung, war nicht eigentlich politischer Natur; es war die vorpolitische Bedingung für das politische Leben, das erst einsetzen konnte, wenn sie erfüllt war.

15 «Viel Sklavisches und Niedriges zwingt Armut die Freien zu tun», meint Demosthenes (Or. 57, 45).

16 Dass man reich genug sein musste, um nicht auf den Erwerb des Lebensunterhalts angewiesen zu sein, wenn man ein freier Bürger sein wollte, kommt noch deutlich in den frühmittelalterlichen Books of Customs zum Ausdruck, die scharf unterschieden «between the craftsman and the freeman, franke homme, of the town. ... If a craftsman became so rich that he wished to become a freeman, he must first foreswear his craft and get rid of all his tools from his house» (W.J. Ashley, op. cit., S. 83). Erst als unter der Regierung Edwards III. die Handwerker reich geworden waren, drehte sich das Verhältnis um, und «instead of the craftsman being incapable of citizenship, citizenship came to be bound up with membership of one of the companies» (S. 89).

17 Coulanges im Unterschied zu anderen Autoren unterstreicht nicht die «Musse», sondern die zeit- und kraftraubende Tätigkeit des antiken Bürgers; daher versteht er auch, dass Aristoteles' Behauptung, dass niemand, der für seinen Unterhalt arbeiten muss, ein Bürger sein kann, kein Beweis für die «Vorurteile» des Aristoteles ist, sondern eine einfache Feststellung (op. cit., Buch IV, Kap. 12). Erst in der Neuzeit wurde Reichtum als solcher, ungeachtet der Beschäftigung seines Besitzers, zur Bedingung der vollen Bürgerrechte: damit erst war das Bürgerrecht wirklich zu einem reinen Privileg geworden, in dessen «Genuss» man kam, das also Rechte gab ohne Pflichten.

18 Hier scheint mir auch die Lösung des bekannten Rätsels der Wirtschaftsgeschichte des Altertums zu liegen, nämlich «that industry developed up to a certain point, but stopped short of making progress which might have been expected» angesichts der Tatsache, dass «thoroughness and capacity for organization on a large scale is shown by the Romans in other departments, in the public services and the army» (Barrow, op. cit., S. 109/110). Es ist ein modernes Vorurteil zu erwarten, dass dieselbe Organisationsfähigkeit, die im öffentlichen Raum vorwaltete, sich auf das private Wirtschaftsleben erstrecken müsse. Auf die Tatsache, dass «die antiken Städte stets in weit höherem Masse als die mittelalterlichen Konsum- und in weit geringerem dagegen Produktionszentren waren», dass «der Sklavenbesitzer ... eben Rentner, nicht: Unternehmer» war, hat bereits Max Weber in seiner oben zitierten bahnbrechenden Arbeit hingewiesen. Die Spärlichkeit von Quellen für die Wirtschaftsgeschichte des Altertums geht auf die Gleichgültigkeit der antiken Autoren für diese Dinge zurück; gerade dies verleiht Webers Ausführungen ein zusätzliches Gewicht.

19 Alle Schriften über die Geschichte der arbeitenden Klasse als einer völlig besitzlosen Klasse, die von der Hand in den Mund lebt, unterstellen naiv, dass es eine derartige Klasse immer gegeben hat. Wir sahen bereits, dass im Altertum selbst die Sklaven nicht besitzlos waren, und wenn man von einer freien Arbeiterklasse im Altertum spricht, stellt sich gewöhnlich heraus, dass sie aus «freien Ladeninhabern, Händlern und Handwerkern» bestand (Barrow, op. cit., S. 126). So kommt M.E. Park (The Plebs Urbania in Cicero's Day, 1921) zum Schluss, dass es freie Arbeiter überhaupt nicht gegeben hat, weil jeder Freie immer auch Eigentum besass. Das gleiche gilt aber auch für das Mittelalter mindestens bis zum 15. Jahrhundert: «There was as yet no large class of wage laborers, no ‹working class› in the modern sense of the term. By ‹working men›, we mean a number of men, from among whom individuals may indeed rise to a higher position. But in the fourteenth century a few years work as a journeyman was but a stage through which the poorer men had to pass, while the majority probably set up for themselves as master craftsman as soon as apprenticeship was over» (Ashley, op. cit., S. 93/4).

Demnach war die «arbeitende Klasse» im Altertum weder frei noch besitzlos; wenn der Sklave seine Freilassung erlangt hatte (durch Manumission in Rom, durch Kauf in Athen), wurde er nicht ein Arbeiter, sondern ein unabhängiger Geschäftsmann oder ein Handwerker. Er brachte immer eigenes Kapital mit, um sich dann in Handel oder Industrie zu etablieren. Im Mittelalter wiederum war die «Arbeiterschaft» auf junge Leute beschränkt, ein temporärer Zustand, in dem man sich auf den Meister vorbereitete und zum Manne heranwuchs; Lohnarbeit war eine Ausnahme und nicht die Regel für Erwachsene. Die deutschen «Tagelöhner», die französischen «manoeuvres», die englischen «labouring poor» lebten ausserhalb der Gemeinden und waren mit den Armen überhaupt nicht identisch (Pierre Brizon, Histoire du Travail et des Travailleurs, 1926, S. 40). Überdies zeigt die Tatsache, dass vor dem Code Napoléon keine Gesetzgebung mit freier Arbeit rechnet, deutlich, wie modern die Entstehung der Arbeiterklasse ist (siehe W. Endemann, Die Behandlung der Arbeit im Privatrecht, 1896, S. 49, 53).

20 So meint Proudhon in der sehr interessanten, posthum veröffentlichten Selbstinterpretation seines «Eigentum ist Diebstahl» (Théorie de la Propriété, S. 209–210), dass das «egoistisch-satanische Wesen» des Eigentums das «wirksamste Mittel sei, dem Despotismus zu widerstehen, ohne den Staat zu stürzen».

21 Ich muss gestehen, dass es mir unbegreiflich ist, wie die heutigen liberalen Nationalökonomen (die sich selbst oft konservativ nennen) so sicher behaupten können, dass die Erhaltung des Privatbesitzes in einer immer reicher werdenden Gesellschaft ein ausreichender Schutz der bürgerlichen Freiheiten sein wird, d.h. dass dieser Besitz die gleiche Rolle spielen kann wie das Privateigentum. In einer Gesellschaft, in der der Besitz eines

Jobs das einzige sichere Eigentum darstellt, sind diese Freiheiten nur durch den Staat garantiert; dies ist eine politische und keine ökonomische Sicherheit. Die Bedrohung der Freiheit in der modernen Gesellschaft kommt nicht vom Staat, wie der Liberalismus annimmt, sondern von der Gesellschaft, in welcher die Jobs verteilt werden und welche den individuellen Anteil an dem gesellschaftlichen Gesamtvermögen festsetzt.

II. Privatheit gegenüber dem Staat

Privatheit – ein Grundrecht?

Suzette Sandoz

Vom juristischen Standpunkt aus betrachtet, ist ein Grundrecht eine vom Staat garantierte Freiheit. Das Recht auf Privatheit, das alle menschlichen Tätigkeiten umfasst, ist als Menschenrecht ein Grundrecht. Seine Existenz ist vorstaatlich. Es ist jedoch in der Gesellschaft vom ständigen Risiko des Missbrauchs bedroht. Die Grundrechte werden vom Staat in dem Mass geschützt – so legt es der folgende Text dar – wie er in der Lage ist, mögliche Konflikte zwischen den verschiedenen Privatsphären als Schiedsrichter zu schlichten.

Viewed from a legal angle, a basic right is a sphere of freedom guaranteed by the State. Embracing all activities of a human being, the right to enjoy privacy is a human right, thus constituting also a citizen's basic right. Its existence antedates the State itself. But in the context of society, it runs the permanent risk of being abused. As exemplified by the following text, the basic rights are protected by the State only to the extent of its ability to act as an arbitrator successfully settling conflicts between the various private spheres.

Zum Begriff des Grundrechts

Über den Begriff des Grundrechts sagt die Rechtswissenschaft: «Das erste gemeinsame Merkmal aller Grundrechte ist es, vom Staat garantiert zu werden.»[1] Aber, «vom Staat garantiert, sind die Grundrechte gegen den Staat gerichtet»[2] und «stehen dem Individuum zu»[3]. Sie «sind Gegenstand einer gesetzlichen Tätigkeit»[4] und werden «vom Richter geschützt»[5]. Von dieser komplizierten Definition gilt es den Gedanken festzuhalten, dass die Grundrechte in Beziehung zum Staat stehen. Übrigens wird dieser Gedanke auch durch die Tatsache bestätigt, dass – wenn diese Rechte grundlegend sind – es deshalb ist, «weil sie von ihrem Inhalt her eine wesentliche Zweckbestimmtheit des Staates betreffen, nämlich die Freiheit, den Rechtsstaat, den Sozialstaat und die Demokratie».[6] Die nachfolgend vorgeschlagenen Definitionen sprechen nicht von «Privatheit». Wäre diese etwa im Begriff der Freiheit enthalten? Wenn dies zutrifft, ist sie ein Grundrecht. Sie ist aber auch eine Finalität des Staates, und dies ist gerade das Pikante im Zusammenhang mit dem genannten Werk.[7] Dabei erweist sich ein schrittweiser Definitionsversuch von «Privatheit» als notwendig.

Definition von «Privatheit»

Wir haben den Begriff «Privatheit» vergeblich in mehreren deutschfranzösischen Wörterbüchern gesucht. In der französischen Sprache könnten wir dabei vielleicht an das Recht auf eine Privatsphäre denken. Ein solches Recht setzt dabei allerdings eine bestimmte Freiheit voraus. Diese schützt eine ganze Reihe menschlicher Verhaltensweisen, wie «sich ausdrücken, verkaufen, glauben, Handel treiben, zusammenkommen, sich verwirklichen, sich assoziieren, beten, sich bewegen, publizieren».[8] Solche Verhaltensweisen umfassen allerdings ein Recht auf Privatheit nur stellenweise. Es bedarf einer weiteren Präzisierung: «Alles, was wir tun, alles, was wir als Menschen zu tun vermögen, ist geeignet, von einer Freiheit geschützt zu werden [...] Die Freiheiten sind also die Menschenrechte, weil es das Verhalten des Menschen ist, sein Tun und seine Überzeugungen, die deren spezifisches Objekt bilden.»[9] Diese Aufzählung bezieht sich auf alle möglichen Verhaltensweisen und Überzeugungen des Menschen: auf die Glaubens-, Meinungs-, Ausdrucks-, Versammlungsfreiheit, sowie auf die Freiheit des Lebens in der sozialen Gemeinschaft, der wirtschaftlichen Tätigkeit usw. Kann man aus diesen Zeilen schliessen, dass das Recht auf Privatheit ein Menschenrecht, also ein Grundrecht sei?

Auf den ersten Blick fällt die Antwort bejahend aus. Aber dann muss man aus dem engen Joch der juristischen Definition des Grundrechtes heraustreten. Denn, wie wir gesehen haben, scheint sich das Grundrecht juristisch in Bezug auf den Staat zu definieren, für den es eine Finalität wäre. Wir sind jedoch der Ansicht, dass sich die Menschenrechte nicht in Bezug auf den Staat definieren, sondern auf den Menschen, für den sie das Wesen selbst darstellen. Es stellt sich daher folgende Frage: Welches ist das Verhältnis zwischen dem Menschenrecht «Privatheit» und dem Staat? Stellt der Staat eine Bedrohung oder einen Schutz der Privatheit respektive der Privatsphäre dar?

Zur Antwort gelangt man über einen kleinen Umweg. Der Staat ist als ein von Menschen errichtetes Gebilde nicht die einzige Form einer Gesellschaft. Nun ist aber die Privatsphäre naturgemäss «bedroht» durch die Existenz der anderen Privatsphären der Mitglieder einer Gesellschaft. Es ist deshalb wichtig festzulegen, welches die Bedrohungen sind oder sein können, die das Leben in der Gesellschaft an sich für die Privatsphäre bedeutet, ehe man weiss, ob der Staat als Gesellschaftsform eine Bedrohung oder einen Schutz darstellt.

Bedrohungen der Privatheit

Jede Freiheit hört immer dort auf, wo jene der anderen beginnt. Die wesentliche Bedrohung der individuellen Freiheit ist also immer jene des anderen. Diese Bedrohung kann je nach dem Objekt der betroffenen Freiheit verschieden aussehen. So ist die Bedrohung der Glaubensfreiheit unbestreitbar die Intoleranz, die Bedrohung der Meinungsfreiheit der politische oder wirtschaftliche Druck, die Bedrohung der Versammlungsfreiheit die Gewalt, die Bedrohung der wirtschaftlichen Freiheit der unlautere Wettbewerb. Diese Bedrohungen nehmen unterschiedliche Formen an, deren Grundlage ist aber stets dieselbe, nämlich der Rechtsmissbrauch.

Der technische Fortschritt kann eine Bedrohung sein, wenn man bedenkt, mit welcher Einfachheit er in das Privatleben einzudringen vermag. Obschon die Informatik ein recht nützliches «Instrument» ist, stellt sie wegen der Fichierung, die sie ermöglicht, eine enorme Bedrohung dar. Der erleichterte schnelle Zugang mittels Informatik zu den verschiedensten Quellen kann die Vertraulichkeit zerstören. Die Fortschritte der Biotechnologie mit ihren Heilungsmöglichkeiten lassen auch Privatpersonen in die Fänge so genannt «Wissender» geraten. Die wissenschaftlichen Entdeckungen können im schlimmsten Horror enden, indem durch sie die menschliche Individualität abgeschafft oder das menschliche Wesen zur Ware reduziert wird. Die Demokratie und die Meinungsfreiheit – undenkbar ohne Pressefreiheit – werden durch den Machtmissbrauch der Medien untergraben. Die wirtschaftliche Freiheit wird durch einen theoretischen Neoliberalismus bedroht, der sich vom menschlichen

Wissen und folglich von der humanistischen Dimension des Liberalismus ablöst – einer Dimension, welche die Wirtschaft haben muss, wenn sie nicht dem Totalitarismus verfallen soll. Die Abweichung von der wirtschaftlichen Freiheit in Richtung des Leistungskults ignoriert die anderen Freiheitsbedürfnisse des Menschen, zum Beispiel jenes für das Familienleben. All diese Bedrohungen, die einfach die zwiespältige, gleichzeitig gute und böse Natur des Menschen widerspiegeln, liegen einzig in der Tatsache der Koexistenz von mehreren menschlichen Wesen begründet. Können sie korrigiert werden, zum Beispiel durch den Staat?

Das Korrektiv der Bedrohungen: der Staat?

Für eine gewisse Anzahl Menschen, die vielleicht mehr als andere unter den verhängnisvollen Auswirkungen der oben beschriebenen Bedrohungen gelitten haben, bestünde die beste Garantie der Privatsphäre darin, dem Staat die Überwachung, wenn nicht die Verantwortung über alle Tätigkeiten anzuvertrauen. Auf diese Weise beabsichtigt man, einem staatlichen Laizismus oder einer «obligatorischen staatlichen Toleranz» den Vorrang zu geben, einer Staatswirtschaft und staatlichen Medien. Vor solchem Eifer warnte der Philosoph Pascal, denn «unglücklicherweise werde der zum Tier, der ein Engel sein wolle» *(le malheur veut que qui veut faire l'ange, fait la bête).* Aus menschlichen Wesen bestehend, die mit allen andern identisch sind, wird der Staat nicht nur keinen besseren Schutz gegen die Missbräuche bieten, welche ja die eigentlichen Bedrohungen darstellen, sondern auch zum Missbrauch seines Gewaltmonopols verleiten. Muss man daraus schliessen, dass der Staat der Feind ist, den man bekämpfen muss?

Muss man den Staat abschaffen?

Wenn der Mensch von Natur aus gut wäre, dann bräuchte es den Staat nicht. Die Schwierigkeit liegt aber darin, dass, wenn die menschliche Natur den Staat notwendig macht, dieser selbst auch aus Menschen besteht, die weder besser noch schlechter sind. Die ganze politische Reflexion muss sich also um die Frage drehen: Wie soll der Staat organisiert und dessen Funktionieren gewährleistet werden, dass er die Risiken und Bedrohungen, die auf der Privatheit lasten, begrenzt, ohne letztere zu lähmen oder zu zerstören? Es muss gelingen, ihm die Rolle eines Schiedsrichters zu übertragen, welcher die Missbräuche der einen wie der anderen bekämpft, jedoch ohne, dass er selbst die Tätigkeiten ausübt, welche die Privatsphäre ausmachen. Durch Schiedsspruch entscheiden, heisst weder sich an jemandes Stelle setzen noch überwachen. Aber das Schiedsgericht ist nur möglich, wenn der Schiedsrichter die Eigentümlichkeiten der Parteien gut kennt. Eine solche Kenntnis ist nur in einem begrenzten Bereich, in überschaubaren Lebensverhältnissen möglich und kann sich lediglich auf eine kleine Anzahl von Personen beziehen. Je grösser und zentralistischer der Staat wird, umso schlechter wird sein Schiedsspruch. Je schlechter sein Schiedsspruch, desto mehr Missbrauch wird es geben. Mehr Missbrauch wird mehr Opfer zur Folge haben. Und je mehr Opfer es gibt, desto mehr entwickelt sich ein etatistisches Denken, welches dem Staat immer neue Aufgaben überantworten will, um die Missbräuche zu bekämpfen. Je mehr Aufgaben der Staat übernimmt, desto mehr wächst seine Bürokratie und damit auch die Kosten – der Teufelskreis wohlfahrtsstaatlicher Überwachung und Umverteilung ist nicht mehr zu stoppen. Anarchistische Rezepte von der Abschaffung des Staates helfen allerdings nicht weiter, weil sie den Schutz der Privatsphäre ebenso wenig gewährleisten wie ein «totaler» Staat.

Vermag der Staat seine Rolle als Schiedsrichter noch zu erfüllen?

Je grösser der Staat wird, desto weniger vermag er die Konflikte zwischen den Privatsphären zu schlichten, weil er diese weder verstehen noch kennen kann. In der Schweiz boten die Kantone und Gemeinden einen wirksamen Schutz der Privatsphäre gegen bundesstaatliche Eingriffe. Der Föderalismus wird allerdings von der Technik, der Wirtschaft und den Medien vielfach in Verruf gebracht, weil er nicht wirtschaftlich sei. Zentralisierung begünstigt Missbräuche, wie es auf Stufe von Bund, Kantonen und Gemeinden vermehrt festgestellt wird. Besonders in den Gemeinden und Kantonen schwindet der Sinn für das Gemeinwohl als Folge der Delegation von Verantwortung an den Bund sukzessive.

In Europa waren es die Nationalstaaten, welche dem linken und rechten Internationalismus lange Zeit widerstanden. Die Aufhebung der Grenzen – institutionalisiert schon in der UdSSR unter dem kommunistischen Regime, um gegen den Nationalismus zu kämpfen und eine einzige Wirtschaft zu sichern, oder in den USA, um den grossen amerikanischen Markt zu ermöglichen – setzt die Staaten ausserstande, die

Missbräuche, besonders wirtschaftlicher Art, zu bekämpfen. Die Staaten büssen ihre Rolle als glaubwürdige Schiedsrichter in einer Gesellschaft ein. Die Bürger fühlen sich immer mehr von einem Staat bedrängt, der ihnen neue Steuerlasten und behindernde gesellschaftliche Regeln aufbürdet. Die exponentielle Vermehrung der Gesetze, Verordnungen und Erlasse verunmöglicht die Kenntnis des Rechts, und die Bürger haben das Gefühl, von der staatlichen Verwaltung irregeführt zu werden.

Wie bedenklich dies auch sein mag, so muss man dennoch anerkennen, dass die Entwicklung des grossen europäischen Marktes und die Globalisierung der Wirtschaft die Allmacht der Wirtschaft gesichert haben, indem sie diese dem Schiedsspruch des Staates entzogen haben. Die Folge ist doppelt nachteilig. Einerseits, weil dies einen Teil der Bürger an der Legitimität der wirtschaftlichen Privatheit als Grundrecht des Menschen zweifeln lässt, anderseits, weil dies die Gewalt fördert. Wenn der Staat nicht mehr imstande ist, die Konflikte zwischen den Privatsphären zu schlichten, entwickelt sich die anarchische und oft blinde Privatjustiz. Diese Gewalt ruft nach einer polizeilichen Reaktion des Staates. Und wenn die Gewalt globalisiert wird, nimmt sie Formen des Terrorismus an, weil es wenig Spielraum gibt zwischen der Privatjustiz und dem Fanatismus. Die Attentate des 11. September 2001 illustrieren dies anschaulich, wurde damit doch das Symbol einer Wirtschaftsmacht getroffen.

Der Staat muss in seine Rolle als Schiedsrichter zurückfinden

Es muss festgestellt werden, dass die Schwächung des Staates zu keiner besseren Entwicklung der Privatsphäre eines jeden führt, weil diese dann der Bedrohung der Privatsphären der anderen ausgeliefert wird. Der Staat kann also sehr wohl eine Garantie gegen die Missbräuche, das heisst eine Garantie der Freiheiten sein, aber unter der Voraussetzung, dass er sich auf seine Rolle als Schiedsrichter beschränkt. Nun ist diese Grenze nur soweit vorstellbar, als der Staat sich nicht selbst damit befasst, die Aktivitäten der Privatsphäre auszuüben oder sie jeden Augenblick zu überwachen. Der Staat kann seine Rolle nur erfüllen, wenn er als nützlich empfunden wird und klein genug ist, um seine Bürger, ihre Kultur, ihre Natur und ihre Mentalität zu kennen. Ist dieses Erfordernis vereinbar mit den grossen Märkten und der Einflusseinbusse des Nationalstaates? Für uns fällt die Antwort negativ aus, aber wir kennen keine Lösungen. Wir machen nur geltend, dass die Globalisierung der Freiheit nicht förderlich ist und dass sie Gefahr läuft, in einen Totalitarismus einzumünden.

Die Privatheit ist ein Menschenrecht, dessen Existenz derjenigen des Staates vorausgeht. Von den mit dem Leben in der Gesellschaft verbundenen Gefahren des Missbrauchs bedroht, kann die Privatheit dank dem Staat einen Schutz vor Missbräuchen finden. Sie muss dann als ein Grundrecht betrachtet werden, das vom Staat garantiert wird. Er soll seine Rolle als Garant jedoch nur wahrnehmen, wenn er sich darauf beschränkt, die Bedrohungen zu schlichten, die natürlicherweise über der Privatheit schweben. Keinesfalls darf er die Ausübung der Freiheiten, welche diese Privatheiten konstituieren, dirigieren oder ausüben. Der Staat wird nur dann glaubwürdig sein, wenn er sich nicht in den grossen Märkten ohne Grenzen auflöst, wo das Gesetz des Stärkeren ihn fortzureissen droht, wo die Mafia allmächtig ist und wo die Anarchie schnell einmal in einen Totalitarismus einmündet.

Anmerkungen

1 «[l]a première caractéristique commune à tous les droits fondamentaux (Grundrechte) est d'être garantis par l'Etat.» Vgl. Andreas Auer/Giorgio Malinverni/Micher Hottelier, Droit constitutionnel suisse, vol. II, Les droits fondamentaux, Berne, 2000, S. 4, N° 6.
2 ... «[g]arantis par l'Etat, les droits fondamentaux sont dirigés contre l'Etat»; ebd., S. 4, N° 7.
3 ... «appartiennent à l'individu»; ebd., S. 5, N° 8.
4 ... «font l'objet d'une activité législative»; ebd., S. 5, N° 9.
5 ... «protégés par le juge»; ebd., S. 5, N° 10.
6 ... «parce qu'ils concernent, de par leur contenu, une finalité essentielle de l'Etat: la liberté, l'Etat de droit, l'Etat social, la démocratie»; ebd. S. 6, N° 11.
7 Vgl. oben Anm. 1.
8 Wir übernehmen die Liste der von den oben erwähnten Autoren in ihrem Werk, S. 6 N° 13, aufgezählten Freiheiten, da sie uns ein weites Spektrum der Tätigkeiten privater Natur abzudecken scheint.
9 «Tout ce que nous faisons, tout ce dont nous sommes capables en tant qu'êtres humains, est susceptible d'être protégé par une liberté ... Les libertés sont donc les droits de l'homme, parce que c'est le comportement de l'homme, les actes et les convictions de l'être humain, qui en constituent l'objet spécifique»; ebd., S. 6, N° 13.

Stärke der souveränen Gewalt

Alexis de Tocqueville

Im zweiten Band seines berühmten Werkes «Über die Demokratie in Amerika» beschreibt der französische Staatsmann und Publizist Alexis de Tocqueville (1805–1859) die wachsende Einflussnahme des Staates auf die privaten Angelegenheiten seiner Bürger und prophezeit das Massenzeitalter und den zentralistischen und umverteilenden Wohlfahrtsstaat. Um diese Gefahr für die Freiheit möglichst zu begrenzen, plädiert Tocqueville für die Schaffung institutioneller Gegengewichte, namentlich in Form einer Dezentralisierung staatlicher Macht durch Stärkung der Kommunalautonomie.

In the second volume of his famous work «Democracy in America», the French statesman and author Alexis de Tocqueville (1805–1859) describes the State's growing influence on the private matters of its citizens, predicting an epoch dominated by mass society coupled with a centralized welfare state redistributing the nation's wealth. In order to restrict to the utmost this threat to individualistic freedom, de Tocqueville advocated the creation of institutional counterbalances, especially through decentralization of the State's powers by means of increased municipal or communal autonomy.

Europa hat seit einem halben Jahrhundert viele Revolutionen erlebt und viele Gegenrevolutionen, die es wieder in die entgegengesetzte Richtung getrieben haben. Alle diese Bewegungen aber haben eines gemeinsam: alle haben sie die Gewalten zweiter Ordnung erschüttert oder vernichtet. Lokale Freiheiten, die Frankreich in eroberten Ländern hatte bestehen lassen, sind schliesslich den Massnahmen der Fürsten, die Frankreich besiegt haben, zum Opfer gefallen. Diese Fürsten haben alle Neuerungen, die die Revolution bei ihnen eingeführt hatte, verworfen, ausgenommen die Zentralisation: diese allein waren sie beizubehalten bereit.

Was ich hervorheben möchte, ist: alle diese verschiedenen Rechte, die heute nach und nach Klassen, Körperschaften oder Menschen entrissen worden sind, haben nicht dazu gedient, neue Gewalten zweiter Ordnung auf demokratischer Ebene zu errichten, sondern sind von überall in die Hände des Souveräns zusammengeflossen. Allenthalben kommt der Staat immer mehr dahin, die geringsten Bürger selbst zu leiten und jeden von ihnen in den unbedeutendsten Angelegenheiten persönlich zu führen.[1]

Fast alle Wohltätigkeitseinrichtungen des alten Europa lagen in den Händen Einzelner oder privater Körperschaften; sie sind alle mehr oder weniger in die Abhängigkeit vom Souverän geraten und werden in verschiedenen Ländern sogar von ihm geleitet. Der Staat hat es fast ausschliesslich übernommen, den Hungrigen Brot zu geben, den Kranken Hilfe und Unterkunft, den Arbeitslosen Arbeit; der Staat hat sich zum fast einzigen Helfer in aller Not gemacht.

Bei den meisten Völkern unserer Tage ist die Erziehung wie die Wohltätigkeit Aufgabe des Staates geworden. Der Staat empfängt, ja reisst oft das Kind aus den Armen seiner Mutter, um es seinen Dienern anzuvertrauen; der Staat übernimmt es, jeder neuen Generation Gefühle einzuflössen und Vorstellungen zu vermitteln. Die Gleichförmigkeit herrscht in den Studien wie überall sonst; die Mannigfaltigkeit verschwindet wie die Freiheit auch aus ihnen immer mehr.

Weiter scheue ich mich nicht, zu behaupten, dass bei fast allen christlichen Nationen unserer Tage – den katholischen wie den protestantischen – die Religion in die Hände der Regierung zu fallen droht. Nicht etwa, dass die Herrscher sehr begierig wären, das Glaubensdogma selbst festzulegen; aber sie beherrschen mehr und mehr den Willen dessen, der es auslegt: sie nehmen dem Klerus sein Eigentum, setzen ihm sein Gehalt aus und wenden und nutzen den Einfluss des Priesters zu ihrem eigenen Vorteil; sie machen aus dem Priester einen Beamten, oft sogar Knecht und dringen über ihn bis ins tiefste Innere des menschlichen Herzens.[2]

Das ist aber erst die eine Seite des Bildes. Die Gewalt des Souveräns hat sich nicht nur – wie wir gesehen haben – auf den gesamten Bereich der alten Gewalten ausgedehnt; diese Grenzen vermögen sie nicht mehr zu halten; sie überbrandet sie nach allen Seiten und greift auch auf das Gebiet über, das bislang der individuellen Unabhängigkeit vorbehalten war. Eine Menge Vorgänge – und ihre Zahl wächst unaufhörlich – die früher der staatlichen Kontrolle vollkommen entzogen waren, sind ihr heute unterworfen.

Bei den aristokratischen Völkern beschränkte sich die staatliche Gewalt in der Regel darauf, die Bürger in all dem zu leiten und zu überwachen, was in unmittelbarer und sichtbarer Beziehung zum nationalen Interesse stand; sie überliess sie im übrigen gern ihrem freien Willen. Bei diesen Völkern schien die Regierung häufig überhaupt zu vergessen, dass es einen Punkt gibt, in dem die Mängel und Nöte der Einzelnen das allgemeine Wohlergehen beeinträchtigen, zu vergessen, dass es zuweilen eine öffentliche Aufgabe sein kann, den Ruin eines Einzelnen zu verhindern.

Die demokratischen Nationen unserer Zeit neigen zum anderen Extrem. Offensichtlich wollen die meisten unserer Fürsten nicht nur das Volk im Ganzen regieren; man könnte fast sagen, sie fühlen sich für die Handlungen und das ganze persönliche Schicksal ihrer Untertanen verantwortlich und haben es übernommen, jeden von ihnen in den verschiedenen Vorgängen seines Lebens zu leiten und zu beraten, ja ihn notfalls gegen seinen Willen glücklich zu machen.

Die Einzelnen sehen ihrerseits die staatliche Gewalt mehr und mehr im gleichen Lichte; sie rufen sie in allen ihren Nöten zu Hilfe und richten ihre Blicke allezeit auf sie als auf einen Schulmeister oder Lotsen.

Ich behaupte, dass die öffentliche Verwaltung in sämtlichen Ländern Europas nicht nur stärker zentralisiert ist als früher, sondern sich auch inquisitorischer um die Einzelheiten des staatlichen Lebens kümmert; allenthalben dringt sie weiter als früher in das Privatleben vor; immer mehr, immer unbedeutendere Vorgänge regelt sie auf ihre Weise, und sie breitet sich mit jedem Tag mehr aus, neben dem Einzelnen, um ihn herum und über ihm, um ihm beizustehen, ihn zu beraten und zu vergewaltigen.

Früher lebte der Souverän von den Einkünften seiner Ländereien oder von dem, was die Steuern einbrachten. Heute, wo seine Bedürfnisse mit seiner Macht gestiegen sind, ist das anders. Unter den gleichen Umständen, unter denen ein Fürst früher eine neue Steuer eingeführt haben würde, nimmt man heute seine Zuflucht zu einer Anleihe. Mit der Zeit wird der Staat so zum Schuldner der meisten Reichen und sammelt in seiner Hand die grössten Vermögen.

Die kleinen verschafft er sich auf andere Weise. In dem Masse, in dem die Menschen sich vermischen und die gesellschaftlichen Bedingungen einander gleich werden, wachsen Mittel, Bildung und Bedürfnisse der Armen. Die Armen kommen auf den Gedanken, ihr Los zu verbessern, und suchen das durch Sparsamkeit zu erreichen. Die Sparsamkeit lässt so mit jedem Tage unendlich viele kleine Vermögen entstehen, die langsam reifenden Früchte der Arbeit; sie nehmen ständig zu. Der grösste Teil bliebe aber unproduktiv, wären die kleinen Vermögen immer verstreut. Dem verdankt eine philanthropische Institution ihr Entstehen, die – wenn ich nicht irre – bald zu einer unserer bedeutendsten politischen Institutionen werden wird. Wohltätige Menschen sind auf den Gedanken gekommen, die Ersparnisse der Armen zusammenzufassen und ihren Ertrag nutzbar zu machen. In einigen Ländern sind diese Wohltätigkeitsvereine vom Staate völlig unabhängig geblieben; in fast allen aber neigen sie sichtlich dazu, sich mit ihm zusammenzutun, ja es gibt einige Länder, in denen der Staat an ihre Stelle getreten ist und die gewaltige Aufgabe übernommen hat, die täglichen Ersparnisse mehrerer Millionen von Arbeitern an einer Stelle zu sammeln und selbständig auszuwerten.

Durch Anleihen verschafft sich so der Staat das Geld der Reichen, und durch die Sparkassen verfügt er nach Belieben noch über den letzten Pfennig der Armen. Bei ihm und in seinen Händen häuft sich der gesamte Reichtum des Landes; und zwar umso mehr, je grösser die Gleichheit der gesellschaftlichen Bedingungen wird; denn bei einem demokratischen Volk flösst allein der Staat dem Einzelnen Vertrauen ein, weil nur der Staat ihm einige Macht und Dauer zu besitzen scheint.[3]

So beschränkt sich der Souverän nicht darauf, das öffentliche Vermögen zu verwalten; er greift vielmehr auch auf die privaten Vermögen über; er ist der Vorgesetzte, ja oft der Herr jedes Bürgers, und macht sich darüber hinaus zu dessen Verwalter und Kassenführer.

Anmerkungen

1   Diese schrittweise Schwächung des Einzelnen gegenüber dem Staat äussert sich auf tausenderlei Weisen. Ich führe hier nur an, wie sie sich auf die Testamente auswirkt.
    In den aristokratischen Ländern bezeugt man in der Regel dem letzten Willen des Menschen eine tiefe Achtung. Zuweilen ging das bei den alten Völkern Europas bis zur Übertreibung: die staatliche Gewalt, weit entfernt, die Launen des Sterbenden zu beschränken, lieh noch der lächerlichsten unter ihnen ihre Macht; sie sicherte ihr ewige Wirksamkeit. Sind dagegen alle Lebenden schwach, so ist die Achtung vor dem Willen der Toten minder gross. Man zieht diesem Willen sehr enge Grenzen; überschreitet er sie, dann erklärt der Souverän ihn für nichtig oder ändert ihn ab. Im Mittelalter war die Testierfreiheit so gut wie

schrankenlos. Im heutigen Frankreich kann man seinen Nachlass nicht einmal unter seine Kinder verteilen, ohne dass sich der Staat einmischt. Nachdem er das ganze Leben legitimiert hat, will er auch noch die letzte Handlung regeln.

2 Die Zahl der Beamten wächst mit den Befugnissen der Zentralgewalt, die sie repräsentieren. Die Beamten bilden einen Staat im Staate und ersetzen, da die Regierung ihnen ihre eigene Stabilität leiht, in der jeweiligen Nation immer mehr die Aristokratie. Fast überall in Europa herrscht der Souverän auf zwei Arten: den einen Teil der Bürger lenkt er durch ihre Furcht vor seinen Beamten, den anderen durch ihre Hoffnung, seine Beamten zu werden.

3 Auf der einen Seite wächst die Freude am Wohlstand, auf der anderen bemächtigt sich die Regierung mehr und mehr aller Quellen des Wohlstands. Die Menschen geraten daher auf zwei verschiedenen Wegen in die Knechtschaft. Die Freude am Wohlstand lenkt sie davon ab, an der Regierung teilzunehmen, und die Liebe zum Wohlstand bringt sie in immer engere Abhängigkeit von den Regierenden.

Security and Freedom –
Policy Options for the New Era

Edwin J. Feulner

In the following essay, based on a lecture held in Zurich at the Econom-ic Conference of Progress Foundation in April 2002, Edwin J. Feulner stresses the positive influence of economic liberty on security. Conse-quently, it would be imperative to further Liberalism's achievements such as property rights, free trade and competitive taxation systems. The exchange of information – favored by the OECD and the EU, particular-ly under the pretext of security – is unmasked by this essay as being an outright attempt to set up a worldwide taxation cartel. In their struggle aimed at competitive taxation systems, Switzerland and the U.S. should unite and act jointly.

Im vorliegenden Aufsatz, basierend auf einem Referat an der «Economic Conference» der Progress Foundation vom April 2002 in Zürich, betont Edwin J. Feulner den positiven Einfluss wirtschaftlicher Freiheit auf die Sicherheit. Es gelte daher, die liberalen Errungenschaften wie Eigen-tumsrechte, Freihandel und Steuerwettbewerb zu fördern. Den Infor-mationsaustausch, wie er von der OECD und der EU auch unter dem Vorwand der Sicherheit favorisiert wird, entlarvt der Text als reinen Ver-such, ein weltweites Steuerkartell zu errichten. Im Kampf für den Steuer-wettbewerb sollten die USA und die Schweiz geschlossen auftreten.

The issues of security and freedom are of fundamental importance to all of you and to all of us in the United States. And conferences like this provide a useful forum for the exchange of ideas to promote freedom and economic opportunity throughout a secure world. Since the breadth of tonight's topic is virtually limitless, I am going to focus on security and freedom in relation to homeland defense, property rights, and economic freedom.

Homeland Defense: Swiss Security

In the arena of homeland defense, it is clear that Switzerland and the United States have different histories, and hence we have developed different practical ways of dealing with questions of homeland defense. Now, I don't have to tell you that the Swiss people have a strong appreciation for homeland defense. I have visited some of your military facilities over the years. I know – as you all know – that a prepared citizenry is less likely to be an endangered citizenry. The Swiss citizens understand that a people knowledgeable about the gravity and precise nature of security is not only prepared to respond immediately if its nation comes under attack, but they also respect the rule of law and civil order on a day to day basis. And, at least compared to us, your homeland defense bureaucracy is relatively streamlined.

Homeland Defense: American Security

I think that America could learn many things from the Swiss model. In the United States, we have more than 40 separate government agencies involved in various aspects dealing with homeland defense. And until last year, no one person or agency in the United States federal government had clear responsibility to coordinate the different parts of this massive and complex system. In the wake of September 11, the American homeland defense system has started to shape up. President Bush appointed a homeland security office with Pennsylvania's Governor Tom Ridge at the helm. As Director of the Office of Homeland Security, Governor Ridge is charged with developing and coordinating a comprehensive national strategy to strengthen protections against terrorist threats or attacks in the United States.

So far, Governor Ridge's office has begun by improving border security through agreements with Mexico and Canada. The Office of Homeland Security has also expanded our national pharmaceutical stockpile. It has established a Crisis Coordination Center in Office of Homeland Security. It has developed a Homeland Security Advisory System in order to quickly inform the American people of the current risk of a terrorist attack with corresponding protective measures from federal departments and agencies. And it continues to consult extensively with state and local government officials and with the private sector. Governor Ridge and the Office of Homeland Security face a difficult task: Does Ridge have sufficient authority to complete the mission he was assigned? How does he deal with the real and political opposition to some of his proposals, particularly those that attempt to move resources or budgetary funds from one agency to another? How does he merge the various bureaucratic cultures of different agencies in the U.S. federal government? They represent real obstacles to implementing an effective long-term policy. Congress is Ridge's other major obstacle. To modestly quote Ed Feulner's Fourth Law, «The Congress does two things well – nothing and overreact», and with airport security police, it's the latter! For example, when Heritage's 75-year-old Board Chairman is virtually «strip searched» before being permitted to board his plane, while swarthy able-bodied young men are waved through, something is amiss.

What Promotes Security?

In addition to defense measures, there are many other measures that are just as critical to preserving national security. My emphasis is not on issues like reducing the threat from bio-terrorism or consolidating all of our nation's nuclear waste storage at one site. Rather, my concern is with other institutional questions, which are more fundamental. For example, what institutional changes are required to enhance both physical security and personal freedoms? Let me discuss with you the questions of property rights, free trade, and tax competition.

Property Rights

In Heritage's annual «Index of Economic Freedom», which we've published jointly with «The Wall Street Journal» since 1995, we measure 50 independent variables divided into 10 broad factors – from barriers to trade, to the rule of law, and labor market regulations. All 50 of these variables are examined to measure and to determine both the absolute level of economic freedom as well as the relative economic freedom of one country to another. In the current 2002 edition, Switzerland's economy ranks 12th most free in the world, out of 161 nations, and it is tied for the 3rd most free in Europe. That is an excellent score, and I congratulate all of you for your efforts in maintaining economic freedom, even against considerable odds, as I will discuss.

Many positives contributed to Switzerland's good ranking, not the least of which is sound property rights. Property ownership is recognized and enforced and the legal system protects and encourages the acquisition and sale of all property rights. Switzerland has one of the best administrations in the world for the protection of intellectual property rights, and protection is afforded equally to foreign and domestic right holders. When we examine property rights, the key question always is: is the «little guy» treated equally before the law as the highest-ranking in the land? Switzerland passes this basic test with flying colors.

Additionally, Switzerland has a successful legal and policy framework to combat domestic corruption. Laws are enforced effectively, and corruption is virtually non-existent. However, the regulation of businesses in Switzerland is too heavy and this has reduced your ranking in the «Index of Economic Freedom». Switzerland's economic success should be a model for other nations. Predictability under the rule of law, rather than the rule of man, means that everyone will be treated the same in similar circumstances. It means real security in ownership and control of private property.

The economic effects of secure property rights and a well-functioning legal system are reasonably straightforward. Since people act basically in their own self-interest, they tend to undertake hard work and investments only if they have a reasonable probability of enjoying the fruits of their efforts. Thus, if property rights are insecure – for example, because of high crime rates or high tax rates – people tend to work less and invest little. The same relationship between economic and legal security and investment holds true for companies. Without strong property rights, countries will fail to attract long-term investment. Investors do not flee safe havens or investment based on sound market economies in which hefty – or even, reasonable – returns can be made; instead, investors flee countries ravaged by government corruption, currency manipulation, unsound financial institutions, disdain for the rule of law, and other harmful and wrong-headed government policies.

Another major promoter of economic freedom and security is expand-ed free trade. Trade expansion fosters adherence to the rule of law and promotes real protection of private property rights; in other words, this forces trading countries to play fair with each other. Trade expansion agreements encourage good government. In this light, at least theoreti-cally, the «World Trade Organization» (WTO) should be viewed as a free-dom-enhancing agency because it outlines the rules of the game. With more nations following the same rules, increased freedom should follow. Under WTO rules, once a commitment has been made to liberalize a sec-tor of trade, it is difficult to reverse. The rules also prevent a range of unwise policies. Policies must be transparent. For businesses, these rules mean greater certainty and clarity about trading conditions. For govern-ments, these rules often mean good discipline. When rules are broken, WTO members face the consequences of their actions.

An attractive alternative method of enhancing international trade is a «Global Free Trade Association». The current trade agenda comprises comprehensive multilateral negotiations through the WTO, regional trade agreements like the «North American Free Trade Agreement» (NAFTA), and bilateral agreements like those between Mexico and Chile, Canada and Chile, or Israel and the United States. Advocates of one route are prone to offer criticisms of the others, but these criticisms are more aca-demic then practical in nature. The proposal for a «Global Free Trade Association» (GFTA) is not intended as a substitute for the other routes, but as an alternative at a time when the advance of global free trade has slowed and perhaps even stalled. Unlike the current options, which, at least for the moment, are insufficient, the GFTA will advance the free trade agenda. My primary guiding principle has been to «push for expand-ed free trade by any route».

The embryonic GFTA will consist of countries that share a commit-ment to free trade and free capital movements – in other words, open markets. It will not be geographically based. It will be a voluntary and inclusive association, based solely on a demonstrated commitment to a liberal – that is, open – trading order. The plan is, in that sense, rules-based. It embraces recognition of each state's national sovereignty; only its economic policies, and the choices they represent, will determine whether a country qualifies for membership in this association of free nations. «Global Free Trade Association» countries are eligible automatically if they meet certain criteria. Specifically, four of the factors utilized in the «Index of Economic Freedom», taken together, constitute a measure of how open a country's markets are. The four factors are: trade policy, capital flows and foreign investment, property rights, and regulation. If a country does well in each of these four areas, it may fairly be said to have open markets.

At present, 11 countries already qualify as having open markets and 26 others, including Switzerland, fail to meet the criteria by missing the grade in only one area. Here in Switzerland, regulations of business are very extensive, particularly at the local level. The OECD estimates that internal regulation in Switzerland increases the general price level by a substantial amount over other OECD countries. The advance of free trade cannot continue to be held hostage to the politics surrounding the WTO or NAFTA. The cultural underpinning of the GFTA countries is one that values the individual in politics and economics. Politically, that culture transforms into an anti-statist ethos favoring limited government: an ethos that supports the rights of citizens and their representatives over that of centralized governmental power. Economically, individualism leads to entrepreneurship and innovation, invention and prosperity, growth and development.

Tax Competition

Tax competition is another liberalizing force throughout the global economy. Tax competition occurs when individuals can decide where to work, save, and invest by choosing among jurisdictions with different levels of taxation. When tax competition exists, politicians face pressure to keep tax rates lower in order to dissuade workers, investors, and entrepreneurs from shifting their productive activities to lower tax environments, which may be a continent or a country or a canton away. Savings are inherently mobile, unlike plants and equipment. Hence, savings can be moved or shifted with a few computer clicks depending on various factors, like the reliability of the banking and legal structures and the level of local taxation. Tax competition thus makes it more difficult to over-tax income that is saved and invested. This means more economic growth, more private-sector job creation, and increased economic opportunity. Consider what has happened in the world's economy since Ronald Reagan and Margaret Thatcher began major reductions in tax rates 20 years ago. Every single developed nation subsequently reduced its top income tax rates. Corporate income tax rates in OECD nations, to cite an important example, have dropped, on average, by 20 percentage points. These lower tax rates and other competition-driven reforms helped resuscitate western economies. That is the good news.

The bad news is that politicians from high-tax countries want to curtail this kind of fiscal competition. High-tax welfare states want to stop the flow of jobs and capital to nations with market-friendly tax systems with lower rates, and they are using the EU and the UN to pursue their agenda. Like many low-tax jurisdictions, Switzerland has been targeted by these international bureaucracies because it is «unfairly» competitive. One group out to eliminate tax-competition between countries is the «Organization for Economic Cooperation and Development» (OECD). The OECD is attempting to achieve this by forcing all countries to participate in a system of global information exchange through which governments would collect and share private financial data, according to their own report entitled «Harmful Tax Competition: An Emerging Global Issue». This would allow countries to tax income on the basis of where investors and entrepreneurs live, rather than where income is earned.

The OECD proposal is bad tax policy, bad privacy policy, bad sovereignty policy, and bad foreign policy. Under this type of plan, residents of high-tax nations would not be able to reduce their tax burdens by moving to or buying from a lower-tax area. This would insulate politicians from having to compete for business, investment, and entrepreneurial talent. Another dangerous initiative is the European Union's Savings Tax Directive. This proposal would require unlimited and automatic information sharing of private financial data for nonresident investors between all EU nations and six non-EU nations, including the United States and Switzerland. Financial privacy and «due process» legal protections would both disappear if this proposal is adopted.

The EU proposal seeks to impose bad tax policy on the rest of the world. It wants a uniform tax policy – uniform at the highest possible rates. Good tax policy does not impose extra layers of tax on making money, yet the EU proposal intends to double-tax savings and investment: Good tax policy does not tax income earned in other nations, yet the EU proposal is designed to facilitate extra-territorial taxation. Do not be deceived: The European Union is trying to create a tax cartel, an «OPEC for politicians» that will result in higher taxes and less economic growth. And, if the EU is successful, tax reform will be the biggest victim since it will – in effect – be illegal for a nation to have a territorial tax system that does not punish savings and investment. The United States, for instance, would be guilty of «harmful tax competition» if we enacted a flat tax.

Switzerland and the United States should both object to the EU Savings Tax Directive. But our rejection of bad tax policy is not just for the purpose of protecting our own citizens and our respective national interests. If we can defeat the EU Savings Tax Directive, we also strike a mortal blow against the OECD's so-called «harmful tax competition» campaign. Almost all of the «commitments» from low-tax jurisdictions to this Paris-based bureaucracy were predicated on all low-tax OECD member nations agreeing to implement the same policies. If we can successfully veto the EU tax scheme, we will be able to preserve the ability of all countries to adopt free market tax policy. A competitive tax policy that encourages work, savings, and investment will encourage real competition and real freedom by advancing the cause of lower tax rates rather than uniform higher taxes.

Actually, cries against the notion of so-called «tax harmonization» are not new. Let me quote from a writer from an earlier age:

«An inquisition into every man's private circumstances, and an inquisition which, in order to accommodate the tax to them, watched over all the fluctuations of his fortunes, would be a source of such continual and endless vexation as no people could support [...] The proprietor of stock is properly a citizen of the world, and is not necessarily attached to any particular country. He would be apt to abandon the country in which he was exposed to a vexatious inquisition, in order to be assessed to a burdensome tax, and would remove his stock to some other country where he could either carry on his business, or enjoy his fortune more at his ease. By removing his stock he would put an end to all the industry which it had maintained in the country which he left. Stock cultivates land; stock employs labour. A tax, which tended to drive away stock from any particular country would so far tend to dry up every source of revenue both to the sovereign and to the society. Not only the profits of stock, but the rent of land and the wages of labour would necessarily be more or less diminished by its removal.»

Adam Smith wrote that in «The Wealth of Nations» in 1776. High taxes and people's response to them have not changed in the intervening two and one quarter centuries.

Conclusion

We see, then, that in order for security and freedom to exist, much more than just a competent homeland defense system must be in place. Among the economic freedoms that contribute to security and individual freedom are secure property rights – intellectual, physical, financial, and personal property alike, expanded free trade, and regional tax competition. In his essay «Liberalism», Ludwig von Mises states that «when a peace-loving nation is attacked by a bellicose enemy, it must offer resistance and do everything to ward off the onslaught.» And, this is what the leaders of the freedom-loving nations of the world must do on a multifaceted front.

In order to preserve our freedom, we must shore up our homeland security. We must encourage all nations to follow basic guidelines in order to promote security and freedom among them (such as a GFTA). We must make our countries safe for foreign investment. And, we must encourage expanded international trade.

Indeed, a pervasive feeling of peace among the peoples of a nation and among nations is critical to preserving freedom. Von Mises knew that «the development of a complex network of international economic relations is a product of [...] liberalism and capitalism», and only under this «shelter of security» can such freedom be realized. Ultimately, the primary determinant of economic development of a country is its own policies. As Milton Friedman wrote in «Capitalism and Freedom»: «It is widely believed that politics and economics are separate and largely unconnected; that individual freedom is a political problem and material welfare an economic problem; and that any kind of political arrangements can be combined with any kind of economic arrangements [...] such a view is a delusion.» And we classical liberals believe that there is a close and necessary connection between property and human freedom, and that economic freedom is an essential, integral part of human freedom.

The potential for achievement as a result of human innovation is limitless, and such innovation leads directly to better living standards and increased prosperity. Open economies are characterized by a culture of freedom. In closed economies that open up, the culture of freedom takes root. We see this in surprising places – like Estonia – today. The culture of freedom flourishes whenever a society of free people emerges, engendering a self-confidence that permits a nation to open itself to an inflow of ideas, practices, and goods. And, if we want to secure this culture of freedom, we must protect and promote a free people's right to make economic decisions without the arbitrary and heavy hand of the state.

Freiheit und Staatssicherheit
nach dem 11. September 2001

Konrad Hummler

Ob die freie Welt in der Lage ist, den Kampf gegen den Terrorismus erfolgreich zu führen, ohne sich selber in Frage zu stellen, ist für Konrad Hummler nicht klar. Im vorliegenden Aufsatz, der auf einem Referat an der «Economic Conference» der Progress Foundation vom April 2002 in Zürich beruht, plädiert der Autor dafür, das Ziel der Terrorbekämpfung äusserst eng zu definieren und klare Positionen als Prioritäten zu setzen. Ansonsten drohe ein Polizeistaat zu entstehen, der jegliche Eigenverantwortung und Freiheit und damit das Fundament der zivilisierten Welt zerstöre.

Konrad Hummler is not certain as to whether the Free World would be able to successfully fight terrorism without jeopardizing its own existence. In his essay, based on a lecture held in Zurich at the Economic Conference of Progress Foundation in April 2002, the author favors a very narrow definition of limited objectives for the fight against terrorism, besides recommending to describe priorities clearly and unequivocally. Otherwise we would be threatened by a police state destroying all personal responsibility and freedom, which would further entail the destruction of the civilized world's very foundations.

Im Grunde genommen ist das Thema «Freiheit und Staatssicherheit» ziemlich unoriginell. Es beschäftigte fast jede Generation von Staatsphilosophen, von Gesellschafts- und Rechtswissenschaftern und von Vertretern der praktischen Politik. Zwischen Freiheit und Sicherheit besteht sowohl ein sich bedingendes Abhängigkeitsverhältnis wie auch ein sich widersprechendes Ausschlussverhältnis: Freiheit ohne ein genügendes Mass an äusserer und innerer Sicherheit einerseits macht das Leben für den Bürger äusserst mühselig und gefährlich und beraubt die Freiheit ihres konkreten Inhalts. Freiheit in Anarchie würde dem Individuum die ganze Last der Sorge für Sicherheit auferlegen und würde sie vom öffentlichen Bereich auf die rein vom Individuum geprägte vertragliche Ebene verlegen. Da Sicherheit aber ökonomisch gesehen weitgehend ein öffentliches Gut mit vielen Externalitäten ist, ergäbe sich gesamtgesellschaftlich eine suboptimale Situation mit einer vermutlich zu geringen Produktion von Sicherheit und einer zu hohen Anzahl von Trittbrettfahrern. Die Antinomie von Sicherheit und Freiheit andererseits bezieht sich auf das Übermass an Sicherheitsdenken und an praktischen freiheitseinschränkenden oder freiheitsberaubenden Massnahmen, wie sie im Laufe der Geschichte immer wieder auftraten. Ein Indikator für das Erreichen dieses Übermasses sind ohne Zweifel staatliche Aktivitäten, die den Bürger nicht nur gegen Dritte von aussen oder die ihn auch im Innern des Landes schützen wollen, sondern auch vor ihm selber. Der Schritt zur völligen Bevormundung ist dann nur noch ein kleiner. Am Ende der Skala des Widerspruchs zwischen Freiheit und Sicherheit ist die maximale Sicherheit, die gesellschaftliche verbunkerte Gummizelle sozusagen. Sie ist illusionär und totalitär zugleich. Im Lichte moderner, extremer Bedrohungen ist sie aber dennoch ein reales Konzept.

Die beschriebene Auseinandersetzung zwischen Freiheit und Sicherheit ist, wie gesagt, eine alte und bekannte. Und als klassisch widersprüchliche ist sie unlösbar. Dennoch stellt sich die Frage, ob der 11. September 2001 bzw. die durch die neue Art terroristischer Bedrohung aufgeworfenen Fragestellungen eine erneute Diskussion als lohnenswert erscheinen lassen oder nicht.

Meine Antwort läuft auf eine klare Bejahung hinaus. Es wäre nämlich auf der einen Seite etwas blauäugig und letztlich gefährlich, wenn nun die wesentlichen Vordenker der Freiheit und ihre Vertreter in Think Tanks, Parteien, Medien usw. einfach so rasch als möglich zur Tagesordnung übergehen wollten. Die Bedrohung, der sich die moderne Zivilisation gegenüber sieht, ist eine besondere und erheischt auch besondere Gegenmassnahmen. Eine Relativierung dieses Sachverhalts führt höchstens zur Desavouierung des gesamten Standpunkts der Freiheit, und das wäre das Letzte, was wir uns wünschten. Auf der anderen Seite wäre und ist es aber auch verheerend, die Vertreter von mehr und mehr Sicherheit einfach ungehindert ihrer expansiven Tätigkeit nachgehen zu lassen. Jahrzehnte mühevollen Abringens grösserer und kleinerer Stücke wertvollen Terrains an bürgerlichen und internationalen Freiheiten drohen verloren zu

gehen. Die physische Bewegungsfreiheit, der problemlose und kostengünstige Austausch von Gütern und Dienstleistungen, vor allem aber
auch die durch keine Instanz kontrollierte oder konzessionierte Meinungsfreiheit sind heute objektiv gefährdet.

Was unterscheidet die gegenwärtige Bedrohungssituation von früheren?

Ob wir es gerne wollen oder nicht – beziehungsweise, ob wir Verdrän-
gungskünstler vor den Tatsachen bereits wieder die Augen verschlossen
haben oder nicht: Die Welt befindet sich in einer tödlichen Auseinandersetzung, die in keiner Weise weniger ernst ist als das Niederringen Nazi-
Deutschlands im Zweiten Weltkrieg oder das Überwinden des Sowjet-
Imperiums im Kalten Krieg. Der September 2001 hat gezeigt, dass es
relativ kleinen, aber hervorragend organisierten und bis zum Exzess ent-
schlossenen Gruppierungen möglich ist, die Welt solchermassen zu treffen, dass sie für eine Weile nicht mehr funktioniert. Die Verwendung von
lebendigen Menschen als Waffenplattformen war eine der Möglichkeiten
aus dem Arsenal der Terroristen, Massenvernichtungswaffen im A-, B-
oder C-Bereich sind die logische Fortsetzung.

Die zunächst raschen Fortschritte im Krieg in Afghanistan dürfen keinesfalls zum Schluss verleiten, damit sei die Angelegenheit erledigt.
Selbst mit der Beseitigung Usama Bin Ladins und grosser Teile des Al-
Kaida-Netzwerks steht man erst am Anfang der grossen und schwierigen
Arbeit. Denn erstens gibt es noch weitere, möglicherweise sogar noch
gefährlichere Gruppierungen im Terrorbereich. Nach Afghanistan wurden die Augen auf den Irak gerichtet, zeitweise vermutete man weitere
Brutstätten in Somalia, Jemen und Malaysia. Noch hat aber auch der
ungleich mächtigere Iran seine Ungefährlichkeit in Bezug auf den internationalen Terror nicht bewiesen.

Zweitens ist aber die Vorstellung einer Lokalisierbarkeit des Problems –
Afghanistan, Georgien, Irak, Somalia, Sudan, Kolumbien usw. – ohnehin
eine problematische Art des geistigen Umgangs mit der neuen grossen
Weltbedrohung. Wir sind in unserem strategischen Denken viel zu stark in
früheren Konflikten verhaftet. Lokalisierbarkeit war ein Thema des Zweiten Weltkriegs, vielleicht auch noch des Kalten Kriegs. Internationaler Terror ist ubiquitär. Damit ist auch gesagt, dass die militärische Zerstörung
bestimmter Basen des Terrors eine vielleicht notwendige, sicher aber nicht
eine hinreichende Massnahme sein kann. Vielmehr muss es darum gehen,

ganz allgemein und überall zu verhindern, dass einzelne Menschen oder irgendwelche Gruppierungen sich künftig in die Lage versetzen können, die zivilisierte Welt ernsthaft zu gefährden. Dass sie es können, haben sie mit dem 11. September bewiesen.

Die Chancen, dass uns, das heisst der zivilisierten Welt, dies gelingen wird, stehen nicht sehr gut. Das Problem liegt in der Asymmetrie von Macht und Verletzlichkeit von Angreifern und Angegriffenen. Hierin liegt der Kern, um den sich die Strategiediskussionen in der nächsten Zeit drehen müssen. Die bisherigen grossen machtpolitischen oder kriegerischen Auseinandersetzungen, also zum Beispiel der Erste oder der Zweite Weltkrieg, im Grunde genommen aber auch der Kalte Krieg, liefen nach dem Prinzip mehr oder weniger symmetrischer Voraussetzungen auf beiden Seiten der Konfliktparteien ab. Beide Seiten verfügten über ein bestimmtes Bedrohungspotenzial und über ein bestimmtes Mass an eigener Verletzlichkeit. Der Gang der Dinge wurde im Wesentlichen bestimmt durch die Fähigkeit der Konfliktparteien, ihr Bedrohungspotenzial zu steigern und ihre Verletzlichkeit zu minimieren. Der Zweite Weltkrieg ging zu Ende, weil Nazideutschland seine Ressourcen völlig verschleudert hatte und sich gegen Luftangriffe nicht mehr wehren konnte, also verletzlich wurde. Bei Japan mussten die ersten Nuklearwaffen eingesetzt werden, um die Verletzlichkeit vor Augen zu führen. Im Kalten Krieg hielt das Gleichgewicht des Schreckens beide Konfliktparteien in einem Pattzustand; das Ende der einen Konfliktpartei erfolgte durch Selbstauflösung nicht aus kriegerischen, sondern aus gesellschaftspolitischen und wirtschaftlichen Gründen.

Terroristen verfügen über eine sehr hohe Gewaltbereitschaft, sind aber letztlich fast unbeschränkt unverletzlich. Die Gegenseite hat zwar ein bestimmtes Bedrohungspotenzial, ist aber gleichzeitig auch enorm verletzlich. Das ist der Calculus des Kriegs gegen den Terror. Die Unverletzlichkeit der Terroristen liegt in ihrer Gleichgültigkeit, ja ihrer Bereitschaft, für ihre Sache zugrunde zu gehen, die enorme Verletzlichkeit der zivilisierten Welt liegt in ihren hochkomplexen Systemen, in ihrer Offenheit, ihrer Toleranz, aber auch ihrer geringen Bereitschaft, für ihre Sache zu leiden.

Was resultiert, ist ernüchternd und erschreckend zugleich: Macht ist nicht gleich Macht, und selbst die unbestrittene Weltmacht der USA reduziert sich im Krieg gegen den Terrorismus auf einen lächerlich tiefen Faktor. Eine Studie hat, aufbauend auf der Gleichgewichtsformel nach

Nash, diesen Faktor mit 3 berechnet. Das ist nicht gerade vertrauenserweckend!

Wenn man den Calculus des Kriegs gegen den Terror zu Ende denkt, dann kann er von der zivilisierten Welt eigentlich nur gewonnen werden, wenn man das Bedrohungspotenzial so schnell als möglich und darnach nachhaltig auf Null setzt. Der amerikanische Präsident Bush erkannte dies vermutlich instinktiv; seine Rhetorik wurde von der europäischen Intelligentsia als «texanisch» und «cowboy-mässig» bezeichnet, traf aber den Kern der Sache. Jede Halbheit, jegliches Dulden schafft wegen der Asymmetrie der relativen Verletzlichkeit eine für die zivilisierte Welt unerträglich gefährliche Situation. Es steht ausser Frage, dass dies den am Fortgang der wirtschaftlichen und gesellschaftlichen Entwicklung Interessierten besonders beschäftigen muss. Denn die Unsicherheiten, welche der internationale Terror nach sich zieht, treffen die Wirtschaft, den Austausch von Gütern, Dienstleistungen und Kapital im Herzen. Auf die Dauer höhere Transaktionskosten, ja die physische Unmöglichkeit zum internationalen Tausch und Handel, würden sämtliche Börsenträume zunichte machen und eine weltweite Rezession auslösen, in deren Vergleich die gegenwärtige Abkühlung nur ein kühles Lüftchen gewesen wäre.

Bewährungsprobe für die zivilisierte Welt

Die entscheidende Frage ist, ob die zivilisierte Welt überhaupt in der Lage ist, in dieser Konsequenz den Kampf zu führen, und welches die Mittel sein könnten, die zum Erfolg führen, ohne dass man sich selber just in Frage stellt. Der Kampf gegen den Terror hat für die zivilisierte Welt ja offenkundig eine paradoxe Komponente. Die zivilisierte Welt ist zivilisiert, weil sie ihren Bürgern Eigenverantwortung und Freiheit zugesteht. Sie ist zivilisiert, weil sie nicht alles und jedes kontrollieren, sondern weil sie bewusst den Dingen freien Lauf geben will. Ihre gesellschaftspolitische und wirtschaftliche Stärke liegt gerade in dieser Bereitschaft, spontanen Entwicklungen Raum zu geben und Altes, Marodes durch Neues und Besseres verdrängen zu lassen. Die zivilisierte Welt ist zivilisiert, weil sie weiss, dass spontane Entwicklungen nur dann entstehen können, wenn eine genügend freizügig gestaltete Privatsphäre den Querdenker vor dem Establishment und seinen Schutzmechanismen schützt.

Und genau bei dieser Privatsphäre muss nun unglücklicherweise die Terrorbekämpfung ansetzen! Nicht in Afghanistan oder im Irak, sondern auch in Zürich, in Frankfurt, in London und in Washington. Die Notwendigkeit, das Bedrohungspotenzial von Terroristen möglichst auf Null zu setzen, führt in der Konsequenz zur Notwendigkeit der lückenlosen Überwachung der ganzen Welt. Das sind ungemütliche Aussichten. Die Bekämpfung des Terrors durch die freie Welt wird auf einen weltweiten Polizeistaat erster Güte hinauslaufen. Womit sich die freie Welt selber abgeschafft hätte.

Hirngespinst eines paranoid gewordenen Anhängers liberalen Gedankenguts? – In Amerika wird allen Ernstes über die Wiedereinführung der Folter diskutiert. In England wurde die jahrhundertealte Regel des Habeas Corpus, also des Verbots unrechtmässiger Gefangennahme, im Falle von Terrorverdacht über Bord geworfen. In Afghanistan wurde in völliger Missachtung des Völkerrechts mit militärischen Mitteln und ohne schlüssige Beweise die Auslieferung oder Vernichtung des Hauptverdächtigen und seiner Gefolgsleute erzwungen. In Guantanamo warten Gefangene, die nicht Kriegsgefangene sein dürfen, auf ein Gerichtsverfahren, dessen Legitimität und Legalität man noch nicht kennt. Die westliche Welt schmiedete eine Allianz mit Regierungen fragwürdigster Qualität. Bei allem Verständnis, ja der Einsicht für die Notwendigkeit von Abwehrreflexen muss man sehen, dass das Paradox bereits am Laufen ist: Man will den «Rule of Law» retten und kann dies nicht tun, ohne dass man dessen Prinzipien selbst verrät.

Das Thema des Schutzes der freien Welt vor weiteren tödlichen Terroranschlägen, ohne am Ende einem unerträglichen Staatsterror anheimzufallen, müsste dringendst auf die Tagesordnung internationaler Konferenzen und Symposien gesetzt werden. Die Frage ist absolut existenziell. Und sie ist bereits konkret. Wenn nämlich unter dem Titel der Terrorbekämpfung nun eine staatliche Instanz nach der andern ihren eigenen Interessenbereich auszubreiten beginnt, dann ist die Angelegenheit bereits teilweise verdorben. Weshalb?

Als Interventionsbereich für die genannten staatlichen Instanzen sind ja alle möglichen Themen denkbar: Der Kampf gegen die Pornografie, der Kampf gegen den Drogenhandel, der Kampf gegen den Zigarettenschmuggel, der Kampf gegen das Vitamin- und gegen andere Kartelle, der Kampf gegen die Steuerhinterziehung und gegen die Kapitalflucht. Gewiss, alles wichtige Problemkomplexe, aber alles in allem eben doch nicht von der Qualität einer tödlichen Bedrohung für das System als Ganzes. Die Gefahr ist gross, dass bei einer extensiven Interpretation des Informati-

84

onsbeschaffungs- und Verfolgungsauftrags letztlich viel zu viel irrelevante Information verarbeitet werden muss. Was aber viel schlimmer ist: Das System wird sich, je nebensächlicher die Delikte sind, immer mehr gegen die eigenen Bürger wenden. Heute verfolgt die Bundesrepublik Deutschland mit polizeistaatlichen Methoden Steuersünder. Sie setzt dazu Mittel des Bundesnachrichtendienstes ein. Gleichzeitig, und weil man ja nicht alles auf einmal tun kann, verpasste es derselbe Bundesnachrichtendienst, in Hamburg und in Frankfurt die wichtigsten Zellen von Al Kaida ausserhalb der USA aufzudecken.

Die staatlichen und überstaatlichen Instanzen werden im Kampf gegen den Terrorismus auf sehr eng definierte Prioritäten beschränkt werden müssen. Als Korrelat zu dieser engsten Beschränkung auf das eine und nur das eine Ziel werden sie mit dem höchsten denkbaren Anspruch auf Ausübung des Gewaltmonopols ausgestattet sein müssen, um überhaupt erfolgreich sein zu können. Ihr Auftrag wird ein Vernichtungsziel in militärischem Sinne sein. Der ganze Rest der «auch noch im öffentlichen Interesse» liegenden Themen, auch wenn es sich um strafrechtlich relevante Fragen handelt, muss dringendst ausserhalb dieses Vollmachtsregimes gehalten werden.

Die Notwendigkeit zur Setzung von Prioritäten und zur engstdefinierten Beschränkung der Bekämpfung des Terrorismus auf das eigentliche Ziel wäre selbst dann zwingend, wenn man den bürgerlichen und wirtschaftlichen Freiheiten keinen eigenen Wert beimessen würde. Ich habe auf die Besonderheit des Calculus im Kampf gegen den Terrorismus hingewiesen. Der erwähnte Faktor 3, der die alles andere als überzeugende Überlegenheit der globalen Ordnungsmacht USA ausmacht, leitet sich aus drei erfolgsbestimmenden Faktoren ab, nämlich

1. Bedrohungspotenzial $\Leftrightarrow \Rightarrow$ eigene Verletzlichkeit
2. Fähigkeit zur Bildung von Koalitionen
3. Wille, zu obsiegen ($\triangleq$ Bereitschaft, Opfer auf sich nehmen)

Die nach der Formel von Nash errechnete Überlegenheit leitet sich – leider – fast ausschliesslich aus dem Faktor 2 ab, aus der überlegenen Fähigkeit des Westens und namentlich der USA also, Koalitionen zu bilden. In der Tat gelang es nach dem 11. September ja ausserordentlich rasch, den grössten Teil der Welt auf das Ziel der Terrorismusbekämpfung zu verpflichten. Das war eine ausserordentliche aussenpolitische Glanzleistung der Regierung Bush, aber es wurden dafür auch ausserordentliche Kompromisse eingegangen und ausserordentlich viel Geld eingesetzt. Heute stellt sich die Frage, ob es genügen wird, wenn Pakistan, Usbekistan, China und Somalia sowie alle anderen anständigen Regierungen der Welt ihre Ausrichtung auf den Kampf gegen den Terrorismus beteuern. Es könnten bald einmal Lippenbekenntnisse daraus werden. Das Problem liegt aber noch tiefer.

Wenn die Aussage über die Asymmetrie von Bedrohungspotenzial und Verletzlichkeit zutrifft, dann müsste im Kampf gegen den internationalen Terrorismus eigentlich versucht werden, dass der höchste Grad an Isolation gegenüber terroristischen Gruppierungen erreicht wird. Oder anders gesagt: Die USA müssten versuchen, nicht nur alle möglichen Länder in die Allianz einzubinden, sondern, weil das Phänomen ja vermutlich nicht lokalisierbar ist, auch alle möglichen Gesellschaftsschichten. Wenn nun aber in einem beispiellosen Kraftakt angestrebt wird, nebst dem Terrorismusproblem auch gleich noch alle anderen Probleme und Problemchen dieser Welt zu lösen, indem man totale Kontrolle über alle gesellschaftlichen Phänomene zu erringen sucht, dann wird man dem internationalen Terrorismus wesentliche Kräfte in die Hand spielen. Die strategische Vision müsste sozusagen darin bestehen, nicht nur Premierminister Blair auf seiner Seite zu wissen, sondern auch sicherzustellen, dass der Mafiaboss von Sizilien nicht nur nichts mit Terroristen zu tun haben will, sondern sie gegebenenfalls auch noch denunziert. Zugegebenermassen eine gewagte und etwas weitgehende Gedankenführung – aber solches muss erlaubt sein in einer Auseinandersetzung, für die es vorderhand weder Erfahrungswerte noch Doktrinen gibt.

Sehr konkret fordere ich deshalb auf, darüber nachzudenken, ob man nicht die Terrorbekämpfung institutionell von der Verbrechensbekämpfung trennen sollte. Gerade weil man vermutet, dass es zwischen dem internationalen Verbrechertum und dem Terrorismus eine Vernetzung gibt, müsste die Trennung diskutiert werden. Vor allem müsste verhindert werden, dass Erkenntnisse, die aus der als absolut prioritär einzustufenden Aufdeckung des Terrorismus quasi nebenher auch noch resultieren, so mir nichts, dir nichts für die Ermittlungstätigkeit im Kriminal- und im Vergehensbereich übernommen werden dürfen. Denn es geht ja darum, die Anreize für Kollusion und Hehlerei in Bezug auf Terrorismus möglichst tief zu halten. Wir kennen solche rechtsstaatlichen Barrieren zur Weiterverwendung von Ermittlungserkenntnissen unter dem Begriff des

«Spezialitätsprinzips». Das Spezialitätsprinzip ist eine funktionierende rechtsstaatliche Massnahme zur Sicherstellung des Prinzips der Angemessenheit staatlicher (Ermittlungs-) Tätigkeit auf der einen und zum Schutz des Bürgers auf der andern Seite. Im internationalen Kontext der Terrorismusbekämpfung müssten diese rechtsstaatlichen «Fire Walls» aber glaubwürdig ergänzt und sichergestellt sein durch eine vollständige institutionelle Trennung.

Im Gegenzug wäre das Vollmachtregime der mit dem Kampf gegen den Terrorismus beschäftigten Instanzen grosszügig zu definieren und ohne viel rechtsstaatliche Instanzenhindernisse zu versehen. In einem Kampf, in welchem Prävention alles ist, kann man nicht auf Beweise warten und langwierige Rekurswege offenhalten.

Die Prioritätsbildung ist dringend

Das «Wall Street Journal» berichtete über einen im Zuge der Terrorbekämpfung durchgeführten Sicherheitscheck beim Personal von Zulieferern der Pharmaunternehmung Eli Lilly. Rund 100 Angestellte verloren ihren Job aufgrund ihrer «kriminellen Vergangenheit». Grösstenteils Bagatelldelikte, vor Jahren begangene zudem, und teilweise den Opfern des «Screenings» aufgrund von Namensverwechslungen angedichtete.

Wenn nun alle Amerikaner, die in ihrem Leben einmal Haschisch konsumierten und dabei erwischt wurden, wegen dieser «Vortat» ebenfalls entlassen werden oder künftig, weil sie ein «Sicherheitsrisiko» darstellen, keine Stelle mehr finden, dann dürfen sich zwar die Saubermänner dieser Welt glücklich wähnen, dem Kampf gegen den Terrorismus hat man aber in entscheidender Weise geschadet. Versucht man dann zudem noch, die (amerikanischen) Vorstellungen von Moral und Ethik auf die ganze Welt zu übertragen, dann verliert man genau jene Freunde, die man für seinen Kampf so dringend benötigen würde.

Die Anstrengungen der amerikanischen Regierung laufen derzeit genau in diese Richtung. Man kämpft gegen Terrorismus, Drogenhandel, Pornografie, Kapitalflucht und Steuervergehen, alles auf einmal und zusammen. Und gleichzeitig stellt man den ums Leben gekommenen Terroristen Atta und ash-Sheihi Einwanderungsvisa aus. Postum! Offenkundige Überheblichkeit und illusionäres Machbarkeitsdenken paaren sich mit wenig überraschender Unfähigkeit. Die Gefahr dieser Vorgehensweise ist eine zweifache. Erstens gefährdet man damit mittel- und langfristig den Erfolg in der Auseinandersetzung, weil man der vielleicht wesentlichsten Koalitionspartner verlustig geht. Zweitens wird man sich, ob man es will oder nicht, bald einmal auf dem dünnen Eis der Doppelmoral befinden. Es mag zwar zum calvinistisch inspirierten amerikanischen Traum der sozialen Kontrolle gehören, dass man alles Unrechte und Unanständige aus der Welt verbannen will. Die tatsächlichen Verhältnisse holen einen aber immer wieder ein. So führen die USA einen blutigen und verheerenden Drogenkrieg in Lateinamerika und anderswo auf der Welt, bezichtigen alle möglichen Finanzplätze der Welt der Hehlerei und der Geldwäscherei – sind aber gleichzeitig die grössten Drogenkonsumenten der Welt überhaupt, und es gibt glaubwürdige Quellen, die behaupten, der Arm der Drogenmafia reiche bis weit unter die Kuppel des Capitols.

Nichts wäre schlimmer, als wenn sich die USA im Zuge der Fortsetzung ihres Kampfes gegen den Terrorismus wegen ihres Hangs zu Saubermacherei und totaler sozialer Kontrolle mehr und mehr ins Unrecht der Doppelmoral begeben würden. Offenkundige Unfähigkeit, als Ordnungsmacht im Nahen Osten aufzutreten – was eine anständige Regelung des Palästina-Problems einschliessen würde –, gepaart mit einer durch Hypokrisie gefährdeten Legitimation für weitere militärische Aktionen im Kampf gegen den Terrorismus, könnten früher oder später zu jenem gefährlichen Gemisch werden, gegen das auch die mächtigste Supermacht nichts auszurichten vermag. Wer sich noch an die Anti-Vietnamkriegs-Demonstrationen erinnern kann, weiss, wovon ich rede. Stimmungswechsel sind keine linearen Prozesse. Stimmungen pflegen zu kippen. Die gegenwärtige euphemistische Rhetorik darf nicht darüber hinwegtäuschen, dass weder der Krieg gegen den Terror gewonnen ist noch die Erfolgsaussichten so eindeutig sind, wie man dies gerne hätte. Nach dem 11. September wäre die Welt dringend auf einen Aufbau neuen Vertrauens angewiesen. So, wie die Sache sich heute präsentiert, sind wir davon nicht nur weit entfernt, sondern bewegen uns insgesamt vermutlich in die falsche Richtung. Wenn Friedrich August von Hayek noch leben würde, müsste er seinem Kapitel «The Mirage of Social Justice» (in seinem dreibändigen Werk «Law, Legislation and Liberty») noch ein weiteres beifügen: «Über die Illusion totaler Kontrolle.» Diese Illusion ist das Pflaster der Strasse, die «Road to Serfdom» heisst.

Ich vertrete klar die Ansicht, dass die Auseinandersetzung gegen den Terrorismus notwendig ist und alle verfügbaren physischen und intellektuellen Kräfte mobilisieren sollte. Das Terrorismusproblem kann von seinen praktischen Auswirkungen her in keiner Weise von der Frage nach der weiteren wirtschaftlichen und gesellschaftlichen Entwicklung getrennt werden. Die Summen, welche die Versicherungsgesellschaften für die Schäden in New York hinzublättern haben, sprechen eine genügend deutliche Sprache. Der etwa dreissigprozentige Einbruch im Luftverkehr nach dem 11. September hielt länger an und führt zu drastischen Strukturveränderungen in einem wichtigen volkswirtschaftlichen Sektor. Der internationale Handel hat bei weitem nicht mehr die Geschmeidigkeit, die vor dem 11. September selbstverständlich schien. Die Transaktionskosten sind dramatisch gestiegen. Der Erfolg im Kampf gegen den Terrorismus ist notwendige Voraussetzung für einen nachhaltigen Aufschwung. Demgegenüber wäre nebenwirkungsreiche Erfolglosigkeit verheerend.

Viel tiefgreifender zeigt sich aber, dass all die beschriebenen Massnahmen, mit denen nun weltweit «total control» zu erreichen versucht wird, sehr direkten Einfluss auf die allgemeine Stimmungslage haben. «Total control» bedeutet für das Individuum ja nichts anderes als einen fast unumstösslichen Sieg der Nomenklatur aller Regulatoren und Administratoren dieser Welt über eine freie, individuell geprägte und durch Eigeninitiative und Eigenverantwortlichkeit gekennzeichnete Wirtschaftstätigkeit. Konzessionierungsverfahren, Formulare für alle möglichen Bewilligungen, die Gefahr, auf Schritt und Tritt etwas Unrechtes zu tun, quasi laufend mit einem Bein im Gefängnis zu stehen, wegen Lappalien als «Sicherheitsrisiko» eingestuft und wegen möglicher Verbindungen zum internationalen Terrorismus entlassen zu werden: Wird unter solchen Rahmenbedingungen eine neue Generation von unternehmerischen Wirtschaftssubjekten so bald ihre Arbeit aufnehmen können oder wollen, um durch erhöhte Produktivität und innovative Verfahren alsdann Gewinne zu erwirtschaften? Was aber, wenn nicht die Aussicht auf künftige Gewinne, würde die Weltwirtschaft denn sonst aus der gegenwärtigen Rezession herausführen?

Ein Letztes. Es geht um den Kampf gegen Fundamentalisten, die ihren Gott für ihre totalitären Ziele gepachtet haben. Der Kampf wird nicht zu gewinnen sein durch das ebenso fundamentalistische Konzept der totalen Kontrolle. Die notwendigerweise damit einhergehende Doppelmoral wird als fortgesetzter Sündenfall jegliche Legitimation aushöhlen. Die einzige Antwort der freien Welt auf den Terrorismus kann nur lauten: Gezielt und intelligent suchen, kompromisslos aufdecken und rücksichtslos zerschlagen. Und den ganzen, grossen, freien, unperfekten Rest der Welt so unbehelligt und so frei lassen, wie er ist.

III. Privatheit gegenüber Dritten

Selbstbestimmung in der transparenten
Gesellschaft

Rainer J. Schweizer

Anlässlich der «Economic Conference» der Progress Foundation vom November 2001 in Zürich, referierte Prof. Schweizer (St. Gallen) über das Recht auf Privatheit und auf Persönlichkeitsentfaltung. In der folgenden schriftlichen Fassung geht es unter anderem um Verletzungen des Persönlichkeitsschutzes durch die Medien und die neuesten Kommunikations- und Informationstechnologien. Wichtig ist dem Autor eine effiziente und angemessene Datenschutzgesetzgebung. Die Reformbestrebungen zur Verstärkung der Datensicherheit im elektronischen Geschäftsverkehr sollten verstärkt werden.

At the Economic Conference held by Progress Foundation in November 2001 in Zurich, Prof. Schweizer (St. Gall) lectured on the right to enjoy privacy and of free development of personality. The written text hereinafter following deals among other things with violations of the protected personal sphere by the media and the latest communications and information technologies. The author sets great store by an efficient and adequate data protection legislation. He advocates reforming endeavors aimed at increased data security in electronic business communications to be further reinforced.

Die Informations- und Kommunikationstechnologien, welche die Menschen in den Industrieländern nutzen können, sind immens und unübersehbar. Und die Zugriffs-, Verwendungs-, Verbreitungs- und Wirkungsmöglichkeiten dieser Technologien werden immer vielfältiger und schwieriger zu beherrschen. Doch sind heute die allgemein verfügbaren Techniken und die jedermann zugänglichen Informationsangebote nach Ansicht von Fachleuten erst auf einem Entwicklungsstand, wie ihn die Autos in den zwanziger Jahren mit Hartgummireifen, Antriebskurbel und ähnlichen überholten Ausrüstungen besassen. In der so dynamisch sich entwickelnden Informations-, Kommunikations- und Mediengesellschaft wird es immer wichtiger, nach dem Wert und der Sicherung der Privatheit, der Privacy, zu fragen. Aber was soll Privatheit in der immer transparenteren und stärker durchleuchteten modernen Gesellschaft? Was ist ihr Kerngehalt? Warum ist ihr Schutz notwendig, und wie ist dieser Schutz zu erreichen?

Ein Blick auf die Rechtsentwicklung und die Rechtswirklichkeit

Die Privatheit, das Privatleben, das heisst einen selbst gestalteten, abschirmbaren persönlichen Lebensbereich zu schützen, gehört zu den zentralen Aufgaben der Rechtsordnung. Die Schweiz hat in den Artikeln 27 und 28 des Zivilgesetzbuches von 1907 einen allgemeinen Schutz der Persönlichkeit verankert. Es handelt sich um einen generellen Schutz der physischen, psychischen, affektiven und sozialen Integrität und Freiheit des Menschen. An dieser Regel ist noch immer bewundernswert, dass der Gesetzgeber einen zeitlich, gesellschaftlich, wirtschaftlich und kulturell grundsätzlich offenen Begriff der Persönlichkeit gewählt hat, der aber alle wesentlichen Werte des Menschen meint, und der gegen jeden Verletzer gerichtlich einklagbare Abwehrrechte bietet. Allerdings können die Persönlichkeitswerte auch von jedermann, der ein überwiegendes Interesse hat, eingeschränkt werden. Das Strafrecht ergänzte später den privatrechtlichen Schutz durch Strafandrohungen gegen verbrecherische Verletzungen der mit der Person verbundenen zentralen Rechtsgüter wie Leben, Gesundheit, Ehre und Ruf oder von besonderen Geheimhaltungsinteressen.

Bei diesem allgemeinen Persönlichkeitsschutz interessiert uns die Möglichkeit der Abwehr von Missbräuchen oder Verletzungen seitens der Medien und durch den Einsatz der Informations- und Kommunikationstechnologien. Der Persönlichkeits- und Privatlebensschutz gilt selbstverständlich auch gegenüber weiteren Bedrohungen, etwa von Ehe und Familie, des Fortpflanzungsbedürfnisses, der Gesundheit und weiteren elementaren Anliegen. Aber weil jeder Mensch Informationen nicht nur für die Entfaltung seiner psychisch-geistigen Kräfte benötigt, sondern diese vor allem notwendige Grundlage menschlicher Handlungen und Beziehungen sind, wirken sich die Verformungen und Verzerrungen der Informations- und Kommunikationswelt umfassend auf die Person, ihr Privatleben und ihre soziale Entfaltung aus.

Mit dem Aufkommen der Computertechnologie in Wirtschaft und öffentlicher Verwaltung und der gleichzeitigen Entwicklung der Telekommunikation setzte in Europa und Amerika vor rund 30 Jahren auch eine breite Diskussion über den Schutz der Privatsphäre ein. Die ersten Gesetzesschritte zum Persönlichkeitsschutz vor technologischen Gefährdungen galten allerdings Ende der siebziger Jahre der Regelung der Telefonabhörung. Danach folgte Anfang der achtziger Jahre das Recht auf Gegendarstellung in den Medien, wo Persönlichkeitsverletzungen, die in der Konkurrenz von Printmedien und elektronischen Medien stark zugenommen hatten. Eine spezifische Datenschutzgesetzgebung kam in der Schweiz, nach einigen Vorläufern in Westschweizer Kantonen, erst allmählich, Ende der achtziger und Anfang der neunziger Jahre in umfassender Weise zustande, wobei die so genannte Fichenaffäre, die Aufklärung der jahrzehntelangen, ungezügelten Registrierungspraxis des Staatsschutzdienstes der Bundesanwaltschaft, eine massgebliche Rolle spielte.

Es zeigt sich fast täglich, dass es in den Auseinandersetzungen zwischen den Informations- und Geschäftsinteressen der Medien einerseits und dem Privatlebensschutz und Ehrenschutz von Einzelpersonen andererseits zivilrechtliche, lauterkeitsrechtliche und strafrechtliche Konfliktlösungen braucht. Viele fragen sich bezüglich des Datenschutzrechts allerdings, ob es eigentlich nicht eine etwas ausgefallene Sondermaterie mit geringer praktischer Relevanz sei; ob es nicht mehr den Querulanten als der grossen Mehrzahl der unbescholtenen ordentlichen Bürger nütze? Gewisse Kreise sehen im Persönlichkeits- und Datenschutz gar nur unnötige Hindernisse, etwa für eine umfassende polizeiliche Verbrechensbekämpfung, für einen freien grenzüberschreitenden Datenaustausch oder für unbeschränkte Verknüpfungen und Auswertungen von an sich vorhandenen Datensammlungen. Mindestens der Programmierungs- und Verwaltungsaufwand, beispielsweise zur Gewährleistung des Auskunftsrechts, erscheint vielerorts als lästig.

Allein die Rechtswirklichkeit ist doch eine andere. Seit etwa 1980 haben das Bundesgericht, die kantonalen Gerichte und die Eidgenössische Datenschutzkommission als Spezial-Verwaltungsgericht des Bundes Hunderte von Fällen zu beurteilen gehabt. Diese reiche Gerichtspraxis – die, wenn man die Streitfälle um den Privacy-Schutz mit den Medien dazu rechnet – noch wichtiger wird, zeigt in ganz verschiedenen Lebens- und Sozialbereichen echte Schutzbedürfnisse, etwa von Künst-

lern, ÄrztInnen, WissenschaftlerInnen, Kaufleuten, Angehörigen geschä-
digter oder verunfallter Personen und PatientInnen.

Ob ein Wirtschaftsanwalt systematisch abgehört, eine Sportlerin ille-
galer Praktiken verdächtigt, ein kritischer Professor politisch diffamiert
oder das Konsumprofil von Warenhauskunden «verschachert» wird,
immer häufiger wird die Persönlichkeit von Einzelnen übergangen und
missachtet. Und alle betroffenen Personen fragen sich, über welche Informationen Dritte verfügen und wie man sich dagegen zur Wehr setzen
kann.

Schutzdefizite und Reformbestrebungen

Wenn in der Rechtswirklichkeit weitgehend unbeachtet Rechtsver-
letzungen an der Tagesordnung sind, so bedeutet das noch nicht, dass
die bisherigen legislatorischen Konzepte falsch sind – das datenschutzrechtliche Auskunftsrecht hat zum Beispiel vielen Personen weiter gehol-
fen – doch bestehen zweifelsohne rechtliche Unklarheiten und Unsicherheiten, ja wahrscheinlich auch gewichtige Schutzdefizite. Ich möchte
dazu nur einige Hinweise geben: Unvermindert strittig ist, wie weit es so
genannte freie Daten gibt, wie weit namentlich von einer Person, wenn
sie in der Öffentlichkeit spricht oder auftritt, Aussagen oder Bilder gewonnen werden dürfen, weil sie diese ja vorgeblich publik, jedenfalls zugänglich gemacht hat. Der von Pierre Tercier treffend formulierte Grundsatz
«tout ce qui est ‹public› (parce qu'accessible à qui souhaiterait l'apprend-
re) n'est pas nécéssairement ‹publicable»» ist keineswegs allgemein anerkannt, geschweige dass die Einsicht besteht, dass (nach Adalbert Podlech)
«Privatheit eine mögliche Eigenschaft des Umgangs mit anderen» ist.
Strittig ist auch, in wie weit und wann jemand als so genannte Person des
öffentlichen Lebens gilt, deren Privatbereich sicher enger ist, deren
öffentliches Wirken jedoch keineswegs beliebig verfolgt werden darf.
Hinzu kommt, dass die Bereiche, wo personenbezogene Informationen
und private Kommunikationen von Dritten nahezu unbekümmert ohne
irgendeine Einwilligung der Betroffenen ausgewertet oder weiterver-
breitet werden. So gerieren sich (trotz des verfassungsrechtlichen Lega-
litätsgebotes) selbst einzelne Staatsstellen, gewisse Medienschaffende
und zunehmend die Wettbewerbsteilnehmer. Unklar ist auch, ob es ver-
fassungsrechtlich Bereiche geben darf, etwa bei der Bekämpfung von
organisierter Kriminalität oder Terrorismus, in welchen jede gewonnene

private Kommunikation registriert und verwertet und zudem die Auskunft über die gespeicherten persönlichen Daten generell verweigert werden darf. Umstritten ist schliesslich, ob Informationen, die entgegen dem klaren Widerspruch einer Person gewonnen wurden, dennoch dort, wo überwiegende Interessen (wie der Medien) geltend gemacht werden, weiter genutzt und verbreitet werden dürfen. Insgesamt muss man meiner Auffassung nach feststellen, dass das geltende Persönlichkeits- und Datenschutzrecht in unserer pluralen, stark ökonomisch orientierten Gesellschaft mit ihren unermesslichen technologischen Möglichkeiten keine ausreichenden Garantien für eine faire, offene, sichere Kommunikation unter Respekt der Persönlichkeit aller Beteiligten bietet.

Dieser weltweit immer häufiger festgestellte Befund hat vielerorts zu gesetzlichen Reformbestrebungen geführt, auch in der Schweiz. Gefordert und angestrebt wird eine grössere technische Sicherheit, nicht zuletzt im elektronischen Geschäfts- und Rechtsverkehr, wo heute Hacker und andere Manipulationen enorme Schäden zu Lasten der Unternehmen und der betroffenen Personen anrichten. Ganz entscheidend verbessert soll sodann bei jeder Datenbeschaffung und Informationsnutzung die Orientierung der betroffenen Person werden. Schliesslich sollen für die Verknüpfung und Online-Nutzung von Datensammlungen stärkere Legitimations- und Kontrollstandards gelten. Doch werden diese Erweiterungen bisheriger Schutzdispositive genügen?

Wie das technologische Umfeld unsere Lebensgestaltung
und Beziehungen verändert

In der modernen Informations- und Kommunikationsgesellschaft müssen wir im Hinblick auf die Interessen der Person und besonders der «Privacy» alle technikunterstützten Formen und alle Äusserungsmöglichkeiten, mit allen Medienarten in eine kritische Reflexion einbeziehen. Diese kann schon beim Faktum einsetzen, dass allein die so hilfreiche Textverarbeitung mit bestimmten Textbausteinen uns zu starren Denkabläufen und Schreibweisen zwingt. Die Informatik unterstützt weitgehend ein systemisches Denken und Kommunizieren mit systemorientierten Finalitäten. Die vorgeschriebene Sprache ist sodann in der Regel uni-formiert; jedenfalls haben Sprachminderheiten weniger Ausdrucksmöglichkeiten.

Nachrichten in den elektronischen Medien sind – gerade in Krisen-zeiten – zunehmend abgestimmt und keineswegs beliebig frei und viel-fältig. Und die Unterhaltungsstücke («soap operas», MTV etc.) vermitteln weltweit sehr ähnliche Kommunikations- und Verhaltensmuster. Kultu-relle, beispielsweise religiöse oder geschichtliche Präferenzen und Werte, welche die einzelnen Sprachgemeinschaften und Völker prägen, werden von universellen Strukturen und Angeboten der industriellen Kommuni-kations- und Mediendienste überlagert. Dieses technologiegeprägte Umfeld soll hier keineswegs kulturpessimistisch beklagt werden. Die heutigen enormen Informationszugangs- und Mitteilungschancen, die ungeheure Fülle von sozialen Kontakten, Geschäfts- und Unterhaltungs-möglichkeiten möchte niemand mehr missen, und niemand möchte die durch Informatik und Telematik erzeugte wirtschaftliche Wertschöpfung mit den unzähligen Arbeitsplätzen gefährden.

Wann können wir uns den ständigen Mail- und Handykontakten noch entziehen? Wann und wo können wir uns in heiklen Angelegenheiten mit einer vertrauten Person noch völlig frei aussprechen? Wo schafft man es noch, Kinder vom Fernseher und von den Computerspielen abzuhalten? Wie weit sind wir alle nicht schon dankbare Sklaven von ubiquitären Informationsverarbeitungs- und Kommunikationsangeboten?

Die Omnipräsenz der Technologien mag kaum jemand tadeln. Doch gibt es leider auch Gefahren und Missbräuche. Gefahren gehen zum Bei-spiel von Nutzungen von Datensammlungen aus, die mit dem ursprüng-lichen Bearbeitungszweck unvereinbar sind, sowie von der Verwendung besonders sensitiver Informationen. Die Hauptsorge betrifft heute die technischen Überwachungsmöglichkeiten, wie Videoregistrierungen in Gebäuden und auf öffentlichen Plätzen, biometrische Erkennungsmetho-den (anhand von Fingerabdrücken, Augen, Gesicht oder Stimme), sowie die Auswertungen des Gebrauchs von maschinenlesbaren Karten oder Produktecodes. Das Bedenkliche ist dabei nicht nur, dass diese Erfassun-gen erhebliche Fehlerquoten haben, sondern namentlich, dass alle mög-lichen Datenerfassungstechniken für immer weniger Geld von Privaten erworben und zu allen möglichen Zwecken verwendet werden können. Beinahe jede Technologie wird, wenn sie Dritten zugänglich ist, kom-merzialisiert und zu immer geringeren Preisen für irgendeinen banalen Zweck popularisiert. Damit können praktisch überall fremde automati-sche Personenkontrollen voraussetzungslos und unkontrolliert durchge-führt werden. Missbräuche der Informations- und Kommunikationstech-

nologien seitens staatlicher oder privater Stellen bewirken selten grosse
Schäden – anders als etwa Missbräuche in der Medizin oder Biotechnologie –, doch sie gefährden und beeinträchtigen eine Grundlage der freien,
demokratischen, rechtsstaatlichen Gesellschaft, nämlich die persönliche
Freiheit. Diese gilt es besser zu schützen.

Über die wirtschaftlichen, gesellschaftlichen und rechtlichen
Lösungsansätze zum Schutz der persönlichen Freiheit

Die vielfältigen Bedrohungen und Beschränkungen der Persönlichkeit
sind unseren Gesellschaften im Allgemeinen schon bewusst und mindestens Ansätze zum wirksameren Schutz der persönlichen Freiheit wurden
in den letzten Jahrzehnten vielerorts entwickelt. Ich nenne wiederum
einige juristische Instrumente. Ein ganz wichtiges Mittel zur Begrenzung
des Missbrauchs von Informationskompetenz, respektive von Informati-
onsmacht, ist im Wirtschaftsleben mehr Öffentlichkeit und Transparenz
herzustellen, etwa durch die Deklaration der Bestandteile von Produkten,
durch die Offenlegung von Konkurrenzangeboten bei Submissionen,
respektive öffentlichen Aufträgen oder durch strengere Rechnungs-
legungspflichten der Unternehmen. Dass diese Postulate auch dem Privatheitsschutz von wirtschaftenden Personen dienen, mag auf den ersten
Blick paradox erscheinen, doch geregelte Informationszugangsregeln
sichern «lateral» berechtigte Vertraulichkeitsbedürfnisse. Sehr wichtig
sind im Weiteren technische und ethische Standards für eine sichere, ver-
trauenswürdige Informationsverarbeitung; nötig ist also Informations-
schutz durch die Technik.

Im staatlichen Sektor verlangt vor allem die stetig fortschreitende Vernetzung klare gesetzliche Schranken. Wie in der Wirtschaft wird sodann
zunehmend deutlich, dass geordnete Regeln über den Zugang zu amtli-
chen Informationen misstrauisch machende Geheimhaltungspraktiken
einschränken können und dass Pflichten zur ehrlichen, offenen Kommunikation mit den Bürgerinnen und Bürgern Legitimität fördern und
mindestens teilweise die stetige Abnahme demokratischer Partizipations-
möglichkeiten kompensieren helfen. Eine Gesetzgebung über die so
genannte Amtsöffentlichkeit ist heute, nach dem Vorbild mehrerer Kantone, auch auf Bundesebene eigentlich unumgänglich.

Was die rechtlichen Schutzvorkehrungen gegen neue Gefährdungen
und Verletzungen betrifft, so besteht international Einigkeit, dass durch

Gesetze und völkerrechtliche Normen vor allem präzise bereichsspezifische Bestimmungen aufgestellt werden müssen, also zum Beispiel über die Zugriffsmöglichkeiten auf grosse Datenbanken oder über das Aufstellen von Überwachungsgeräten auf öffentlichem Grund oder über den Einsatz und die Nutzung der Gendiagnostik. Doch bereichsspezifische Statuten, Richtlinien oder Codes nützen wenig, wenn man nicht die grund- und menschenrechtlichen Perspektiven im Auge hat.

Hier lohnt sich ein Blick in die USA und andere Common-Law-Länder. Während das Vereinigte Königreich bis vor kurzem, nämlich bis zur 1998 endlich vollzogenen Inkorporation der Europäischen Menschenrechtskonvention (EMRK) praktisch keinerlei grundrechtlichen «Privacy»-Schutz kannte, hat dieser in den USA eine über hundertjährige Tradition. Das amerikanische «Privacy»-Verständnis umfasst einige grundsätzliche Postulate, namentlich das Verbot des unbefugten Eindringens (der «intrusion») ins Privatleben, das Verbot der Verwendung von Daten oder Bildern einer Person in einer Weise, dass deren persönlichen Gefühle verletzt werden, die Unzulässigkeit des Bruches von Vertraulichkeit und Geheimhaltung und schliesslich das Verbot der Verbreitung falscher, diffamierender Aussagen über eine Person. Hinter all dem steht das Konzept eines Menschen, der (auch) das Recht hat, in seinem Privatleben von behördlichen oder gesellschaftlichen Eingriffen unberührt, alleinverantwortlich sein zu können. Das «Right of Privacy» der USA ist spezieller und enger als unser Persönlichkeitsschutz, wahrscheinlich aber grundsätzlicher und stringenter. Es kommt allerdings nur natürlichen Personen zu, während wir (entsprechend Artikel 53 des Zivilgesetzbuches) einen sinngemässen Schutz auch privater juristischer Personen (zum Beispiel von ihrem guten Ruf) kennen und befürworten. Unser bisheriges Datenschutzrecht, das vor allem allgemeine Handlungsregeln für die Datenbearbeiter aufstellte, sollte meines Erachtens stärker mit den angloamerikanischen oder europäischen grundrechtlichen Rechtsansprüchen verglichen werden. Dieser Rechtsvergleich müsste uns, ebenso wie die Analyse der Rechtsentwicklung, dazu führen, dass wir den Schutz der einzelnen Person im heutigen Informations- und Kommunikationsfeld stärker vom Grund- und Menschenrechtsschutz her angehen und dass wir den «Privacy»-/Privatheitsschutz klarer als ein Hauptelement des verfassungsrechtlichen Persönlichkeitsschutzes verstehen.

Von der Gemüsefrau, vom Briefträger
und von Samenspendern

Gewisse fundamentale Grundsätze, etwa das Verbot des «Ausschnüf-
felns» und der Informationsbeschaffung durch Täuschung (selbst in der
Verbrechensbekämpfung können V-Leute nur in engen gesetzlichen Gren-
zen eingesetzt werden) oder die Ablehnung öffentlicher Erniedrigung und
Blossstellung einer Person sind selbstredend klar. Aber andere Grundsät-
ze sind weniger geläufig. Sie ergeben sich aber aus bestimmten typischen
Kommunikations-Konstellationen. Wenn eine Hausfrau oder ein Hobby-
koch bei der Gemüsefrau auf dem Markt samstags einkauft, so erhält sie
Informationen über private Konsumbedürfnisse und Kaufpräferenzen.
Niemandem aber fällt ein, dieses Wissen zu vermarkten oder gar in eine
Zeitung zu bringen. Das bedeutet, dass auch das öffentlich abgewickelte
Geschäft auf dem Vertrauen der Kundschaft auf Diskretion beruht. Ver-
traulichkeit und Korrektheit der Informationsabläufe gegenüber jeder Per-
son sind wesentliche Grundlagen erfolgreicher Geschäftsbeziehungen.

Seit Beginn organisierter Postdienste im 17. Jahrhundert und seit
Beginn der Telekommunikationsdienstleistungen in der zweiten Hälfte
des 19. Jahrhunderts war klar, dass alle Personen und Organisationen, die
private oder geschäftliche Kommunikation unterstützen, zu absoluter
Verschwiegenheit verpflichtet waren. Das Postgeheimnis, das 1848 die
Verfassung des neuen Bundesstaates als «unverletzlich» bezeichnet hatte,
erscheint heute vielfach als gefährdet, ja belanglos. Erfreulicherweise hat
das Bundesgericht unlängst das Telekommunikationsgeheimnis auch auf
Internet und E-Mail-Dienste erstreckt. Aber warum gelten diese Grundsätze nicht für andere Fälle, wo private Informationen in organisierter
Weise durch Dritte übertragen werden? Warum ist zum Beispiel ein elek-
tronischer Zahlungsverkehr via POS oder Clearing-System nur über die
Geheimhaltungspflicht der beteiligten Banken, aber nicht durch unmit-
telbare verfassungsrechtliche Pflichten der Abwicklungsorganisationen
geschützt? Wenn man jede Person vor über 150 Jahren vor dem geschwät-
zigen Briefträger schützen wollte, warum ist sie heute gegenüber dem
Kreditkartensystem oder gegenüber Flug- und Reisereservationssyste-
men oder gegenüber Arbeitsvermittlungsstellen nicht zwingend in ihren
Geheimhaltungsbedürfnissen geschützt.

Ein anderes Lehrbeispiel ist die assistierte Fortpflanzung. Wenn eine
Frau, selbst in der Ehe, ein Kind der Liebe zur Welt brachte, so kann sie

zu Recht um des Familienwohls und ihres Persönlichkeitsschutzes willen die Umstände geheimhalten. Aber wenn nach vielfältigen Beratungen und Behandlungen heute der Spitalarzt als entscheidende aussenstehende Instanz eine bestimmte heterologe Insemination vornimmt, so ist er nach Gesetz auskunftspflichtig. Art. 119 Abs. 2 Bst. g BV gibt dem Kind gar ein unverzichtbares Recht auf Kenntnis der eigenen Abstammung. Die organisierte Lebensgestaltung unter Verantwortung eines Dritten verlangt volle Transparenz gegenüber allen Betroffenen sowie strikte Vertraulichkeit gegenüber aussen.

Was uns heute im sich weiter expandierenden, revolutionierenden Umfeld der Informations- und Kommunikationstechnologie fehlt, sind offensichtlich die generelle Sicherung von Diskretion, eine ausgebaute Garantie wichtiger Schutz- und Geheimhaltungsbereiche sowie eine volle Offenlegung aller organisierten Informationsverantwortung Dritter gegenüber den betroffenen Personen. Diese Grundregeln müssen allerdings in und aus dem Zusammenhang mit dem allgemeinen verfassungsrechtlichen Persönlichkeitsschutz verstanden werden. Ich hoffe, dass uns heute mindestens die moderne Biotechnologie aufrüttelt, mit ihren Entwicklungen in der pränatalen und postnatalen Gendiagnostik, mit der Gentherapie und der experimentellen Embryonenforschung, endlich auf einen grundsätzlichen, umfassenden Persönlichkeitsschutz zu dringen. Was ist der Kern dieses Schutzes, wenn man im Hinblick auf die Vermeidung oder Abwehr von Beeinträchtigung Rechtsgrundsätze für Informations-, Kommunikations- und Medientätigkeit festlegt?

Die Selbstbestimmung als zentrales Element des informationellen Persönlichkeitsschutzes

Das Wesen des Menschen, sagte etwa Karl Rahner, ist, dass er sich selbst entfalten kann in der Natur, in Freiheit, in Vernunft und selbstverständlich in einer Gemeinschaft. Die Hauptgefahr für die menschliche Entfaltung sah Rahner wohl zu Recht in der «Selbstmanipulation» des «operablen» Menschen, die zu dessen «Vernutzung» führt. Gegenüber den Risiken der Selbstmanipulation steht, so Rahner, die Chance der Selbstbestimmung, steht die Freiheit, sein Leben ins Heil oder ins Unheil zu wenden. Für die (technikunterstützten) modernen Informations- und Kommunikationsbeziehungen hat das deutsche Bundesverfassungsgericht 1983 erstmals das Grundrecht auf «informationelle Selbstbestimmung» postuliert. Unser Bundesgericht hat dieses Grundrecht, als ein ungeschriebenes, schon 1987 anerkannt und seither immer wieder bestätigt. Bedauerlich ist hingegen, dass in der sehr verdienstvollen neuen Bundesverfassung der Persönlichkeitsschutz nur teilweise geglückt und insbesondere dieses Grundrecht nicht aufgenommen wurde.

In Art. 10 Abs. 2 BV wird der vom Bundesgericht entwickelte Kerngehalt der persönlichen Freiheit, das Recht auf Entfaltung der elementaren Lebensbedürfnisse nicht explizit angesprochen. Und in Art. 13 Abs. 2 BV heisst es, unter der zu engen Sachüberschrift des «Schutzes der Privatsphäre», in verkürzter Sicht nur, dass jedermann vor Missbrauch der ihn betreffenden Daten geschützt ist. Darum geht es höchstens mittelbar! Zentral ist hingegen der grundrechtliche Anspruch auf Autonomie in allen Informations- und Kommunikationsbeziehungen, ist das Recht jeder Person, grundsätzlich eigenständig Umfang und Gehalt der Informationen zur Person bestimmen zu können. Selbstverständlich bleiben die üblichen verfassungsrechtlichen Beschränkungsmöglichkeiten von Grund- und Freiheitsrechten zum Schutze der Rechte Dritter oder aufgrund überwiegender öffentlicher Interessen vorbehalten.

Was bedeutet persönliche Selbstbestimmung konkret in einer total informatisierten und durchleuchteten Gesellschaft? Unerträglich ist jedes ständige Überwacht- und Kontrolliertwerden: Es ist den gesetzlichen Notwendigkeiten einer demokratischen Gesellschaft vorbehalten. Gegenteils müssen effektive Abwehr- und Verweigerungsrechte anerkannt werden. Allerdings muss eine sich verweigernde Person selbstverständlich den allfälligen Verlust von nicht existenznotwendigen Leistungsansprüchen akzeptieren. Entscheidend für eine echte Selbstbestimmung ist einerseits in vielen Beziehungen die Aufklärung der betroffenen Person über die vorhandenen Informationen und deren Tragweite, andererseits die Anerkennung des Rechts auf autonome Entfaltung und Lebensgestaltung. Das letztgenannte Recht meint die eigene Prägung meiner Identität; die Entwicklung eines eigenen Selbstwertgefühls, der eigenen Selbstachtung; und die eigene Gestaltung des Bildes, das Dritte oder die Öffentlichkeit von mir haben. Dann gehört dazu die Entscheidungsfreiheit über die persönlichen Kommunikationsbeziehungen; das Verfügungsrecht über die Information zur und aus der Person (was ja das bedrohte Urheberrecht schon lange anstrebt). Im Weiteren gehört zur Selbstbestimmung auch das Recht auf Nichtwissen in lebensbestimmenden Fragen. Schliesslich ist in Situationen, wo die Person gefährdet ist, oder in Situationen, wo Dritte nur einen egoistischen Eigennutzen verfolgen, ein Recht auf Anonymität oder Pseudonymität zu erwägen.

Diese persönlichkeitsbezogene Selbstbestimmung kann die durchschnittliche einzelne Person selbstverständlich nicht in allen Lebensbereichen von sich aus allein realisieren. Die Rechts-, Sozial- und Wirtschaftsordnung muss bestimmte minimale Voraussetzungen garantieren. Die Anerkennung der persönlichkeitsbezogenen, Privatheit sichernden Selbstbestimmung führt nicht zur Rechtsfreiheit, Regel- und Schutzlosigkeit, sondern will grundsätzlich Entfaltung in geordneten und kontrollierbaren Informations- und Kommunikationsbeziehungen.

Begründung und Kritik des Konzepts des
persönlichkeitsrechtlichen Selbstbestimmungsrechts

Was bringt uns diese persönlichkeitsbegründete, informationsbezogene Selbstbestimmung? Es geht um Freiheit und Gleichbehandlung der in ihrer Eigenart, Eigenwilligkeit und Selbstständigkeit anerkannten Person. Damit wird der informationellen Verfügung über die Bürgerinnen und Bürger wie der Einzelpersonen (seien sie auch abhängig oder gar urteilsunfähig) eine verfassungsrechtliche Grenze gesetzt. In einer freiheitlichen Informations- und Kommunikationsgesellschaft kann die Einzelperson niemals nur Objekt sein, sie bleibt das am Ende zuständige Subjekt.

Ist es jedoch nicht unrealistisch, überall Aufklärung, Information und Zustimmung zu fordern sowie Widerspruch und Verweigerung zu erlauben? Wo gibt es, jedenfalls im Berufsleben und beim Staat noch Informationsprozesse, bei denen man auf die Technik verzichten und wo man Kommunikationswege frei wählen kann? Zudem: Die Menschen stört es doch kaum, wenn sie mit Schreiben, E-Mails oder Werbesendungen überhäuft und von mehr als 30 Sendern berieselt werden. Welcher normale Mensch kommt schon auf die Idee, sich den Segnungen unserer informatisierten und mediengeprägten Gesellschaft zu entziehen?

Diesen Argumenten der Hoffnungslosigkeit jeder Forderung nach eigenständiger Selbstbestimmung einerseits und der insgeheim gesellschafts- und wirtschaftsfeindlichen Natur solcher Forderungen andererseits, kann man sehr wohl entgegentreten. Die Gerichtspraxis zeigt beispielsweise, dass es viele schicksalshafte Fälle gibt, wo Menschen oder Unternehmen ihre Ratlosigkeit und Unmündigkeit beklagen und wo sie

Rechtsschutz gegenüber rücksichtslosen oder schädlichen Informations- und Kommunikationspraktiken suchen.

Dennoch kann die Forderung nach einer stärker gesicherten Selbstbestimmung in persönlichkeitsrelevanten Fragen nicht unkritisch gestellt werden. Leidet unsere Gesellschaft und Kultur nicht zu sehr unter einem allzu präpotenten Individualismus? Jede Laune, jede Lebensform gilt als gleichberechtigt schützenswert und jeder Eigennutz als originelle Selbstverwirklichung. Autonomie in allen Lebensfragen ist für sich allein kein vorrangiges ethisches Prinzip.

Ist es nicht so, dass sich heute überall, in allen Kulturen und in allen sozialen Verhältnissen Menschen vor den technologischen und wirtschaftlichen Mächtigkeiten, welche die Familien-, Gemeinschafts- und Glaubensformen verändern, mehr oder weniger bewusst, mehr oder weniger hilflos zurückziehen, dass viele Menschen nach einem eigenen Ich, nach ihrer Identität, ihrem Selbstwert suchen, dass sich Menschen gegenüber dem Staat und der Wirtschaft vermehrt auf sich selbst, auf ihre eigenen Initiativ- und Verteidigungsmöglichkeiten besinnen? Das wachsende Interesse an wirklicher demokratischer Mitbestimmung, der ungeheure «Erfolg» des gerichtlichen Menschenrechtsschutzes, aber auch die stärkere Suche nach transzendenten Orientierungen sind meines Erachtens Zeichen dieser Identitäts- und Selbstwertsuche, die in einem ökologisch, sozial und geistig eher disparaten Umfeld doch mehr als verständlich ist.

Was wäre denn die Alternative, wenn wir sagen, die Informations- und Kommunikationsbeziehungen zu einer einzelnen Person stünden gänzlich im Belieben der Nutzenden, im Belieben der über die Technologien verfügenden Verwaltungsstellen oder Unternehmen? Wir wissen es: Die Folgen einer Missachtung der persönlichkeitsrechtlichen, informationellen Selbstbestimmung wären die Bevormundung, eine übertriebene Betreuung, die fortgesetzte Propaganda seitens von Politik und Kommerz, die Geheimhaltung aller staatlichen Kontrollen und schliesslich ein allgemeiner Vertrauensverlust von Konsumentenschaft, Kreditnehmern oder Staatsbediensteten. Eine solche Gesellschaft kann niemand wollen.

Was sind die Konsequenzen?

Wird der grundrechtlich fundierte Anspruch auf Selbstbestimmung anerkannt, so bedeutet dies, dass sich die Rechtmässigkeit von Informations-, Kommunikations- und Medientätigkeiten nie allein nach deren Zwecken beurteilt. Auch bei legitimen Informationstätigkeiten ist die Angemessenheit, respektive Zumutbarkeit im Hinblick auf den Persönlichkeitsschutz der betroffenen Person zu prüfen und diese soll auch die (ja immer relative) Richtigkeit der Informationen beurteilen können.

Wird Selbstbestimmung in der Privatheit und Persönlichkeitsentfaltung anerkannt, so kann es nicht sein, dass Medienfreiheit, Forscherinteressen, Staatssicherheit oder Rentabilitätserwartungen in unserer Gesellschaft als à priori vorrangige Interessen gelten, denen gegenüber der Persönlichkeits- und Privatlebensschutz dann rechtfertigungspflichtig ist. Ebenso ist es nicht angängig, wenn man erkennt, dass alle Informationsbedürfnisse bezüglich ihrer allfälligen Wirkung auf den verfassungs- und menschenrechtlichen Persönlichkeitsschutz beurteilt werden können, so zum Beispiel, dass gemäss einer Bundesratsverordnung vom 7. November 2001 «zur frühzeitigen Erkennung und Abwehr von Gefahren durch den internationalen Terrorismus sämtliche Behörden und Amtsstellen des Bundes und der Kantone auf Anfrage jegliche Auskünfte zu erteilen haben». Damit könnten selbst Kernbereiche des Persönlichkeitsschutzes, wie die vom Arztgeheimnis gedeckten Bereiche, übergangen werden. Man sollte nicht vergessen, dass der völkerrechtliche Menschenrechtsschutz, etwa in Artikel 15 der Europäischen Menschenrechtskonvention, absolute Grenzen der Abweichung von den Konventions-Schutzpflichten selbst für den Kriegs- und den Notstandsfall kennt. Oder anders gesagt: Selbst gegenüber hochrangigen dringlichen kollektiven Informationsbedürfnissen bleibt ein Kern des Privatlebens- und des Persönlichkeitsschutzes notstandsfest.

Der grundrechtliche Selbstbestimmungsanspruch umfasst auch das grundsätzliche Recht einer Person, alles zu wissen, was sie betrifft. Selbstverständlich brauchen laufende Strafuntersuchungen oder die Bekämpfung organisierter, gar terroristischer Kriminalität strikte Geheimhaltung, weshalb dann grundsätzlich Datenauskunftsbegehren abzulehnen sind. Aber jedes Geheimhaltungsinteresse des Staates oder Dritter verfällt mit der Zeit, und langfristige Geheimhaltungen sind für die betroffenen Personen wie die abgeschotteten Geheimnisträger nur schädlich. Demgegenüber ist es auch in kritischen Bereichen unter Umständen sinnvoll, das Faktum einer Nichtregistrierung mitzuteilen oder durch Offenlegung vorhandener Informationen deren Zuverlässigkeit zu erhöhen.

Selbstbestimmung gibt schliesslich auch ein Recht auf Nichtwissen, etwa von höchstpersönlichen Informationen, wie dies jetzt der Artikel 10 der Biomedizin-Konvention des Europarates gewährleistet. Dieses Recht lässt sich namentlich dort rechtfertigen, wo Informationen unsicher sind oder wo sie unterschiedlich bewertet werden können oder wo die Folgen einer Bekanntgabe für die betroffene Person oder Dritte verheerend wären. Wenn anderen Menschen keine schweren Nachteile entstehen und wenn keine zwingenden Rechtspflichten verletzt werden, darf jede Person Medien-, Propaganda- und andere Informations- und Kommunikationsangebote ablehnen und auf die Kenntnisnahme selbst der sie betreffenden Informationen verzichten.

Diese Konsequenzen der grundrechtlichen Selbstbestimmung sind keineswegs revolutionär. Sie zeigen nur letzte Positionen zur Sicherung von Privatheit und Persönlichkeitsentfaltung. Erst wenn diese Positionen respektiert werden, haben wir eine freie und offene Informations- und Kommunikationsgesellschaft.

Privacy and Full Disclosure – How to Strike the Balance

Richard A. Epstein

Richard A. Epstein (Chicago) argues from a libertarian standpoint. In his essay, based on a lecture held in Zurich at Progress Foundation's Economic Conference in November 2001, he emphasizes the need to arrive at a socially acceptable compromise with respect to the «antagonism» opposing secrecy to transparency. In his words, there is an exchange of rights relinquished in order to obtain more security protecting the remaining spheres of freedom. Epstein compares the right to enjoy privacy to the right of ownership: private property and the voluntary exchange of information are said to be the main principles of social organization. With respect to privacy, Epstein advocates a free and unimpeded flow of information. Only abuses should be punished.

Richard A. Epstein (Chicago) argumentiert von einer libertären Warte aus. In seinem auf einem Vortrag an der «Economic Conference» der Progress Foundation vom November 2001 in Zürich basierenden Text betont er, dass es darum gehe, im «Handel» zwischen Geheimnis und Transparenz einen sozialverträglichen Kompromiss zu finden. Ausgetauscht würden Rechte, die aufzugeben seien, um grössere Sicherheit für die bleibenden Freiheiten zu erhalten. Epstein vergleicht das Recht auf Privatheit mit dem Recht auf Eigentum: Privateigentum und der freiwillige Austausch von Informationen seien die hauptsächlichen Prinzipien sozialer Organisation. Auf die Privatheit übertragen, plädiert Epstein für den grundsätzlich freien Fluss von Informationen. Lediglich der Missbrauch gehöre bestraft.

The topic of this lecture – the balancing act between privacy and disclosure – involves the reconciliation of two rights that are both regarded as fundamental within the modern democratic order. On the one hand individuals claim that they are entitled to a right of privacy. That term has many different meanings in many different contexts. Yet for the purposes of this discussion it is best to confine the term to its core conception – namely the ability to keep sensitive information about one's self free from the prying eyes of other individuals. In using the term in this sense, my purpose is to excise from the debate other senses in which the term privacy is used, as for example when it is said that the (much-contested) right of abortion flows from a conception of marital or individual privacy, or when the ability to control a person's name and likeness is treated as part of the right of privacy and not, as has become ever clearer in recent years, as part of a general right to publicity that functions as a species of intellectual property more closely akin to copyright and trade names and trade uses.

Defined in this narrower sense, the right to privacy is invoked when other individuals seek to gain access to one's credit histories or medical records, with or without their consent. It also covers cases where individuals seek to pry into the affairs of other persons, as by eavesdropping or taking pictures with telephoto lens, or more recently by using heat detectors to determine whether a potential suspect is growing marijuana behind closed walls. This last example shows that claims to privacy are not confined to ordinary private litigation, nor even to the question of how businesses, universities and medical institutions process information that is entrusted into their care. It also operates as a potential limitation on the power of the state to engage in criminal investigations of its citizens, in times of war peace alike. The claims of privacy are both broad and insistent; they have spawned, at least in the United States, all sorts of advocacy and business groups, who are determined to protect their privacy from various forms of intrusion. Privacy in other words has become big business.

From the opposite side of the ledger, the rights to receive full disclosure have similarly expanded. The rudest conception of freedom of contract, for example, allows for a promisor to obtain some legal relief if he has been induced to enter his promise by fraud or, in many cases, by innocent misrepresentation. The proper treatment of nondisclosure has always proved more elusive, but it is settled today in a large number of circumstances that individuals are duty-bound to disclose, for example, dangerous conditions in premises, of which they have knowledge, when they know or have reason to believe that their buyer is ignorant of the underlying condition. The whole point of this rule is that we should regard transactions as fully voluntary only when they are entered into by parties who are fully informed as to the relevant characteristics of the property that they wish to exchange. This view of disclosure has received a powerful endorsement as of late in connection with the rules on insider trading, now that it has become commonplace, at least in the United States, to hold that individuals who trade on material «inside» information about corporate affairs have engaged in deceptive practices unless they disclose that information before they start to trade.[1] Nor are concerns with full disclosure limited to private law. As is the case with privacy, a critical conception in the private law quickly makes its place into the public law as well. On the one hand we are told that certain aspects of the lives of political officials should be kept private. But we also are told that the effective participation of citizens in government requires a «transparent» legal regime that provides all citizens with sufficient information to participate with intelligence in political deliberation. Frequently, this insistence on full disclosure carries with it the same form of constitutional mandate that is sometimes attached to the law of privacy. The media, both print and broadcast, constantly appeal to the importance of full disclosure to justify challenged practices that offend ordinary conceptions of privacy, in order to advance the larger social cause of serving the public's right to know.

Dealing with inconsistent claims is not an issue confined to the tension between privacy and disclosure. Virtually any claim of right, however appealing, makes sense within some well-defined core, but quickly becomes more contested when it runs into conflict with other values. Thus historically the greatest contest has been perhaps between the institution of private property and the demands for limitations upon its use in the name of the public interest, convenience and necessity. People could easily see why the right to exclude was important in those cases when the invader sought to harvest the crops that were planted by the owner. But it is far less easy to defend that claim when individuals wish to enter the land of another in order to escape from the imminent peril of death or serious injury brought about by natural events or the criminal actions of third persons. It is easy to see why the farmer (assuming that he has kept off the interloper) should be allowed to charge whatever he sees fit for his grain in an open and competitive market, but far harder to see why any individual that possesses a legal (or even a natural) monopoly should be accorded the same freedom of action. The conflicts that we see between

111

different claims do not arise only in common law systems, or only in civil law systems. They are endemic to the business of law, where the tendency is always to announce in confident terms general rules in one context that in the end collide with some other generalization that begins the analysis in a different place.

At this point, we then come to the crux of the inquiry. What techniques do we use to resolve the dispute whenever two (or more) insistent rights come into explicit conflict with each other? In the abstract these choices are always difficult to make. Each person standing in isolation is a devoted champion of both privacy and full disclosure. He wants information about himself to be kept private so as to increase his ability to project a favorable image and to shape his dealings with other individuals. He also wants to collect all information about others so that he can deal with them from a position of knowledge and strength. Clearly one person is able to attain both these objectives only so long as other individuals fail on both counts. But once matters of individual desire are transmuted into a social regime, that is, one in which we recognize the like rights of other persons, then all of us have to recognize that none of us shall prevail entirely on either of these legitimate desires. How do we make the relevant trade-offs between them?

As a structural matter we know that all rights have correlative duties, so that one cannot expand rights indefinitely. More generally a minimum condition for any coherent set of rights is internal consistency, such that the rights accorded to some are consistent with the rights and liberties held by others. The claim that one individual is owner of Schwartzacre (Blackacre sounds better, RAE) is not just a claim against the property, but it is also a claim against any and all outsiders who would enter on it. If the rights of property are not absolute, then what limitations are placed on them? The same issue arises with privacy and disclosure when the two are placed in constant contact with each other. How ought these to be resolved and why?

I think that there is no shortcut to the resolution of these issues, for much depends on the general approach that one takes toward the definition of legal rights in the first place. We have to be suspicious of any effort to develop an ad hoc solution to the choice between privacy and disclosure, and see if we can place that dispute within some larger jurisprudential system. On this occasion I cannot explore all alternative general systems, but I can do something to explain my general position, and then

112

use that framework to address the specific conflicts that arise here. Lest anyone lose their way, I am not in general a supporter of the modern expansion of state functions that took during the twentieth century, but rather think that the narrower conception of laissez-faire do a better job in describing the proper role of government.[2]

In making this claim, I do not mean to assert that the sole function of government is to preserve private property and to enforce voluntary contracts: my previous remarks cast some doubt on any efforts to make an universal truth out of a sensible presumption. Rather, I think that the government has in addition to the preservation of these rights the duty to provide protection against the use of force and fraud to deal with the recurrent matters of monopoly, and to maintain the full range of public goods (most especially defense and infrastructure) that require extensive systems of taxation and public administration.

Although some ardent defenders of laissez-faire may think that the use of state power to condemn private property is improper, even when done with just compensation and for public use, most emphatically I do not count myself among them. The state has to have the power to condemn private property for public use in order to prevent the serious hold out problems when a single individual owns land that could block, for example, the construction of a needed public highway. Indeed, although it is not evident at first blush, in the end much of the right of privacy can, I believe, be best explained with reference to some version of a taking power, in which what is given and taken is not land for money, but rather exchanges in which some bundles of rights are exchanged for others, just as in the social contract we are all asked to surrender some liberty in exchange for greater security for the liberties that we as individuals retain. Even with these caveats, this view does not find place for the creation of some minimum public safety net; nor does it allow programs for extensive subsidies to targeted groups and individuals. Mine is not a plea for universal health care, or even for the creation of a vast apparatus to deal with forms of job security, private discrimination and workplace safety that were outside the traditional conception of government. We need not debate those issues here, because they do not influence the proper understanding of the privacy issue.

The use of this framework helps give us some real organization of the relationship between privacy and disclosure. Thus the first part of my task is to ask just this question, what does the contest between privacy and disclosure like when we think of it under the law of tort in connection with rights among strangers, and second what does that contest look like when this tension arises out of a consensual arrangement such as that which exists between employer and employee, physician and patient. Understanding the two halves of the problem goes a long way I think in unpacking the tensions that we have to face.

Tort Law and Privacy Rules

Let us start with the tension between privacy and disclosure in stranger cases. Here the first observation is that we can divide spaces into those which are held in common (to which all might enter) and those which are owned privacy in which the owner can exclude others at will. This simple delineation of property rights goes a long way to organize our expectations about privacy and full disclosure. Thus an owner's right of exclusive possession works in a sensible way to limit the intrusions that other individuals are able to make into one's private life. What is the best way to think about this gap in the common law rules of property protection? It is in this context that the law of takings to which I referred seems to provide the best answer. To see why, assume that all individuals are placed behind some veil of ignorance – the conception predates the late John Rawls and goes back at least as far as Adam Smith and his impartial observer – and is asked whether he is entirely satisfied with a law of trespass that offers no protection against eavesdropping. He could rest with the facile argument that whenever there is no trespass there is no wrong, and thus hew to the consistent libertarian line. But the real question to him is somewhat different, and asks whether he thinks that he would be better off under an alternative general rule that stipulates that he loses his right to eavesdrop on all his neighbors, in exchange for which they all lose their rights to eavesdrop on him. Here a simple though experiment that most people would answer that question in the affirmative. It is expensive to provide perfect protection against those who wish to listen at a distance; since firm walls can easily be breached with parabolic microphones. So a legal rule that imposes mutual prohibition on average advances the position of both sides. We have the «average reciprocity of advantage» that is often regarded as a hallmark of a desirable law, for even without explicit agreements everyone is both benefited and bound by the law.

Standing alone, however, the condition of formal equality is consistent not only with dual advantage but also with dual ruin, in which both parties are bound by restrictions that each would like to remove. The question is how we can decide that the prohibition on eavesdropping fits into this unhappy scenario. Fortunately, we can glean evidence against that unhappy outcome from another quarter, by looking to the analogous voluntary arrangements that govern the same set of social behaviors. Would, for example, a condominium association pass some general rule to stop eavesdropping should it become a common practice? Right now, after all, a strong social custom makes it inappropriate for individuals at one table to seek to overhear, as by craning their necks, private conversations at nearby tables. That norm allows the removal of partitions that might otherwise be required and a reduced separation between tables, thereby lowering the cost of basic service. But the rule has its limits. No one can claim privacy for conversations conducted in a loud voice that other individuals cannot but help to hear. The optimal solution thus requires cooperation from both sides.

Note the limits, for there are also cases in which mutual restrictions in the name of privacy could amount to dual ruin. Thus suppose in the alternative we had a rule that said that the right of privacy was so great that no individual while on the public way were allowed to look at the private homes located nearby. It would be tortuous to observe (and then comment) on the exterior of these homes or about the activities of their occupants that took place in plain view. Here the restriction is perfectly reciprocal, but generally unwanted, as it is simply too costly to ask individuals to place blinders on their eyes as they make their way along the public roads. At this point I think that we all opt for a different rule, which says that all individuals can observe what they will as they walk along the public road. But as with listening, there is a limiting principle that cuts in the other direction, for individuals may not stand for hours by someone's home with cameras and pads in hand recording everything that goes on in or about the premises. Limitations against this form of surveillance does not limit the ordinary use of the public way, but it takes away from all individuals the ugly feeling of being shadowed and stalked in every day life. Although sound and sight start from different vantage points, they both involve compromises and cooperation to work. It counts as a genius of the social order that most people are so well socialized that the expectations in question are routinely respected.

Indeed these rules and expectations are strong enough to shape the norms of privacy as they exist in the use of a commons, such as a road or a park. No one can demand absolute privacy in these contexts unless he is prepared himself to sacrifice the use that these facilities, open to all, provide to himself. So the case law, at least in the United States, takes the sensible position that ordinary observation on public roads is permissible, but, once again, stalking, staring and shadowing is not.[3] The persistence of this line in social practice and legal rules shows how we make confident empirical judgments about what deviations from the strong trespass are desirable and which ones are not. In some cases we bolster the protection offered by these rules; yet in other cases we limit it. In both cases our task is to achieve by successive approximation a set of understandings that seem to maximize the social welfare of all participants to the overall situation.

These privacy norms give us a window into the limits of government investigations. In the United States this issue is governed by the Fourth Amendment, which contains a general prohibition against having government officials undertake unreasonable searches and seizures.[4] A quick inspection of the text shows how powerfully «thing-oriented» it is in its basic conception, for both the global protection against unreasonable searches and seizures (and the more particular protection of the warrant clause) are clear that only places are searched, and only persons or things are seized. But what if the government decides to conduct its «search» not by entry but by eavesdropping, perhaps with powerful electronic equipment that operates at a distance? One possible response is for the courts to wash their hands of the entire affair. If one concluded that this snooping counted as neither a search nor a seizure, then neither the question reasonableness nor of warrants would arise at all. Yet this position could not be sustained in the long run, for the same transformation of the private law of trespass also took place in the public sphere as well. As a good rule of thumb, the principle of limited government should caution us against the creation of a «second set of books» – against giving ordinary terms special meanings – in developing on an ad hoc basis the relationship between the individual and the state. In this privacy setting, we can best achieve that result by recognizing that government searches of persons, houses, papers, and effects can in fact take place from afar – as with a searchlight – without the need for any trespass to trigger the constitutional guarantee. The real issue then turns on the scope of permissible justifications that only public bodies may offer for their intrusions.

As a first approximation, then, our idea of «harm» should be kept close-ly tethered acquaintance. Once again the individual harm has to be set in a large context. Cumulatively, this endless stream of information, both large and small, is of great value to all individuals in deciding whom to deal with and why, both in business and social settings. An organized soci-ety that allowed aggrieved individuals to ban the unfavorable comments of others comes close to being a police state. The liberty of conscience and thought depends on the free circulation of ideas, and it would create a nightmare of epic proportions to envision a system in which A had to give consent to X for X to talk with Y about A's interactions with B. Life could hardly go on if B demanded silence from X about the same events: no one could ever complete the multiple transactions needed to unravel the end-less legal knots that would block the path of free expression. It is no won-der that a broad privilege, even in defamation cases, exists for general comment on matters of public affairs.[6]

In dealing with defamation and privacy, the key question is whether society on balance flourishes with less information or with more infor-mation. Obviously, we shall have to make exceptions (as for military intel-ligence) when we move to any regime of open information. Yet there is lit-tle doubt that we are better off as a group with some verbal excesses than with stony silence. The right to privacy, sensibly construed, leads us one step past the common law rules of trespass by imposing restrictions on snooping. But the logic of forced exchange does nothing to compel us to take the additional step of treating true but unflattering comments as inva-sions of privacy. In conducting this analysis, the boundary line between truth and falsity becomes critical. The key question is how well that line can be policed. At one level, the answer is: fairly well in law, as in ordinary life. And the consequences of this shift has enormous consequences for legal doctrine.

As with all privileges, it is possible to identify cases in which a privilege to publish newsworthy information is both accept but regretted. In this area, the cases that give rise to the greatest unease are those in which newspapers reveal the names of rape victims available from the public record,[7] those in which gay activist groups or others choose to «out» peo-ple who otherwise wish to keep their sexual orientation private,[8] and those in which individuals dredge up long-forgotten events of individuals who have made a return to respectability.[9] One point in favor of the broad newsworthiness privilege is that public reaction, often bordering on outrage, will lead to sensible forms of self-regulation. Today most media outlets will not publish the names of rape victims even if these names appear in other newspapers until the matter becomes one of common notoriety. Similarly, outing can easily lead to a public backlash against the groups that engage in it. As matters stand, it is very difficult to identify any clear content based limitation on the newsworthiness privilege in privacy cases.

The most troublesome questions in this area lie at the intersection of two rights. Thus, in cases where individuals trespass or eavesdrop merely for their own titillation, it becomes very difficult to assert any public interest in their conduct. The matter becomes much more vexed when the acquired information is then published to the world at large. To make the case most vivid, assume for the moment that the methods of acquisition involve a trespass (or some invasion of privacy that is for these purposes akin to a trespass). Do the ends justify the means? Does the public release of true information justify the trespass? Is the individual owner of the property entitled to damages that compensate, not only for any physical entry or property damage, but also for the consequential losses that follow from the publication of the information?

The legal response to this question has been divided, but the more recent, if mistaken, movement has been toward a greater recognition of a newsworthiness privilege even in trespass cases. The first judicial foray into this area was in Dietemann v. Time, Inc.[10] Time Magazine's investigative reporters were in league with the local district attorney. Together, they went to Dietemann's home office to pose before hidden cameras as patients for the plaintiff's quack medical treatment. Publication of the photographs netted the plaintiff $1,000 in damages, for the Court held that nothing in the First Amendment's guarantee of free speech either excused or justified defendant's trespasses.

But can the publication of the pictures be prohibited if the scam is discovered in time. Not according to Howell v. New York Post,[11] where the defendant trespassed on the ground of a psychiatric hospital to use a telephoto lens to take a picture of the plaintiff next to Hedda Nussbaum, a criminal celebrity in rehabilitation The hospital's medical director begged the Post in vain not to run the story with Howell's picture. The New York high court held that the Post fell within the newsworthiness privilege because a cropped picture, without Howells, would give the public a false impression of Nussbaum's recuperation. Here, ironically, the plaintiff had no protection against a trespassing defendant. Indeed, one frightening implication of Howell seems to be that if the hospital staff had discovered the intrusion before the picture, they could not have prevented him from taking his picture. So much for the right to be left alone.

Another case, somewhat closer to the line, is Desnick Eyes Serv. v ABC,[12] in which Judge Richard A. Posner refused to award damages for invasion of privacy against ABC Prime Time Live, which sent its reporters to secretly tape the defendant's unethical practice of recommending unnecessary surgery to its patients. The case follows the familiar pattern of allowing parties to publish with impunity information that they had no right to obtain by deception in the first place. Here again, the principles of Dietemann seem to govern, for it hardly makes a difference in principle that one person operated his business out of his home while a second ran his in an ordinary doctor's office. To justify the result, Posner notes that it is a common practice for restaurant reviewers to conceal their identity from the proprietors of the restaurants they review. But his point hardly suffices. If the restaurants were called in advance, and told that Zurich Guide to Fine Dining would only run anonymous reviews, I have no doubt that these restaurants would accept that condition. The negative inferences that are drawn from exclusion are devastating, and a positive review that had been planted by the restaurant would be dismissed with contempt by readers. So the secret restaurant critic, who publishes an unbiased report rightly receive a very different reception from the investigative crew that will publish dirt if it finds it, and kill the story if it does not.

Contract, Privacy and Disclosure

The choice between privacy and disclosure also arises in connection with ordinary contracts. In one sense, these cases should be easier to resolve than the stranger cases for we have an initial point of departure that is clearer than the shifting baselines that are used to keep strangers apart. Quite simply, the central proposition should be that all individuals by agreement can regulate the use of information that they share with each other. The common law position on trade secrets, for example, take the position that individuals are allowed to keep quiet by contract such matters as formulas and trade lists.[11] The right to keep this information concealed means that the paradigmatic wrong is the disclosure of the information to the public at large or to competitors, because of the loss of the competitive advantage that trade secrets normally secure.

It would be, however, a major mistake to assume that trade secrets are the only kinds of information that parties are allowed to keep private. The ordinary interaction between patient and physician involves the transfer of sensitive information about the patient's condition to the physician, normally under a guarantee of confidentiality. That confidentiality is breached by truthful disclosures to third persons who are not authorized to receive the protected information. The clear upshot is that the scope of the duty of confidentiality should be, as it often was, determined by contract, and that the duty normally follows the information into the hands of authorized third parties. Researchers who receive information about individual patients are thus required to respect personal confidences and not reveal any names, in the publication of their overall reports. It follows, therefore, that the law of contract operates much like the law of trespass. Although its primary objective is to secure the exchange of property and labor between persons, it can easily be extended to protect the proper transfer of information in both personal and business contexts.

Medical records are not the only source of excessive protection of privacy. The same issue often comes to a head in employment settings, where modern uses of privacy override freedom of contract and often act as a handmaiden to fraud. A job applicant may have had a criminal record or may suffer from a serious medical condition. An employer might wish to know about these things in order to decide whether to extend an offer. The general rule of freedom of contract says that, in competitive markets at least, a person may refuse to deal for good reason, for bad reason, or for no reason at all. The point of this rule is not to celebrate irrational behavior, but to avoid the morass that arises in deciding both the factual and legal questions as to which refusals to deal count as «good cause» and which are not. With respect to juvenile criminal records, it is often said in response that the information should be concealed in order to encourage past wrongdoers to get a fresh start on a clean slate. The fear is that former offenders will not be able to gain jobs if dogged by their criminal record, thereby undercutting the incentives for rehabilitation.

The argument has some power, but it does not go far enough. The object of the criminal law is to minimize the number of violations, cost of prevention held constant. The efforts to protect juvenile records may improve efforts at rehabilitation, given the performance of criminal conduct – which operates to the good. But ex ante, the rule reduces the expected cost to the juvenile of the initial crime by lessening the social sting of a criminal conviction. The overall empirical argument depends on the relative strength of these two effects (before and after the initial incident), a proposition on which it is hard, to say the least, to obtain reliable empirical evidence. There is, however, a second feature with the practice of expunging criminal records that is more germane in this context. The information in question is surely material to the decision of any prospective employer. Past criminal conduct is correlated with the possibility of future criminal conduct. The hiring in question could easily increase exposure to fraud, theft or even personal violence for the employer and other employees, for which civil and criminal sanctions after the fact are at best imperfect remedies. The state-sanctioned concealment of this information thus works a material fraud on the employer for which the state offers inadequate compensation should matters turn out awry. The object of the concealment is not defensive; it is not in service of the right to be left alone. It is to give a false impression to gain an advantage that exposes the person and property of other persons to substantial risk. Context matters. When someone conceals illness to avoid a social engagement, little is lost. When he does so to obtain employment for which he is unfit, the resulting consequences could prove enormous.

My own view in these cases remains that of the unrepentant libertarian. The employer can ask any question of the employee that she wants. The employee may refuse to supply whatever information is demanded. In the end, the two can decide whether the information is more valuable when kept private or when shared. Neither norm, privacy or full disclosure, is paramount in some abstract sense. In many cases, the personal life of an employee will be regarded as information to which the employer has no right. If so, it will not be because of some high first principle, but because of the joint recognition that the information is worth less to the employer than its concealment to the employee. Let the employee receive comprehensive benefits from the employer, such as health care, and the calculus may well shift radically: now it does matter whether the employee drinks, smokes, or exercises on a regular basis. If that information is relevant to an insurer in setting a risk, then it is relevant to the employer who has to foot the bill for the long-term health plan. There is no transcendent public-regarding view of what counts as relevant information for an employer. Even on such matters as intimate sexual practices, an employer could ask, for example, about the risk of AIDS. In most cases, however, it will be detrimental to do so because the balance of advantage is seen to lie elsewhere. But we should not confuse a social regularity with some dominant normative standard that dictates whether the privacy or the full disclosure norm should prevail. Whatever regularities are observed in practice should not conceal the point that in each individual case we have only the exercise of the joint judgment of the contracting parties.

The implicit logic of this position is to reverse the classical rules of insurance contracting, which imposed on the insured a duty to disclose any risk or condition that might affect the insurers risk.[14] The net effect of the new rules is to force employers and low risk coworkers to undertake the high risk of certain employees, for which they receive no compensation at all. The practice will obviously encourage spirited efforts to tailor coverage in ways that minimizes the risk, even at the cost of abandoning or reducing coverage to other employees whom the firm is willing to insure. In this context, moreover, there is at least the glimmer of a respectable compromise that has the benefit of transparency appropriate for deliberative democracies. The level of subsidy required is the difference between the price that the market charges for covering disabled persons and its ordinary rates. Nothing prevents those costs from being placed on-budget, where they can be covered in full or in part, depending on the preferences of the community as a whole. Yet this approach makes explicit the public costs of disguised subsidies, so the preferred solution is to create rights which limit contractual freedom and require the creation of hidden subsidies that are borne by some but not all firms in the larger economic environment. Karl Llewellyn once said that «covert tools are bad tools». That maxim applies in this case.

Conclusion

From what I have written it should be clear that the tension between privacy and full disclosure will not disappear any time soon. In some cases the choices that have to be made will be truly wrenching, and for those we can ask of our public officials only that they do the best that they can in light of the conflicting values at stake. But we should be wrong, I think, to assume that we have reached this point of reluctant acquiescence in the current situation. The simple truth of the matter is that we get ourselves into deep trouble precisely because we make critical errors in thinking about the problem. It would be nice to report that all these errors tended to lead to an overweighing of privacy relative to full disclosure or the reverse, but in truth the sad point is that the errors run in both directions simultaneously, and for reasons that show major theoretical weaknesses. In the stranger cases, the courts, or at least the American courts go wrong, when they think that freedom of speech is so important a value that it should be understood as overriding all competing concerns. The current view (which I have termed elsewhere «first amendment exceptionalism»)[15] assumes that freedom of speech acts as trump to all other points legal rules, so that speech is exalted over property when it should be treated as part of a comprehensive system in which each gains strength from the protection of the other. Yet in many contractual situations, the vice is quite different. Here it is assumed that privacy is valued so highly that it cannot be waived at all, or, alternatively, that it can be waived only after the parties have gone through extensive formalities or procedural hoops. In this case, full disclosure is often the preferred social norm, as evidence by the behavior of the parties to the transaction. If I am correct, then we can see that the errors in both directions stem from a single cause, the failure to appreciate the importance of private property and voluntary exchange as the dominant principles in social organization. Even for novel legal challenges, we must keep our fundamental conceptions in order if we are to work our way through the difficulties in application that are sure to follow.

Notes

1   Exchange Act § 10(b); Rule 10b-5; see «Securities and Exchange Commission v. Texas Gulf Sulphur Co.», 401 F.2d 833 (2d Cir. 1968).
2   Richard A. Epstein, «SIMPLE RULES FOR A COMPLEX WORLD» (Cambridge: Harvard University Press, 1995).
3   Nader v. General Motors, 255 N.E.2d 765, 771 (N.Y. 1970); «Schultz v. Frankfort Marine Accident & Plate Glass Ins. Co.», 139 N.W. 386 (Wis. 1913), followed in Restatement (Second) of Torts, § 568, illus. 1.
4   «The right of the people to be secure in their person, houses, papers, and effects, against unreasonable searches and seizures, shall not be violated, and no warrant shall issue, but upon probable cause, supported by Oath or affirmation, particularly describing the place to be searched, and the persons or things to be seized.» U.S. CONST. AMEND IV.
5   The classical definition of defamation is that of Baron Parke, which refers to a statement that «is calculated to injure the reputation of another, by exposing him to hatred, contempt, or

ridicule.» «Parmiter v. Coupland», 151 Eng. Rep. 340, 342 (Ex 1840). For the various limitations on the definition, see Epstein TORTS, § 18.4 (1999).

6 See e.g., «Carr v. Hood», 170 Eng. Rep. 981 (K.B. 1808).

7 «Cox Broadcasting Corp. v. Cohn», 420 U.S. 469 (1975), acquiesced in Restatement (Second) Torts § 652D, comment d, and illus. 12.

8 «Sipple v. Chronicle Publishing Co.», 201 Cal. Rptr. 665 (Cal. App. 1984).

9 For one early attempt at this, see «Melvin v. Reid», 297 P. 91, 93 (Cal. App. 1931) (explicitly recognizing «the right to pursue and obtain safety and happiness without improper infringements thereon by others.»).

10 449 F.2d 245 (9th Cir. 1971).

11 612 N.E.2d 699 (N.Y. 1993).

12 44 F.3d 1345 (7th Cir. 1995).

13 «Ruckelshaus v. Monsanto, Inc.», 467 U.S. 986, 1001 (1984), which relied on the definition of trade secrets in Restatement of Torts § 757. The case offers (in addition to the definition of nuisance, and the scope of the privacy interest) a third instance where Restatement definitions end up doing double duty as constitutional norms.

14 «Lindenau v. Desborough», 108 Eng. Rep. 1160 (C.P. 1828) (Marine insurance). For a statutory recognition of the duty, see Marine Insurance Act, 1906, s. 18(1).

15 Richard A. Epstein, Privacy, «Publication, and the First Amendment: The Dangers of First Amendment Exceptionalism», 52 STAN. L. REV. 1003 (2000).

Privatheit und Medien

Gabriele Siegert

Im folgenden Text werden zwei Begriffe zusammengeführt, die gegen-sätzlich, aber dennoch miteinander verschränkt sind. Medien konsti-tuieren Öffentlichkeit, womit auf das klassische Gegensatzpaar Öffentlich-keit und Privatheit fokussiert wird. Die Grenzen zwischen Öffentlichkeit und Privatheit lösen sich jedoch im Zuge der Medienentwicklung zuneh-mend auf: Privates wird öffentlich, Öffentliches privatisiert. Die grund-legenden Mechanismen medialer Produktion sind an dieser Entwicklung ebenso beteiligt wie die zunehmende Ökonomisierung und Boulevardi-sierung.

The following text links two contrary terms which nonetheless are close-ly interrelated. The media render facts and circumstances public, bring-ing thereby into focus the classic two antonyms of the public sector ver-sus privacy. With the progressing omnipresence and influence of the media, the borderlines between the public sector and privacy become increasingly blurred. Private matters get public while public matters are «privatized». The basic mechanism of media-related productions are con-tributing to this development together with the increasing preponder-ance of economic aspects and the tabloid representation of events.

Medien und öffentliche Kommunikation

Mit Medien werden – so damit nicht generalisierte Kommunikations-medien gemeint sind – im alltäglichen Sprachgebrauch die klassischen Massenmedien bezeichnet. Diese sind per publizistikwissenschaftlicher Definition mit der öffentlichen Kommunikation verknüpft und nicht mit der privaten, denn sie sind diejenigen Verbreitungsmittel, mit denen Aus-sagen öffentlich gemacht werden. Was vormals durch eine Versammlung geleistet werden konnte, benötigt in modernen ausdifferenzierten Gesellschaften Medien: die Herstellung von Öffentlichkeit.

So sind denn auch die Funktionen, die den Medien zugeschrieben werden, hochgradig an deren Möglichkeit, Publizität zu erzeugen, gebunden. Ob nun die Funktionen der Medien in einem eher normativen Zugang als Artikulations- und Forumsfunktion, als politische Sozialisations- und Bildungsfunktion, als Kontroll- und Kritikfunktion oder als soziale Integrations- und Orientierungsfunktion gefasst werden oder ob beim Versuch, die Funktion der Medien abstrakter zu formulieren, immer bleiben diese Funktionen an das Öffentlichkeitsprinzip gebunden. Auch die abstrahierte Funktion der Medien als Instanzen, die eine Selbstbeobachtung, ein Monitoring der Gesellschaft und eine darauf aufbauende Selbstbeschreibung ermöglichen, können nur erfüllt werden, wenn Themen, Ereignisse, Prozesse und Personen öffentlich verhandelt werden. Die Funktion der Medien für die Gesellschaft ist es nachgerade, Publizität herzustellen, Themen, Ereignisse, Prozesse und Personen mit Publizität auszustatten, so die Aufmerksamkeit auf diese zu lenken und damit die Wahrscheinlichkeit ihres Kommunikationserfolgs zu erhöhen.

Medien haben also auf den ersten Blick und auf ihre Funktionsbestimmung hin sehr viel mehr mit Öffentlichkeit zu tun als mit Privatheit. Öffentlichkeit ist jedoch nur in wechselseitiger Aufeinanderbezogenheit mit Privatheit denkbar – ist in Abgrenzung zu Privatheit konzipiert. Was kann noch öffentlich sein, wenn alles privat ausgehandelt wird – was kann noch privat sein, wenn alles öffentlich verhandelt wird?

Allerdings zeigt sich, dass der klassische Dualismus von Öffentlichkeit und Privatheit in Auflösung begriffen ist. Es geht vielmehr zunehmend um «Die Veröffentlichung des Privaten und die Privatisierung des Öffentlichen» wie der, das Mediensymposium Luzern dokumentierende Sammelband betitelt ist.[1] Die Ursachen dieser Auflösung sind vielschichtig und können nur ansatzweise skizziert werden. Sie lassen sich jedoch im Kern auf eine Entwicklung zurückführen, in der sich das Mediensystem ausdifferenziert und zugleich vom politischen und ökonomischen System entdifferenziert hat. Medien gewinnen auf diese Weise, wiewohl nach wie vor mit Politik und Wirtschaft eng verknüpft, eine gewisse Eigenständigkeit und können ihrer Eigenlogik folgen. Dies zeigt sich zum einen in der immensen Bedeutung von Informationen und der Allgegenwärtigkeit von Medien in der Gesellschaft, weshalb von Medien- und Informationsgesellschaften gesprochen wird. Zum anderen impliziert es die Tendenz,

tionsaufwand zu erzielen sein soll. Nicht selten bedeutet dies, dass aus «Nichts» ein Ereignis gemacht und aus «Wenig» ein Skandal inszeniert wird, dass Emotionalisierung und Stilisierung um sich greifen. Bei der Boulevardisierung der medialen Inhalte verschiebt sich insofern die journalistische Orientierung hin zu rituellen, symbolischen und mythischen Repräsentationen. Wie Rudi Renger ausführt, nahm sie in der kleinformatigen Tabloid Press ihren Ausgangspunkt, wurde für das Fernsehen adaptiert und findet sich heute im so genannten Tabloid TV.[3] Für Boulevardmedien lassen sich dann typische Narrationsmuster festmachen, die die Abweichung der Normalität thematisieren. Sie finden sich beispielsweise in «human interest stories», Melodramatisierung oder Familialisierung, sind charakterisiert durch bildhaften Ausdruck und emotional gefärbten Wortschatz, und durch die Bevorzugung persönlich-individueller Themen und Ereignisse vor politisch-institutionellen. Das Persönliche, Private, Intime wird in dieser Entwicklung zum bevorzugten Medienthema.

Typisch dafür ist die Schnürung eines medialen «Kombi-Paketes» aus Berichten über Prominente, Ratgebern und unterhaltsamen Inhalten. Dabei bleiben die einzelnen Kategorien in ihrer Konkretisierung jedoch offen, nach dem Motto «Alles ist möglich», was zugleich einen weiten und profitablen Spielraum an Themen eröffnet. Denn die Menge an mediengerechter Prominenz ist endlich und die Recherchen sind – obwohl sie sehr häufig auf die bereitwillige Preisgabe und Inszenierung des Privaten treffen – ökonomisch teuer. Zugleich gibt es in allen Mediengattungen vermehrt Konkurrenzmedien, die einer Berichterstattung über Exklusiv-Themen bedürfen, um sich von den Wettbewerbern zu differenzieren. Die Medien sind also nicht von ungefähr darauf angewiesen, «neue» Prominenz oder Pseudo-Prominenz aufzubauen, womit die Entwicklung spezifischer Genres ansatzweise erklärt werden kann. Das Spannungsfeld Privatheit und Medien im Sinne der Mediatisierung des Privaten umfasst also im Wesentlichen drei Bereiche.

1. Die Offenlegung des Privatlebens von Prominenten, beginnend mit klassischen Berichten über die Skandalisierung bis hin zur Dauerbeobachtung via Webcams,
2. die Inszenierung von Unbekannten als prominent meist unter Rückgriff auf ihre Intimsphäre und in spezifischen Genres und Formaten wie zum Beispiel Talk-Shows und Reality-Formaten und

3. aufgrund ihrer besonderen Qualität die Personalisierung in der politischen Kommunikation.

Privates in den Medien

Die Prominenz

Die Berichterstattung über Prominente ist so alt wie die Massenpresse selbst. Ganze Sparten des Zeitschriftenmarktes, vornehmlich die Yellow Press, leben fast ausschliesslich von Berichten und Reportagen über Königshäuser und Stars aus der Film-, Fernseh- und Musikbranche. Neben der Bedienung voyeuristischer Tendenzen ermöglicht diese Berichterstattung auch, das Publikum an der Welt der Stars und Prominenten teilhaben zu lassen, es einzubeziehen und damit auch zu binden. Das bei den Medien eben nicht mögliche authentische Erleben – wer darf als Privatperson schon die Hochzeit eines Filmstars miterleben? – wird ersetzt durch die Inszenierung von Authentizität.

Im Fall dieser Personengruppe wird die Bedeutung persönlicher Prominenz zum ausschlaggebenden Selektionskriterium der Berichterstattung. Wiewohl diese Prominenz nicht selten über eine entsprechende Medientätigkeit generiert und in ihrem Ausmass erst durch die Thematisierung in den Massenmedien konstituiert wird, ist sie der medialen Berichterstattung vorausgehend, würde sie sich auch ohne Medienberichterstattung in der persönlichen Begegnung zeigen. Es handelt sich insofern um «Personen des öffentlichen Lebens». Dennoch wird hier die Logik der visuellen Kommunikation erkennbar, denn nicht alle Personen des öffentlichen Lebens sind für das Publikum gleichermassen interessant. Es sind vor allem die, die visuell bereits bekannt, die wieder erkennbar sind.

Bei der medialen Beobachtung solcher Prominenter wird allerdings immer öfter zu medienethisch höchst fragwürdigen Mitteln gegriffen, wie zum Beispiel durch die «Spitzeltätigkeit» nahe stehender Personen oder durch die Verwendung von Paparazzi-Bildern. Oft steht deshalb nicht nur die Legitimität, sondern auch die Legalität solcher Informationsbeschaffung zur Debatte. Ist das gesellschaftlich ertragbare Mass voll, wird diese Art der Informationsbeschaffung ihrerseits zum Medienthema, wie im Fall des Todes von Lady Diana oder ansatzweise im Fall des Schweizer Botschafters Thomas Borer. Zwar geniessen auch Prominente einen Persönlichkeitsschutz und lassen sich Verstösse der Medien mit dem Persönlichkeitsrecht ahnden, dennoch führt ihre Stellung dazu, dass eine intensivere Beobachtung durch die Öffentlichkeit gerechtfertigt ist. Personen des öffentlichen Lebens haben – wie der Begriff bereits impliziert – eine grössere öffentliche Beachtung und Beobachtung hinzunehmen. Jedoch darf die Privatsphäre nur insoweit veröffentlicht werden, als ein besonderes öffentliches Interesse zu rechtfertigen ist.

Das öffentliche Interesse ist umso schwieriger zu bestimmen, als viele Prominente die Veröffentlichung persönlicher Angelegenheiten und intimer Details zur Selbstinszenierung, zur Promotion des neuesten Werkes und zur Optimierung der Selbstvermarktung nutzen. Immer dann, wenn es im eigenen Interesse liegt, instrumentalisieren Prominente die Medien gern, geben sich «offenherzig» und geizen nicht mit Einblicken in die eigene Intimsphäre, sei es nun in der medialen Berichterstattung, in Auftritten in Talk- und Spiel-Shows oder auch in Autobiographien, in denen nicht nur die eigene Intimsphäre, sondern auch die von Freunden und Angehörigen publik gemacht wird.

Diese wechselseitige Verknüpfung von Starberichterstattung und Prominentendasein weitet ihren Handlungsspielraum allerdings sukzessive aus. Die Medien tendieren dazu, aus den freiwillig gewährten Einblicken ins Private Skandale zu stilisieren, um deren Aufmerksamkeitswert zusätzlich zu verstärken. Die Prominenten, deren Ruhm am Vergehen oder bereits vergangen ist, ergreifen die Chance, mit einer medialen Rundum-Beobachtung via Webcam wieder ins Rampenlicht zurückzufinden oder zumindest ihren Restruhm ökonomisch zu verwerten.

Die Inszenierung von Prominenz

Da der Themenbedarf der Medienproduktion fast unendlich ist, darf auch die Themenfindung und mit ihr die Personenfindung nicht zu eingeschränkt sein. Eine Ausdifferenzierung der Medien sowohl im Print- als auch im TV-Bereich zieht nachgerade einen Bedarf an Exklusiv-Themen und -Berichterstattungen nach sich. Der Aufbau von medial leicht zugänglicher Pseudo-Prominenz liegt auf der Hand und erklärt die Entwicklung von Formaten wie Talk-Shows und Reality-TV nach dem Muster von Big Brother. Aber auch der Aufbau von Stars selbst wird mittlerweile zum Medienthema und zieht besonders jugendliche Fernsehzuschauerinnen und -zuschauer in ihren Bann. Denn auch in diesen Formaten wird über die besondere Inszenierungsleistung Authentizität vermittelt. Gleichzeitig liefern diese Formate vielfältige Themen für die Anschlusskommunikation und koppeln so direkt an das Privatleben des Publikums an.

Um jedoch als Durchschnittsbürger, der keine den Prominenten zugeschriebenen Attribute aufweisen kann oder keine vom öffentlichen Interesse verfolgte Bedeutung hat, zumindest kurzzeitig prominent zu werden, bedarf es wenigstens der Bereitschaft, intime Details aus dem eigenen Leben oder Merkwürdigkeiten der privaten Lebensführung öffentlich zur Schau zu stellen. Die Inszenierung intimer und privater, persönlicher Belange als öffentliches Ereignis und die Bedeutung der Personen werden dann ausschliesslich durch die Publizität der Medien generiert und konstruiert.

Das Verhältnis der beteiligten Akteure wird dabei häufig skizziert als das der übermächtigen Medien, die für eine gute Quote ahnungslose Protagonisten zur Selbstoffenbarung vor Millionen von Zusehern überreden, ohne die persönlichen, auch psychischen Konsequenzen dieser Auftritte zu bedenken oder schlimmer, die diese Konsequenzen billigend in Kauf nehmen. Diese Zwischenspiele von Seelenstriptease, Exhibitionismus und Voyeurismus sind jedoch auch geprägt von Personen, die bereitwillig Einblicke in ihre Intimsphäre gewähren, um persönliche Motive zu verwirklichen, die nicht immer ökonomisch sein müssen. Dies zeigt sich auch an der Online-Kommunikation, wo eine Vielzahl persönlicher Informationen auf privaten Homepages angeboten oder via Webcam gar Einsicht in die persönlichen Lebensverhältnisse offeriert wird.

Insgesamt ist daher eine differenziertere Betrachtung dieser Mediatisierung des Privaten auch unter Rückgriff der Verbindung von Privatheit mit Identität, Authentizität und Selbstverwirklichung, angebracht. Deshalb muss nach Ansicht von Ralph Weiß die Diskussion um die öffentliche Verhandlung privater Beziehungen einerseits die Identitätssicherung, andererseits die erweiterten Potenziale der Identitätsbildung als Massstäbe zur Einschätzung von Risiken heranziehen.[4] Für Bettina Fromm sind «Intime Formate» zwischen Therapiesitzung, Streitgespräch und Beichte Spiegel des Individualisierungszeitalters, in dem es eine Vielzahl an Wahlmöglichkeiten gibt, aber keine verbindliche Wahrheit, und in dem die Meinung des Einzelnen als Beitrag zur Konstruktion individueller Wirklichkeiten Bedeutung erlangt.[5] Der Forschungsbedarf dazu ist jedoch gross, wiewohl erstmals transkulturelle Perspektiven auf die mediale Präsentation von Privatheit im Sammelband «Privatheit im öffentlichen Raum» entwickelt wurden.[6]

Die Personalisierung in der politischen Kommunikation

Die bisherigen Aussagen zur Thematisierung von Privatem in den Medien konzentrierten sich vornehmlich auf Unterhaltungsformate. In der wissenschaftlichen wie gesellschaftspolitischen Behandlung des Themas muss jedoch berücksichtigt werden, dass eine Angleichung politischer Information an die Inszenierung von Unterhaltung, eine «Infotainisierung» des Politischen und insofern auch eine Entpolitisierung zu konstatieren ist – dass die Mediatisierung des Privaten sich auch auf die Privatheit von Politikerinnen und Politikern ausdehnt.[7] Und obwohl dies nicht ausschliesslich auf das Fernsehen zurückzuführen ist, verstärken audiovisuelle Medien gleichwohl den Trend, die diskursgeprägte politische Kommunikation auf visuell aussagekräftige Bilder zu bannen und damit Personen in den Mittelpunkt zu stellen.

Noch sind die Differenzen zwischen den Stars aus dem Kulturleben und Prominenten aus der Politik erkennbar, noch sind die Tabubereiche in der politischen Kommunikation grösser, dennoch gehört die Politprominenz zur Medienprominenz und muss mit intensiverer Beobachtung durch die Öffentlichkeit via Medien im Privatleben rechnen. Gerechtfertigt erscheint diese nicht nur aufgrund der Stellung von Politikerinnen und Politikern als Personen des öffentlichen Lebens, sondern auch aufgrund der Bedeutung ihrer Glaubwürdigkeit und Integrität, die sich sowohl auf ihre Funktion, als auch in besonderem Mass auf ihre Person beziehen. Auch hier haben Persönlichkeitsschutz und -recht Geltung und darf Privates nur insoweit veröffentlicht werden als ein besonderes öffentliches Interesse zu rechtfertigen ist. Ein solches Interesse – zum Beispiel an Details aus dem Privaturlaub – kann aber berechtigt bestehen, nämlich dann, wenn der Verdacht der Bestechlichkeit akut ist.

Die Grenzen sind fliessend zumal auch in der Politik das gesteigerte Interesse der Medien an privaten Details auf die private Selbstinszenierung als Instrument des politischen Marketings trifft, also auf die Bereitschaft von Politikerinnen und Politikern, Privates öffentlich zu machen. Die Informationen aus der Privatsphäre füllen insofern vorhandene Lücken der personalisierten Politik, in der es nicht mehr vorrangig um Themen und Entscheidungsprozesse geht, sondern in der alles um

Personen und deren Wirken gruppiert wird. Personalisierung ist denn auch typisches Kennzeichen mediatisierter Wahlkampagnen. Von ihr erwarten sich Protagonisten und Wahlkampfstrategen eine Verbesserung der Eigenpräsentation, und gleichzeitig dienen Informationen über das Privatleben des politischen Gegners auch dazu, diesen wenigstens herabzuwürdigen, wenn nicht zu diffamieren und unglaubwürdig zu machen. Was auf den ersten Blick vorteilhaft anmutet, wendet sich nur zu oft ins Gegenteil, so dass die Formulierung von Dieter Ross zutrifft: «Indem Politiker ihre Privatheit als Werbemittel öffentlich einsetzen, ermutigen sie die Öffentlichkeit, auch noch ihre privatesten Angelegenheiten für politisch zu halten.»[8]

Qualitätsstandards und medienethische Aspekte

Privatheit und Medien als Mittel der öffentlichen Kommunikation widersprechen sich auf den ersten Blick, was besonders klar bei der Veröffentlichung von Privatem hervortritt. Hier treffen die Interessen der Medien an Auf- und Entdeckung intimer Details und skandalöser Neuheiten allerdings durchaus auf die Bedürfnisse der anderen Akteure, sich durch Publizität Ruhm und Bedeutung zu verschaffen sowie eigene monetäre und nicht-monetäre Interessen zu verwirklichen. Medienethisch problematisch wird in dieser Grauzone der wechselseitigen Instrumentalisierung die Grenzziehung: Wo ist die Grenze in der wechselseitigen Instrumentalisierung zwischen freiwilliger Enttabuisierung und medialer Verfolgung? Wo muss der Verstoss der Medien festgemacht werden, wenn die Tür zum Privatbereich vorher einladend geöffnet wurde?

In diesem Zusammenhang muss diskutiert werden, inwiefern der Schutz der Persönlichkeit in konkreten Fällen verletzt ist und in welchem Verhältnis öffentliches Interesse und Privatsphäre zueinander zu bestimmen sind. Zwar kann zuletzt immer noch der individuelle Rechtsanspruch auf Privatsphäre gerichtlich festgestellt und durchgesetzt werden, der Schaden in Bezug auf die individuelle Reputation und Glaubwürdigkeit ist dann aber meistens schon angerichtet. Eine rechtliche Verfolgung kann also nur im Hinblick auf Schadenersatz und zukünftige Unterlassung sinnvoll sein. Ein Ausbau der rechtlichen Schutzmassnahmen kann daher nur bedingt, wenn überhaupt, hilfreich sein, wie generell der Eingriff von aussen, sei er nun rechtlicher oder politischer Natur.

Ein Verweis auf journalistische Professionalität hilft hier zwar weiter, bleibt aber, solange er sich auf die individuellen Journalisten beschränkt, unvollständig. Natürlich sollten sich alle Journalistinnen und Journalisten an den professionellen Richtlinien ihres «Handwerks» orientieren und zum Beispiel von Betroffenen Stellungnahmen einholen. Selbstredend sollten sie sich auch ethischen Standards verpflichtet fühlen und entsprechend handeln. Aber gleichwohl müssen Ansprüche bezüglich der Professionalität sowie ethischer und normativer Qualitätsdimensionen nicht nur an die individuellen Akteure, sondern auch an die kollektiven Akteure, also an die Medienunternehmen und an die Funktionsweise des gesamten Mediensystems gestellt werden. So muss auch, da die Grenzübertretungen häufiger werden, verstärkt thematisiert werden, wie vorhandene Institutionalisierungen der Selbstverpflichtung, wie der Presserat, stärker als bisher prophylaktisch wirken können.

Auch sollten die Medien mehr als bisher «mit ihrem eigenen Pfund wuchern» und die Veröffentlichung als Mittel, um Verstösse zu ahnden, einsetzen. Eine weitere Verschärfung der bisherigen Enttabuisierung des Privaten wird die Branche daher sicherlich vor eine Belastungsprobe ihrer Fähigkeit zur Selbstverpflichtung und zur Kontrolle dieser Selbstverpflichtung stellen. Will die Medienbranche ihre Reputation als Institution der gesellschaftlichen Selbstbeobachtung nicht einbüssen, muss sie diese Belastungsprobe meistern. Der Diskussionsbedarf bleibt darüber hinaus nicht auf die Medien begrenzt. Auch gesellschaftspolitisch muss darüber verhandelt werden, was es bedeutet und wohin es uns führt, wenn sowohl die Medienproduzenten als auch die Medienrezipienten, wenn die Macher und das Publikum gleichermassen und sich gegenseitig verstärkend vom Privaten, Intimen und Indiskreten so fasziniert und gefesselt sind, dass dieses die mediale Berichterstattung dominiert.

Zusammenfassung

Im Titel Privatheit und Medien werden zwei Begriffe zusammengeführt, die gegensätzlich, aber dennoch miteinander verschränkt sind. Medien konstituieren Öffentlichkeit, womit das klassische Gegensatzpaar Öffentlichkeit und Privatheit fokussiert wird. Die Grenzen zwischen Öffentlichkeit und Privatheit lösen sich jedoch im Zuge der Medienentwicklung zunehmend auf: Privates wird öffentlich. Öffentliches privatisiert. Die grundlegenden Mechanismen medialer Produktion sind an dieser Entwicklung ebenso beteiligt wie die zunehmende Ökonomisierung und Boulevardisierung. Erkennbar wird diese Mediatisierung des Privaten erstens an der zunehmenden Offenlegung des Privatlebens Prominenter, zweitens an der Inszenierung von Unbekannten als prominent sowie drittens an der Personalisierung in der politischen Kommunikation. Dabei stellen sich nicht nur Fragen nach rechtlichen Absicherungen und professionellen Orientierung der Medien, sondern auch nach gesamtgesellschaftlichen Auswirkungen.

Anmerkungen

1   Kurt Imhof und Peter Schulz (Hg.) (1998): Die Veröffentlichung des Privaten – die Privatisierung des Öffentlichen. Opladen/Wiesbaden: Westdeutscher Verlag.
2   Westerbarkey, Joachim (1998): Wir Voyeure: Zur Attraktivität publizierter Privatheit. In: Imhof, Kurt / Schulz, Peter (Hg.): Die Veröffentlichung des Privaten – die Privatisierung des Öffentlichen. Opladen/Wiesbaden: Westdeutscher Verlag, S. 312–317, hier S. 313.
3   Renger, Rudi (2000): Populärer Journalismus. Nachrichten zwischen Fakten und Fiktion. Innsbruck/Wien/München: StudienVerlag.
4   Weiß, Ralph (2002): Privatheit im «öffentlichen Raum» – Klärungsbedarf. In: Weiß, Ralph/ Groebel, Jo (Hg.): Privatheit im öffentlichen Raum. Medienhandeln zwischen Individualisierung und Entgrenzung. Opladen: Leske+Budrich, S. 17–24, hier S. 20.
5   Fromm, Bettina (1999): Privatgespräche vor Millionen. Fernsehauftritte aus psychologischer und soziologischer Perspektive. Konstanz: UVK Medien, S. 61 ff.
6   Weiß, Ralph / Groebel, Jo (Hg.) (2002): Privatheit im öffentlichen Raum. Medienhandeln zwischen Individualisierung und Entgrenzung. Opladen: Leske+Budrich, S. 89 ff.
7   Dabei gilt es grundlegend zu bedenken, dass die Sphäre des Privaten und die Sphäre des Politischen miteinander verschränkt sind, die Sphäre der persönlichen Beziehungen trifft auf die Sphäre, die in der Öffentlichkeit verhandelt wird, und deren Entscheidungen öffentliche Verbindlichkeit beanspruchen. Als weitere Entwicklung wird entsprechend auch die Politisierung des Privaten analysiert, die durchaus weitreichende Folgen hat, von der öffentlichen Sensibilisierung für häusliche Gewalt bis hin zu veränderter Rechtsprechung.
8   Ross, Dieter (1998): Die Regression des Politischen. Die Massenmedien privatisieren die Öffentlichkeit. In: Imhof, Kurt / Schulz, Peter (Hg.): Die Veröffentlichung des Privaten – die Privatisierung des Öffentlichen. Opladen/Wiesbaden: Westdeutscher Verlag, S. 149–156, hier S. 155.

Privatheit im Internet?

Beat Rudin

*Wer sich heute im Internet bewegt, hinterlässt unweigerlich eine Daten-
spur. Die anfallenden Daten wecken Zugriffs- und Bearbeitungsgelüste
bei Arbeitgebern, Anbietern und beim Staat. Müssen wir uns damit abfinden, dass wir in der digitalen Welt keine Privatheit mehr besitzen? Weil
Privatheit auch eine Lebensvoraussetzung für Gesellschaft, Wirtschaft
und Staat ist, liegt ihr Schutz nicht nur im privaten Interesse. Für einen
wirksamen Schutz sind aber, wie im folgenden Aufsatz eines Daten-
schützers argumentiert wird, die Schutzkonzepte den technologischen,
wirtschaftlichen und gesellschaftlichen Entwicklungen anzupassen.*

*Any present-day user of the Internet will inevitably leave a data trail. The
available data will tempt employers, suppliers and the State to access
and process the same. Should we really resign ourselves to the complete
loss of our privacy in the digital world? Since privacy is also a vital prerequisite for a viable society, economy and the State itself, its protection
is not solely a matter of private interest. However, in order to really
ensure an effective protection it is necessary, as outlined in the following
essay by a data protection expert, to adjust and adapt the protective con-
cepts to the technological, economic and social developments.*

Wer über das «Private» nachdenkt, muss sich auch mit der grundlegenden Frage der «Privatheit im Internet» befassen.

Was unterscheidet Privatheit im Internet[1] von anderen Fragen über Privatheit? Das Internet ist eine Erscheinungsform der Digitalisierung der Welt, ein Schritt auf dem Weg von der analogen, «realen» Welt in die digitale. Jede Information wird hier als Zeichenfolge abgebildet. Diese Zeichenfolge lässt sich problemlos und praktisch unbegrenzt vervielfältigen, ohne dass man die Kopie vom Original unterscheiden kann. Die Zeichenfolge kann ohne Kosten nahezu mit Lichtgeschwindigkeit transportiert werden. Die einzelne Zeichenfolge kann vernichtet werden, ohne dass deren Löschung irgendwelche Spuren hinterlässt. Aufgrund der Kopier- und Verbreitungsmöglichkeit kann aber eine Information, welche in die digitale Welt gesendet worden ist, nicht mehr zurückgerufen, das heisst nicht mehr «ungeschehen» gemacht werden.

Im Unterschied zu jemandem, welcher in der analogen, «realen» Welt einen Blick in eine Zeitung oder in ein Schaufenster wirft, hinterlässt man in der digitalen Welt unweigerlich eine Datenspur, wenn man eine Online-Zeitung liest oder auf der Website eines Online-Shops surft. Während man sich in der «realen» Welt weitgehend unbeobachtet bewegen oder die «Gefahr» des Gesehenwerdens und damit der Überwachung einigermassen abschätzen kann, fallen diese Schranken in der digitalen Welt weg. Das Kommunikationsverhalten der Menschen wird weitgehend erfassbar, mithin auch ihre Überwachung möglich.

Der Trampelpfad im digitalen Dschungel

Werfen wir zunächst einen Blick darauf, was jenseits der Tastatur abläuft, wenn eine Person das Internet benutzt, also surft, ein Mail versendet oder sich an einem Chat beteiligt. In einem digitalen Netz – beispielsweise im Internet – besteht zwischen dem Sender und dem Empfänger keine direkte physikalische Verbindung. Die Daten werden in Pakete variabler Grösse aufgeteilt, jeweils mit Adressinformationen von Sender und Empfänger versehen und einzeln über das Netz übertragen, also über eine grosse Zahl von Vermittlungsstellen (wie zum Beispiel Server, Router, Switches). Der Datenfluss beginnt an der Station der sendenden Person, geht – wenn die Station sich zum Beispiel am Arbeitsplatz in einem Netzwerk befindet – über das lokale Netzwerk, verlässt dieses Netzwerk zu einem «Access Provider», führt durch das Internet zum «Access

Provider» der empfangenden Person, zum Mail-Server oder zum Server des «Content Providers», auf dem die gewünschten Websites gespeichert sind. An jeder dieser Zwischenstationen hinterlassen wir eine Datenspur, sind die versandten Daten – ohne zusätzliche Schutzvorkehrungen – lesbar, können aufgezeichnet werden, bleiben – wenn zum Beispiel eine Backup-Routine abläuft, solange ein Mail in einer Mailbox liegt – aufgezeichnet, sind wegen ihrer digitalen Natur grundsätzlich kombinierbar, verknüpfbar, bearbeitbar, können verfälscht, an andere Orte weitergeleitet, aber auch gelöscht werden. Die landläufig verwendete Beschreibung der Vertraulichkeit wie bei einer Postkarte ist noch zu mild: Es ist gleichsam, als ob alle Postangestellten, welche die Karte in die Finger bekommen, davon auch noch Kopien anfertigen würden und diese aufbewahren, an andere senden, miteinander vergleichen könnten.

Die Datenspur

Welche Daten sind es, die anfallen? Vereinfacht dargestellt umfasst die Datenspur drei Kategorien von Daten.[2]

Es sind erstens so genannte Click-Angaben: Die Anfrage nach einer bestimmten Seite wird über das Netz übertragen bis hin zum Anbieter. Da wird zuerst einmal die Adresse der gewünschten Website übermittelt, eine «www-Adresse»[3]. Damit diese Website wieder zur aufrufenden Person findet, braucht es deren Adresse im Netz, also eine «IP-Nummer»[4]. Je nach Anschluss und Vertrag erhält die Person vom «Internet Service Provider» eine solche Adresse fest oder dynamisch zugeteilt.[5] Diese IP-Adresse wird – zusammen mit weiteren Angaben – an den Website-Anbieter übermittelt[6].

Es werden zweitens Benutzereingaben übermittelt, sobald die Person, welche das Internet benutzt, Formulare ausfüllt, etwa bei einer Bestellung über das Internet, bei der Anmeldung bei Gratisdiensten, beim Software-Download, aber freilich auch bei der Eingabe von Begriffen bei Suchmaschinen oder beim Senden von E-Mails. Es ist dies nicht immer so ersichtlich wie beim Ausfüllen von Formularen oder bei einer E-Mail. Es gibt auch eine gleichsam «konspirative», das heisst eine verdeckte Datenübermittlung, beispielsweise wenn eine Musikwiedergabesoftware beim Abspielen einer CD im CD-Laufwerk des Computers automatisch die Medien-ID der CD sowie die Identifikationsnummer des installierten Mediaplayers an Adressen im Internet zu übermitteln beginnt.[7]

Die dritte Kategorie schliesslich sind Identifikationsdaten. Es kann sein, dass vom Webseiten-Anbieter zusammen mit den Daten der gewünschten Website auch eine kleine Datei – ein so genanntes Cookie – mitgesandt wird, die bei einem künftigen Aufruf der Seite dem Anbieter als Identifikationsmerkmal der Person dient. Einerseits hilft es die Person während einer (zum Beispiel E-Banking-)Session «im Auge zu behalten», so dass sich diese nicht bei jedem Seitenwechsel wieder neu identifizieren und autorisieren muss. Andererseits erhält das Web mit Hilfe solcher Cookies ein «Gedächtnis», da der Webseiten-Betreiber feststellen kann, dass eine bestimmte Person – respektive deren Browser – schon einmal mit ihm Kontakt aufgenommen hat. Was solche Cookies genau tun, ist für die surfende Person nicht transparent. Sie kann die Texte wohl ansehen, bloss wird sie daraus kaum ersehen, was genau erfasst und weitergeleitet wird.[8] Cookies werden für die Personifizierung der Website genutzt und für die Datengewinnung zu Marketingzwecken. Immer mehr Website-Betreiber lagern zum Beispiel die Bewerbung ihrer Website an Online-Werbeunternehmen aus. Damit wird die Website-Anfrage gleichsam für die Lieferung von Bannerwerbung «weitergereicht». Mit Hilfe der dabei auch von den Online-Werbeagenturen platzierten Cookies kommen diese in den Besitz von umfassenden Datenmengen über das Kommunikationsverhalten von Internet-Nutzern.

Wachsende Zugriffsgelüste

Wo Daten anfallen, findet sich auch stets jemand, der sie zu nutzen beabsichtigt. Das Internet bietet sich besonders an, weil der Zugriff auf die Daten prinzipiell allen möglich ist, welche die Herrschaft über einen Teil der verwendeten Netze besitzen. Und Interessen, welche einen Zugriff und die Verwendung der Daten interessant erscheinen lassen, gibt es eine Fülle.

Arbeitgeber möchten gerne den Internet-Gebrauch am Arbeitsplatz unter Kontrolle halten, insbesondere auch den – eventuell verbotenen oder eingeschränkten – privaten Gebrauch des Internets und seiner Dienste. Das fällt nicht schwer, zumal sich die teilweise äusserst komplexen und leistungsfähigen Netzwerk-Management-Werkzeuge und die zum Management von «Proxy-Servern» notwendigen Log-Dateien auch zur Kontrolle der Mitarbeiterschaft einsetzen lassen.[9]

Die wirtschaftlichen Akteure im Internet möchten gerne die Daten zum «Customer Relationship Management» (CRM) nutzen. Sie möchten das

Verhalten der Kundschaft erfassen, auswerten und zu Zwecken des Marketings verwenden. Während die Optimierung ihres Angebotes anhand anonymer Daten möglich ist – welche Seiten werden wie oft herunter geladen? Wie lange bleiben die User durchschnittlich auf einer bestimmten Seite? Wohin wechseln sie nachher? –, versucht die Marketingabteilung natürlich so nahe wie möglich an die Person der Nutzerschaft heranzukommen, möglichst viel Kontextinformation zu erhalten und wenn möglich ihre Identität zu erfassen. Mit Methoden des «Data Mining» wird anhand der verfügbaren Daten versucht, unbekannten Zusammenhängen auf die Spur zu kommen und neue Erkenntnisse zu gewinnen.[10] Kunden mögen die gezieltere Werbung oder den ihrem «Kunden-Rating» angepassten Service schätzen oder nicht: Auf jeden Fall werden auf diese Weise Informationen zusammengetragen, welche ein immer dichteres Profil der Zielpersonen ergeben, mit dem Zweck, deren Verhalten gezielt zu beeinflussen. Weil grosse Internetportale künftig vermehrt versuchen werden, den Internetverkehr ihrer Kundschaft möglichst vollständig über diese Schnittstelle zu den Anbietern zu leiten, werden die Möglichkeiten zur verdeckten Datengewinnung vermutlich weiter anwachsen.

In jüngster Zeit sind auch die Zugriffsgelüste der staatlichen Behörden wieder massiv gestiegen. Gesteigert wird das Gefährdungspotenzial für die Privatheit, weil die früher strikt gehandhabte Trennung von polizeilicher und geheimdienstlicher Arbeit und der entsprechenden Einrichtungen wegzufallen beginnt. Das Europäische Parlament hat beispielsweise das globale, von den USA, Grossbritannien, Australien, Neuseeland und Kanada betriebene Abhörsystem für private und wirtschaftliche Kommunikation (Abhörsystem Echelon) genauer unter die Lupe genommen und in einem ausführlichen Rapport darüber berichtet.[11] Ein solches globales Abhörsystem – auch wenn damit entgegen früheren Annahmen in Medienberichten nicht jedwelche Kommunikation abgehört werden kann – stellt nicht nur eine Gefährdung der Privatheit dar; der Echelon-Ausschuss sah es auch als erhärtet an, dass die Betreiber des Systems die so gewonnenen wirtschaftlichen Informationen dazu verwenden, ihrer Wirtschaft Wettbewerbsvorteile zu verschaffen.[12] Aber auch unabhängig davon – und verstärkt im Nachgang zu den Terroranschlägen vom 11. September 2001 – haben viele Staaten die rechtlichen Grundlagen für umfassendere Zugriffe auf die Kommunikationsdaten geschaffen.[13] Die schon bisher im Strafverfolgungszusammenhang mögliche Telefonüberwachung wird erweitert um eine

Internet- und E-Mail-Überwachung. Ergänzend dazu werden die Kommunikationsprovider neu aber auch zu einer «Vorrats-Datenhaltung» verpflichtet. Durften sie früher nur die Daten erfassen, die für die Rechnungsstellung erforderlich waren, und sie nur solange aufbewahren, wie dies zur Rechnungsabwicklung erforderlich war, werden sie heute – in der Schweiz beispielsweise durch das Bundesgesetz betreffend die Überwachung des Post- und Fernmeldeverkehrs[14] – verpflichtet, die für die Teilnehmeridentifikation notwendigen Daten sowie die Verkehrs- und Rechnungsdaten während sechs Monaten aufzubewahren. Die Europäische Union debattiert sogar über die Aufbewahrung für zwei Jahre. Das heisst, dass die Provider Daten zum Zweck einer allfälligen Überwachung aufbewahren müssen, auch wenn sie diese für die Abwicklung des Vertragsverhältnisses mit der Kundschaft überhaupt nicht oder nicht mehr benötigen.

Das Ende der Privatheit?

«You have zero privacy anyway. Get over it!» Diese Aussage von Scott McNealy[15] gibt zu denken. Ohne zu meinen, dass nun jedermann Objekt gezielter Ausspähattacken wird – die technischen Möglichkeiten dazu sind vorhanden und die noch existierenden technischen Hindernisse werden vermutlich in nicht allzu langer Zeit auch überwunden sein. Es lässt sich nicht wegdiskutieren, dass mit jeder neuen technischen Möglichkeit ein weiteres Stück Privatheit verschwindet. Müssen wir uns – wie es Scott McNealy vorschlägt – einfach damit abfinden, dass wir (bald) keine Privatheit mehr haben? Können es der Staat, die Gesellschaft, die Wirtschaft einfach zulassen, die Privatheit in der digitalen Welt Stück um Stück verschwinden zu lassen?

Privatheit – eine Lebensvoraussetzung für Staat, Gesellschaft und Wirtschaft

Der Schutz der Privatheit, wie er in der Form eines Menschenrechts konstituiert ist[16], hat einmal eine individuelle Seite. Privatheit ist eine Grundlage für die individuelle Freiheit und Selbstbestimmung, die Voraussetzung für eine autonome Lebensgestaltung der Individuen; der Respekt für die Privatheit einer Person ist der Respekt für sie als ein autonomes Subjekt.[17] Der Schutz der Privatheit ist somit eine die Freiheit und

Autonomie des Individuums bewahrende – also im ursprünglichen Sinne liberale – Aufgabe.

Mit Privatheit steht aber mehr als lediglich die individuelle Autonomie und Freiheit, mehr als bloss ein «privates» Grundrecht der Einzelnen auf dem Spiel. Privatheit hat auch eine «kollektive» Bedeutung, ist gleichzeitig eine prinzipielle Lebensvoraussetzung für eine funktionierende Wirtschaft, für eine funktionierende Gesellschaft, für einen funktionierenden Staat. Der «gläserne Mensch» ist ein manipulierbarer Mensch. Wer beobachtet, registriert, vermarktet und stets von ganz auf ihn abgestimmten Vor- und Ratschlägen begleitet wird, verändert sein Verhalten, richtet sich zunehmend nach den Erwartungen derjenigen, die seine Daten verwerten: «Gleichviel, ob es um die eigene Lebensplanung, spezielle Wünsche oder den Auftritt vor den Kameras geht, die vermarkteten und veröffentlichten Individuen geben Stück um Stück ihre Individualität auf, adaptieren und uniformieren sich. Kurzum, die Selbstbestimmungschancen verflüchtigen sich unter dem Anpassungsdruck, Manipulierbarkeit und Fremdbestimmung weiten sich aus. In dem Masse, in dem die Privatheit schwindet, nehmen auch Kommunikations- und Partizipationsfähigkeit ab.»[18] An solchermassen fremdbestimmten Menschen kann aber keine auf Freiheit und Selbstverantwortung basierende Gesellschaft ein Interesse haben, weil sie nicht mehr selbstverantwortlich handeln können. An manipulierbaren Bürgern kann kein demokratischer Staat ein Interesse haben, weil seine demokratischen Entscheide auf verantwortungsbewusst entscheidende Menschen angewiesen sind. Und an manipulierbaren Konsumenten mag vielleicht ein einzelnes Wirtschaftsunternehmen kurzfristig ein Interesse haben, nicht aber eine auf Wettbewerb und Vertragsfreiheit aufbauende Wirtschaftsordnung, weil Manipulation den Wettbewerb verfälscht.

Die Schrankensetzung dient somit auch der unbeeinflussten Ausübung der Freiheits- und politischen Rechte. Der Schutz der Privatheit in diesem umfassenden Sinn liegt daher nicht nur im privaten, sondern auch im öffentlichen Interesse, weil sie für das Funktionieren von Gesellschaft, Staat und Wirtschaft elementar ist. Die Verantwortung für die Wahrnehmung dieses Interesses kann nicht allein den Individuen übertragen werden.

Für einen wirksamen Schutz:
Weiterentwicklung des Schutzkonzeptes

Soll Privatheit auch im Internet künftig geschützt sein, stellt sich die Frage nach geeigneten Schutzkonzepten: Gesetz oder Selbstregulierung? – so lautet verkürzt dargestellt die Glaubensfrage, die bekanntlich in Europa[19] und in den USA nicht gleich beantwortet wird. Beide Ansätze reichen für sich alleine nicht aus, die Privatheit wirksam zu schützen. So ist einerseits festzustellen, dass die Schutzkonzepte, welche fast ausschliesslich auf rechtliche Massnahmen setzen – wie im schweizerischen Datenschutzgesetz von 1992 – durch die technologischen, wirtschaftlichen und gesellschaftlichen Entwicklungen überholt und damit zunehmend unwirksam werden.[20] Auf der anderen Seite kann der Schutz der Privatheit wegen ihrer Bedeutung für das Funktionieren von Gesellschaft, Staat und Wirtschaft nicht allein der Selbstregulierung überlassen werden, insbesondere wenn die von einer Privatheitsverletzung betroffenen Personen nicht über gleich lange Spiesse wie die verletzenden staatlichen und privaten Datenbearbeiter verfügen, wie es in Europa der Fall ist.[21]

In welche Richtung muss deshalb die Weiterentwicklung der Schutzkonzepte gehen, damit wir uns nicht eines Tages eben doch mit dem Ende des Privaten abfinden müssen? Nach meiner Überzeugung müssen beide Ansätze zusammenwirken, wenn die Schutzkonzepte der fortschreitenden technologischen, wirtschaftlichen und gesellschaftlichen Entwicklung gerecht werden sollen: Es braucht den Schutz durch gesetzliche Regelungen, aber auch denjenigen durch Formen der Selbstregulierung, welche aber häufig durch rechtliche Regelungen flankiert oder motiviert werden können – so genannte «regulierte Selbstregulierung».

Immer grössere Bedeutung gewinnt auch der «Systemdatenschutz», das heisst die Implementierung von Privatheitsschutz bereits in die Datenverarbeitungssysteme durch eine Kombination von technischen und organisatorischen Regelungen. Die Wirksamkeit des Datenschutzes wird gesteigert, wenn bereits bei der Technikgestaltung angesetzt, also beispielsweise auf eine möglichst datensparsame Verarbeitung geachtet wird. Sie kann verstärkt werden mit Hilfe marktwirtschaftlicher Instrumente wie Datenschutzaudit, Gütesiegel und Zertifikate. Allerdings wird dabei die Qualitätssicherung von entscheidender Bedeutung werden. Was nicht den hohen Qualitätsanforderungen zu genügen vermag, schafft kein nachhaltiges Vertrauen, auf welches E-Commerce und E-Government zwingend angewiesen sind.

Schliesslich nimmt auch die Bedeutung von Mechanismen des «Selbst-datenschutzes» zu, wie die (differenzierte) Einwilligung oder der technische Selbstschutz in Form von Verschlüsselung, Anonymität und Pseudonymität. Das setzt aber zweierlei voraus: Die Berechtigung zum Einsatz solcher Mittel und Vorkehren und die Befähigung dazu. Die Berechtigung ist mittlerweile aber erheblich gefährdet, weil das Pendel weg von der Privatheit hin zur Sicherheit ausschlägt. Die Argumentation der Bekämpfung der organisierten Kriminalität ist seit dem 11. September 2001 derjenigen der Bekämpfung des internationalen Terrorismus gewichen. Damit die Befähigung zum Selbstschutz erreicht werden kann, sind auf der anderen Seite noch erhebliche Anstrengungen im Bereich der Sensibilisierung und Ausbildung erforderlich. Die Nutzer des Internet – und generell aller neuen Technologien – müssen sich eine neue Medienkompetenz aneignen. Sie müssen es nicht bloss verstehen, mit neuen Diensten umzugehen, sondern auch mit deren Risiken für die Privatheit; sie müssen lernen, bei ihrem Verhalten die Gefährdungen zu bedenken und die zur Verfügung stehenden Schutzmöglichkeiten zu benützen – so selbstverständlich, wie wir heute mit Risiken im Strassenverkehr oder bei gefährlichen Produktionsprozessen am Arbeitsplatz umgehen und uns mit geeigneten Mittel vor den Gefahren schützen.

Schutz der Privatheit – eine Investition in Vertrauen

Erhebungen zu E-Commerce zeigen wiederholt, dass das fehlende Vertrauen in den Schutz der Privatheit zu den stärksten Hemmfaktoren für Konsumenten zählt. Das grösste Risiko für einen Anbieter, welcher mit Daten seiner Kundschaft fahrlässig umgeht, ist nicht die Summe, zu deren Bezahlung er wegen einer Persönlichkeitsverletzung gerichtlich verurteilt zu werden riskiert, sondern der Vertrauensentzug seiner Kundschaft und die Abwanderung zu einem anderen Anbieter. Deshalb lohnen sich Anstrengungen für Privatheit im Internet. Die Achtung vor den Persönlichkeitsrechten der Kundschaft ist – noch immer! – ein Wettbewerbsvorteil!

Anmerkungen

1 Vgl. dazu Helmut Bäumler (Hrsg.), E-Privacy, Datenschutz im Internet, Braunschweig 2000.

2 Vgl. dazu Peter Heinzmann / Nicola Altan, Wie kommt man im Internet zu Personendaten? (http://www.cnlab.ch/referate/neuerdatenschutz.pdf). Der Autor dankt Peter Heinzmann für die kritische Durchsicht des Manuskripts.

3 Zum Beispiel http://www.privacy-security.ch.

4 Ein Beispiel für eine IP-Nummer (IP steht für Internet Protocol): 152.96.120.13.

5 Wenn eine Person beispielsweise einen Cablecom Hispeed-Anschluss verwendet, hat sie eine feste IP-Adresse, die somit sie – oder mindestens ihre Station – identifiziert. Wenn sie sich bei einem Access Provider über eine Analog-Leitung oder einen ISDN-Anschluss ins Internet einwählt, bekommt sie dynamisch – also nur für die Dauer ihres Verweilens im Internet – eine zufällige Adresse aus einem Adressen-Pool zugewiesen. Diese Adressen sind in der Regel auf den jeweiligen Provider registriert; ein direkter Rückschluss auf den einzelnen Benutzer ist für Dritte nicht möglich (vgl. aber nun die Pflicht der Internet-Provider nach dem Bundesgesetz über die Überwachung des Post- und Fernmeldeverkehrs, die zur Teilnehmeridentifikation notwendigen Daten für Zwecke der Strafverfolgung aufzubewahren (hinten Anmerkung 14).

6 Als weitere Angaben werden der «Referer» (die zuletzt besuchte Seite, zum Beispiel ‹http://www.datenschutz.ch›) sowie Angaben zum «User Agent» und zur verwendeten Software (zum Beispiel ‹Mozilla/4.0; MSIE 5.5; Windows 2000›) übermittelt.

7 Vgl. dazu Der Landesbeauftragte für den Datenschutz Mecklenburg-Vorpommern, Datenschutz bei Windows XP Professional, Orientierungshilfe (http://www.lfd.mv.de/informat/dsbeiwxp/oh_wxp.html), Ziffer 14. Die Übermittlung der Identifikationsnummer gibt zunächst keine Auskunft über den Benutzer. Weil dieselbe Nummer jedoch z.B. bei der Anmeldung für den «Windows Media Newsletter» zusammen mit Name und E-Mail Adresse genutzt wird, gibt sie auf diesem Wege sehr wohl personenbezogene Daten preis.

8 Zum Beispiel aus dem folgenden Text eines Cookies, das nach dem Besuch bei einer Suchmaschine auf dem PC abgelegt ist: «PREF ¶ ID=1e9476fc36bae069:LD=de: TM=1048580911:LM=1048580911:S=tqr1eUSNtkh2F0Cy ¶ google.ch/ ¶ 0 ¶ 2618878336 ¶ 32111634 ¶ 2426147280 ¶ 29553320 ¶ *». Auch die Limitierung der Gültigkeitsdauer des Cookies – zum Beispiel auf den 20. Februar 2037 – tröstet da nur begrenzt über die Intransparenz hinweg.

9 Rolf Oppliger/ Marcus Holthaus, Totale Überwachung ist technisch möglich, in: digma 2001, 14f. Zur Zulässigkeit der Überwachung am Arbeitsplatz vgl. Beat Rudin, Was darf die Chefin, was die Angestellte?, Arbeits- und datenschutzrechtliche Schranken der technischen Überwachung der Internet-Nutzung am Arbeitsplatz, in: digma 2001, 4ff., sowie den Leitfaden des Eidgenössischen Datenschutzbeauftragten zu Internet- und E-Mail-Überwachung am Arbeitsplatz (http://www.edsb.ch/d/doku/leitfaeden/internet/index.htm).

10 Vgl. zur Problematik z.B. Alex Schweizer, Data Mining – ein rechtliches Minenfeld, Rechtliche Aspekte von Methoden des Customer Relationship Management (CRM) wie Data Mining, in: digma 2001, 108ff. mit vielen weiteren Hinweisen; Alexander Dix, Die Kundendaten im Visier, Rechtliche Möglichkeiten und Grenzen der Nutzung von Kundendaten durch Unternehmen und Staat nach dem Recht der EU, in: digma 2002, 118ff.

11 Bericht vom 11. Juli 2001 über die Existenz eines globalen Abhörsystems für private und wirtschaftliche Kommunikation (Abhörsystem ECHELON), A5-0264/2001 (http://www.europarl.eu.int/plenary/default_de.htm ∣ Berichte nach A-Nummer ∣ ‹A5-0264/2001›).

12 Entschliessung des Europäischen Parlaments vom 5. September 2001 zu der Existenz eines globalen Abhörsystems für private und wirtschaftliche Kommunikation (Abhörsystem Echelon) (2001/2098(INI)) (http://www.europarl.eu.int/plenary/default_de.htm | Vom Parlament angenommene Texte nach A-Nummer | ‹2001› und ‹A5-0264›), Buchstabe P. Die Abhörung der wirtschaftlichen Kommunikation wird von den USA begründet mit der Bekämpfung der Korruption bei Grossaufträgen.

13 Vgl. dazu nur etwa Jürgen Welp, Auf dem Weg zum Überwachungsstaat?, Aktuelle Entwicklungen in der staatlichen Überwachung von Bürgerinnen und Bürgern, in: digma 2002, 18 ff., und Alexander Dix (Anmerkung 10), insb. 121 f. Zum – inzwischen durch den US-Senat reduzierten – Projekt «Total Information Awareness» vgl. die Website der Defense Advanced Research Projects Agency, der zentralen Forschungs- und Entwicklungsorganisation des US-amerikanischen Verteidigungsdepartementes (http://www.darpa.mil/iao/TIASystems.htm), und kritisch dazu das Electronic Privacy Information Center EPIC (http://www.epic.org/privacy/profiling/tia/).

14 Bundesgesetz vom 6. Oktober 2000 betreffend die Überwachung des Post- und Fernmeldeverkehrs (BÜPF, SR 780.1, http://www.admin.ch/ch/d/sr/780_1/index.html), Art. 15 Abs. 3, sowie die dazu gehörende Verordnung über die Überwachung des Post- und Fernmeldeverkehrs (VÜPF, SR 780.11, http://www.admin.ch/ch/d/sr/780_11/index.html), Art. 23 ff. zur Überwachung der Internet-Zugänge.

15 Chairman, Präsident und CEO von Sun Microsystems am 25. Januar 1999 (http://www.wired.com/news/print/0,1294,17538,00.html).

16 Das geschriebene Bundesverfassungsrecht anerkennt seit dem 1. Januar 2000 ausdrücklich ein Grundrecht auf Datenschutz (Art. 13 BV, SR 101, http://www.admin.ch/ch/d/sr/101/index.html), kantonales Verfassungsrecht zum Teil schon viel länger, die Kantonsverfassung des Kantons Basel-Landschaft beispielsweise seit 1984 (§ 6 Abs. 2 lit. g KV BL, SR 131.222.2, http://www.admin.ch/ch/d/sr/c131_222_2.html).

17 Beate Rössler, Den Wert des Privaten ergründen, in: digma 2002, 106 ff., insb. 108 ff., ausführlicher auch Beate Rössler, Der Wert des Privaten, Frankfurt a. M. 2001.

18 Spiros Simitis, Die ungewisse Zukunft des Datenschutzes – Vorbemerkungen zu einer Prognose, in: Helmut Bäumler (Anmerkung 1), 305 ff., 315.

19 Und mit den europäischen Staaten, der Europäischen Union und dem Europarat auch in Kanada, Südafrika und asiatischen Staaten.

20 Vgl. Bruno Baeriswyl, Vom eindimensionalen zum mehrdimensionalen Datenschutz – Tendenzen der Rechtsentwicklung, und Carl August Zehnder, Von der Datenbank zum ‹Ubiquitous Computing› – Die Entwicklung der Technik, beide in: Bruno Baeriswyl/ Beat Rudin (Hrsg.), Perspektive Datenschutz, Praxis und Entwicklungen in Recht und Technik, Zürich 2002, 47 ff. bzw. 27 ff.

21 Vgl. dazu etwa Beat Rudin, Datenschutzaufsicht – vom Kontrolleur zum Kompetenzzentrum, sowie den Überblick über die rechtlichen Sanktionen nach schweizerischem Recht von Tomas Poledna/ Stefano Codoni, Sanktionierung von Informationsrechtsverletzungen, beide in: Bruno Baeriswyl/ Beat Rudin (Anmerkung 20), 373 ff., insb. 407 ff. bzw. 265 ff.

IV. Finanzielle Privatheit

Banken im Spannungsfeld der Interessen
von Kunden und Gesellschaft

Josef Ackermann

Die Diskussion über das Recht auf Schutz der Privatsphäre wird heute weltweit intensiv geführt. Der Wunsch nach Privatheit nimmt bei den Bürgern wieder einen höheren Stellenwert ein. Dieses Bedürfnis schliesst auch den Schutz der finanziellen Privatheit und besonders des Bankgeheimnisses ein. Die Banken sollen sich daher, wie der Chef des grössten deutschen Bankinstituts im folgenden Text darlegt, gegenüber den Steuerbehörden im Interesse ihrer Kunden, aber auch in ihrem eigenen Interesse für eine weitgehende Aufrechterhaltung des Bankgeheimnisses einsetzen. Davon profitiere letztlich auch der jeweilige nationale Finanzplatz. Es sei nicht die Aufgabe der Banken, die Steuerehrlichkeit der Bürger zu überwachen, vielmehr habe der Staat für eine moderate Steuerbelastung zu sorgen.

Today, the discussion about the right of a protected private sphere is taking place on a worldwide level. Once again, the desire to enjoy unrestricted privacy nowadays ranks increasingly higher with citizens. The said desire includes also the protection of financial privacy and especially of banking secrecy. As outlined hereinafter by the head of the largest German banking institute, the banks should therefore strongly advocate the continued upholding of banking secrecy both in their own interest as well as in that of their customers. In final analysis, this would also benefit the national finance system involved in each case. The author maintains that the banks are by no means saddled with the task of monitoring citizen's honest and truthful behavior toward tax authorities. Instead, it would rather be the State's task to take care of keeping the tax burden on a moderate level.

Aus Sicht vieler Bürger schreitet die Erosion der Privatsphäre unaufhaltsam voran. Sie fürchten ein steigendes Überwachungspotenzial und sorgen sich um den Schutz ihrer persönlichen Freiheit und Integrität. Bei näherer Betrachtung finden sich vor allem drei Gründe für diese Entwicklung.

Zum Ersten konnte noch in den neunziger Jahren eine zunehmende Bereitschaft der Bürger beobachtet werden, im Zuge der Euphorie über die so genannte «New Economy» freiwillig auf einen Teil ihrer Privatsphäre zu verzichten. Immer mehr Bürger stuften die unbestreitbaren Vorteile, die ihnen beispielsweise die Nutzung moderner Informations- und Kommunikationstechniken boten, höher ein als den dafür zu zahlenden «Preis» in Form einer Offenlegung persönlicher Daten und Informationen. Mehr noch: Viele Menschen schienen sich gar nicht bewusst zu sein, wie viel Freiheit sie zwanglos und teilweise auch leichtfertig aufgaben.

Indes schlägt das Pendel in letzter Zeit wieder in die andere Richtung. Bei den Menschen rückt verstärkt ins Bewusstsein, dass persönliche Freiheit und höherer Komfort durch moderne Informationsverarbeitung nicht ohne Reibungspunkte zu haben sind: Je mehr persönliche Daten gespeichert, verarbeitet und überwacht werden, desto mehr kann von Dritten über die jeweilige Person in Erfahrung gebracht werden. Daher fürchten immer mehr Menschen eine nicht beabsichtigte Sekundärnutzung ihrer Angaben. Im Gegensatz zu den Zeiten der «E-Euphorie» sehen viele Bürger in der für sie nicht mehr kontrollierbaren Sammlung und Verbreitung ihrer persönlichen Daten eine Bedrohung und messen dem Schutz ihrer Privatsphäre wieder einen höheren Stellenwert bei.

Zum Zweiten wird die veränderte Grundeinstellung der Menschen nach mehr Schutz des Privaten verstärkt durch die höheren Auskunftsansprüche Dritter. So sind es vor allem der Staat selbst und seine Aufsichtsbehörden, die sich zunehmend für finanzielle Daten der Bürger interessieren. Dies ist eine Reaktion auf die schrecklichen Terrorattacken in New York, in deren Folge in vielen Ländern schärfere gesetzliche und regulatorische Bestimmungen erlassen wurden, um Geldwäschetransaktionen oder terroristische Finanzströme besser aufspüren zu können. Die Zugriffsrechte auf finanzielle Daten der Bürger bei den Banken wurden zum Zwecke einer höheren Sicherheit der Gesellschaft ausgeweitet. Selbst in den USA, dem

| | Sind Banken im Rahmen strafrechtlicher Verfahren auskunftspflichtig? | | | | Sind Banken im Rahmen zivilrechtlicher Verfahren auskunftspflichtig? | | | | Sind Banken im Rahmen von Konkursverfahren und Forderungsausfällen auskunftspflichtig? | | | |
| | National | | International | | National | | International | | National | | International | |
	Ja	Nein u.U.*	Ja	Nein u.U.*	Ja	Nein u.U.*	Ja	Nein u.U.*	Ja	Nein u.U.*	Ja	Nein u.U.*
Australien		x		x		x		x	x			x
Österreich	x			x		x		x		x		x
Belgien	x			x	x			x	x			x
Kanada	x		x		x			x		x		x
Dänemark	x			x	x			x	x		x	
Deutschland	x		x			x		x		x		x
Frankreich	x		x			x		x		x		x
Großbritannien		x		x		x		x		x		x
Japan	x		x		x		x		x		x	
Luxemburg	x			x		x		x	x			x
Spanien	x		x			x		x	x			x
Schweiz	x		x			x		x	x		x	
USA	x		x		x		x		x		x	

*u.U. = unter Umständen

Quelle: OECD (2000): The Committee on Fiscal Affairs: Improving Access to Bank Information for Tax Purposes

155

2. Kreis der Interessenten und Adressaten des Bankgeheimnisses

Grundsätzlich können drei Gruppen von Aussenstehenden identifiziert werden, die ein Interesse an den finanziellen Daten von Bankkunden haben und dabei unterschiedliche Interessen verfolgen. Dabei handelt es sich zum einen um nicht-staatliche Einrichtungen mit meist kommerziellen Interessen, und zum anderen um staatliche Organisationen, wobei es sinnvoll ist, hier zwischen Kriminal- und Aufsichtsbehörden einerseits und den Steuerbehörden andererseits zu unterscheiden. Im Folgenden werden die Motive der einzelnen Interessengruppen dargelegt und Möglichkeiten aufgezeigt, wie die Banken und die Gesellschaft allgemein mit diesen Ansprüchen umgehen sollten.

Vertraulichkeit gegenüber nicht-staatlichen Drittparteien

Die Vertraulichkeit von Kundendaten gegenüber Privatpersonen, Unternehmen oder sonstigen nicht-staatlichen Dritten steht als individuelles Grundrecht nicht zur Debatte. Eine Weitergabe von Bankkundendaten zum Beispiel an Vermieter, Warenhäuser, Kreditkartengesellschaften, Automobil- oder Reiseverkehrsgesellschaften geschieht ausschliesslich auf Basis einer ausdrücklichen Erlaubnis des Bankkunden. Angesichts der eingangs geschilderten wachsenden Sensibilität der Bürger gegenüber der Nutzung ihrer persönlichen Daten und der Leistungsfähigkeit heutiger Datenverarbeitungssysteme ist von einer Aufweichung bei den bestehenden Datenschutzregelungen auf absehbare Zeit nicht auszugehen.

Vertraulichkeit gegenüber Polizei,
Kriminalämtern und Aufsichtsbehörden

Zweiter Interessentenkreis an Bankdaten sind die Aufsichts- und Strafverfolgungsbehörden. Auskunftsansprüche gegenüber den Banken machen sie insbesondere bei der Bekämpfung der Geldwäsche geltend. Jüngst haben die Gesetzgeber infolge des 11. Septembers ihre Aktivitäten verstärkt. Insbesondere in den USA wurden Gesetze zum Aufspüren von Geldern, bei denen eine Verbindung zum internationalen Terrorismus bestehen könnte, erheblich verschärft. US-Banken müssen nunmehr zentral alle bekannten oder vermuteten Geldwäscheaktivitäten melden. Eine generelle Meldepflicht besteht für alle Bargeldtransaktionen ab 10000

US-Dollar. Insgesamt resultieren hieraus 15 Millionen namentliche Meldungen pro Jahr, die in einer zentralen Datenbank gespeichert werden. Die Nutzung der Datenbank ist interessanterweise nicht nur auf Untersuchungen im Rahmen von Geldwäscheaktivitäten beschränkt, sondern steht auch den Steuerbehörden offen.

Darüber hinaus müssen die Banken alle verdächtigen Kapitalbewegungen im Rahmen so genannter «Suspicious Activity Reports» (SAR) festhalten, die an das hierfür vom amerikanischen Finanzministerium eingerichtete «Financial Crimes Enforcement Network» übermittelt werden. Auch hierzu haben die Steuerbehörden Zugang. Die Einschätzung, ob ein Vorgang als «verdächtig» einzustufen ist, liegt dabei allein im Ermessen der Bank – der Kunde erfährt hierüber nichts. Mit diesen Massnahmen stehen die Banken in den USA in einer hohen Verantwortung zur Bekämpfung von Geldwäsche und der Austrocknung der Finanzquellen terroristischer Vereinigungen. Gleichzeitig ergibt sich aus der Verpflichtung zur Meldung auch eine hohe Verantwortung gegenüber den Kunden, deren Informationen nicht ungerechtfertigt weiterzugeben.

Eine weitere Aushöhlung der Privatheit der Bankkunden wurde in den USA mit der Verabschiedung des «PATRIOT Act» (Providing Appropriate Tools Required to Intercept and Obstruct Terrorism) realisiert. Hiernach drohen den Banken umfassende Sanktionen, wenn sie Auskünfte über verdächtige Bankkonten gegenüber den Ermittlungsbehörden verweigern. Auch erlaubt das Gesetz den Banken, untereinander Kundeninformationen zum Zwecke der Bekämpfung der Geldwäsche und der Terrorismusfinanzierung auszutauschen.

In Deutschland wurde das Gesetz gegen Geldwäsche (GwG) im Jahr 1993 im Rahmen der Umsetzung der entsprechenden EG-Richtlinie verabschiedet. Auch hier kam es im Jahr 2002 zu einer deutlichen Verschärfung des Gesetzes. Danach sind Banken verpflichtet, Dateien mit bestimmten Angaben über geführte Konten und Depots, Verfügungsberechtigte und abweichende wirtschaftliche Berechtigte zu unterhalten, auf welche die Bundesanstalt für Finanzdienstleistungsaufsicht (BAFin) unmittelbar und ohne Kenntnis der jeweils von einem Abruf betroffenen Bank zugreifen kann. Banken sind darüber hinaus verpflichtet, bereits im Vorfeld eines Verdachts auf Geldwäsche oder möglicher betrügerischer Handlungen zum Nachteil des Instituts Kundendaten zu prüfen (Kontenscreening). Zudem wurde beim Bundeskriminalamt in Wiesbaden eine Zentralstelle für verfahrensunabhängige Ermittlungen eingerichtet.

Es stellt sich die Frage, wie weit der Staat in die finanzielle Privatsphäre eindringen darf. Klar ist, dass eine Bekämpfung krimineller Aktivitäten und ähnlicher Straftaten vornehmlich eine Aufgabe des Staates bleibt. Er nimmt diese Aufgabe im öffentlichen Interesse wahr und kann sich dabei auf einen breiten Konsens in der Gesellschaft stützen. Der Eingriff muss jedoch stets verhältnismässig sein und die Beweisführung weiterhin dem Staat obliegen.

Die Banken stellen sich der gesellschaftlichen Verantwortung, den Staat bei der Aufklärung krimineller Handlungen zu unterstützen. Sie sind dazu verpflichtet, Verlautbarungen der Behörden und gesetzliche Bestimmungen zur Eindämmung von Geldwäschetransaktionen und ähnlicher Straftaten umzusetzen und Kundendaten legitimierten Institutionen auf Anfrage zur Verfügung stellen. Darüber hinaus haben Banken im Hinblick auf ihre eigene Reputation einen grossen Anreiz, dass ihr Name nicht mit kriminellen Transaktionen in Verbindung gebracht wird, so dass sie in den letzten Jahren verstärkt dazu übergegangen sind, aus eigenem Antrieb und jenseits gesetzlicher Verpflichtungen verdächtige Transaktionen herauszufiltern. Daher sollte der Staat vor jedem Erlass neuer Vorschriften und Gesetze, die eine aufwändige Implementierung technischer Instrumentarien erfordern, Augenmass bewahren, indem er die Kosten und Nutzen gewissenhaft abwägt. Banken sollten in Beratungen darüber, wie bestimmte Transparenzziele erreicht werden können, von Beginn an mit einbezogen werden, um im gemeinsamen Interesse möglichst effiziente und kostengünstige Lösungen zu erreichen. Banken sollten sich nicht über Gebühr als «kostenloser Erfüllungsgehilfe» der Behörden instrumentalisieren lassen.

Vertraulichkeit gegenüber Steuerbehörden

Der dritte Interessentenkreis an Finanzdaten von Bankkunden sind die Steuerbehörden. Wie eingangs skizziert, tragen die hohen Defizite in den öffentlichen Haushalten vieler Länder dazu bei, dass die Bemühungen der Politiker zur konsequenten Durchsetzung der Steuerpflicht kontinuierlich forciert werden. Schätzungen des Internationalen Währungsfonds (IWF) zufolge werden weltweit Vermögenswerte von mehr als fünf Billionen US-Dollar an so genannten Offshore-Finanzplätzen verwaltet. In welchem Masse hierdurch Steuern hinterzogen werden, ist unklar. Schliesslich ist es nicht verboten, sein Geld im Ausland anzulegen, solange die hieraus erzielten Erträge steuerlich deklariert werden. Doch ist davon auszugehen, dass ein nicht unwesentlicher Teil des offshore verwalteten Vermögens den Finanzämtern unbekannt ist. Unter dem Aspekt der Steuergerechtigkeit ist dies nicht im Interesse der Gesellschaft.

Jedes Land hat selbstverständlich einen Anspruch auf die Durchsetzung der eigenen Steuergesetzgebung. Es gibt kein Recht auf Steuerhinterziehung. Allerdings ist zu konstatieren, dass es zwischen verschiedenen Ländern gravierende Unterschiede gibt im Hinblick auf die «Steuermoral» der Bevölkerung und, hiermit verbunden, auch hinsichtlich des Instrumentariums, mit dem der Anspruch auf Besteuerung durchgesetzt und eventuelles Fehlverhalten seitens der Steuerzahler geahndet werden kann.

So erhebt beispielsweise die USA eine moderate Quellensteuer auf Kapitalerträge in Höhe von 20 bis 25 Prozent. Die Durchsetzung des Steueranspruchs erfolgt mit Hilfe einer automatischen Übermittlung der Bankkundendaten an die Steuerbehörden. Der «Internal Revenue Service» (IRS) kann somit die individuellen Angaben in der Steuererklärung genau überprüfen. Umstritten ist diese Praxis in den USA kaum. Es herrscht ein breiter gesellschaftlicher Konsens, dass Steuerhinterziehung als Straftat geahndet werden muss.

In Europa ist das Recht auf Vertraulichkeit von finanziellen Informationen gegenüber inländischen Steuerbehörden dagegen erheblich stärker ausgeprägt. Darüber hinaus zeigen insbesondere die langjährigen Diskussionen über eine Vereinheitlichung der Zinsbesteuerung in der Europäischen Union (EU), dass in Europa auch eine andere Kultur herrscht bezüglich der Bereitschaft, Auskünfte gegenüber ausländischen Steuerbehörden zu geben. Am 21. Januar 2003 haben sich die Finanzminister der EU im Rahmen der EU-Zinsrichtlinie auf ein Koexistenzmodell verständigt, demzufolge zwölf der derzeit fünfzehn EU-Staaten voraussichtlich vom Jahr 2004 an ein automatisches Informationssystem über die Zinseinnahmen natürlicher Personen einführen werden, die in einem EU-Staat ansässig sind, aber Zinseinnahmen in einem anderen EU-Staat erzielen. Für Belgien, Luxemburg und Österreich soll es eine Sonderregelung geben, die diesen Ländern erlaubt, ihr Bankgeheimnis zu wahren, und stattdessen eine Quellensteuer in Höhe von anfänglich 15 Prozent auf Zinserträge von EU-Steuerausländern zu erheben, die im Jahre 2007 auf 20 Prozent und im Jahre 2010 auf 35 Prozent ansteigt. Von den erzielten Steuereinnahmen werden 75 Prozent an das Wohnsitzland des Anlegers überwiesen, 25 Prozent verbleiben in dem Land, das die Quellensteuer erhebt.

Belgien, Luxemburg und Österreich haben den allgemeinen Informationsaustausch mit den übrigen EU-Ländern mit der Begründung abgelehnt, dass die Schweiz ihrerseits zu «gleichwertigen Massnahmen» nicht bereit sei. Diese Argumentation zeigt eindrücklich, welche grosse wirtschaftliche Bedeutung das Bankgeheimnis für die genannten Finanzplätze hat. Nach dem jetzigen Beschluss des ECOFIN-Rates werden Luxemburg, Österreich und Belgien erst dann an einem Kontrollmitteilungssystem teilnehmen, wenn die EU mit der Schweiz, Andorra, San Marino, Monaco und Liechtenstein ein Abkommen über einen Informationsaustausch nach OECD-Standard des Jahres 2002 abgeschlossen hat. Allerdings steht der OECD-Standard im Widerspruch zum derzeitigen Schweizer Recht, so dass der Abschluss eines solchen Abkommens zwischen der EU und der Schweiz auf absehbare Zeit unwahrscheinlich ist.

Der OECD-Standard sieht u.a. vor, dass Kundendaten durch Banken und andere Finanzdienstleister für steuerliche Zwecke auf Ersuchen eines anderen Staates zur Verfügung gestellt werden müssen. Der Informationsaustausch soll unabhängig davon stattfinden «whether the conduct being investigated would constitute a crime under the laws of the requested party [...]». Diese Bedingung widerspricht jedoch dem Schweizer Erfordernis der doppelten Strafbarkeit. Danach gewährt die Schweiz eine Amts- oder Rechtshilfe gegenüber ausländischen Behörden oder Gerichten nur dann, wenn ein Tatbestand sowohl in dem Auskunft ersuchenden Land als auch in der Schweiz strafbar ist. Bei fiskalischen Delikten differenziert die Schweiz zwischen dem strafbaren und von Amts wegen verfolgten Tatbestand des Steuerbetrugs einerseits und der Steuerhinterziehung andererseits, die lediglich administrativ durch die Steuerbehörden verfolgt wird. Das Bankgeheimnis bietet gegenüber einem Steuerbetrug, d.h. bei vorsätzlich falschen oder inhaltlich irreführenden Angaben gegenüber den Steuerbehörden, keinen Schutz. Jedoch sind Schweizer Banken bei Fragen der Steuerhinterziehung, also einer unterlassenen Angabe von steuerpflichtigen Einkommens- und Vermögenswerten, nicht auskunftspflichtig. Somit steht der von der EU geforderte Informationsaustausch auf Basis des OECD Standards nicht im Einklang mit der Schweizer Position.

Für die Schweiz ist das Bankgeheimnis bis dato nicht verhandelbar. Sie dürfte sich aber einer Erhebung von Quellensteuern analog zu der Sonderregelung für Luxemburg, Österreich und Belgien kaum mehr entziehen können, da sie ihre Zustimmung lediglich davon abhängig gemacht hat, dass sich Andorra, San Marino, Monaco und Liechtenstein ebenfalls zur Einführung der Quellensteuerregelung für EU-Ausländer bereit erklären. Dies erscheint aus heutiger Sicht als wahrscheinlich.

Die Bereitschaft der Schweiz zur Einführung einer Quellensteuer basiert auf dem Verständnis, dadurch nicht mehr dem Vorwurf ausgesetzt zu sein, Geschäfte anzuziehen, die auf eine Umgehung der EU-Zinsrichtlinie abzielen. Allerdings ist es im berechtigten Interesse der Schweiz, dass weitere wichtige Offshore-Finanzplätze in eine gemeinsame Regelung einbezogen werden. Ansonsten wären steuerlich motivierte Kapitalabflüsse aus der Schweiz zu erwarten. Die Forderung nach einer Einigung mit Drittstaaten dient somit dazu, mögliche Nachteile für den Schweizer Finanzplatz zu vermeiden.

Die nachvollziehbare Position der Schweiz ist also im Wesentlichen dadurch gekennzeichnet, dass sie eine möglichst einheitliche Regelung mit möglichst vielen Ländern zur Voraussetzung für eigene Zugeständnisse macht. Dies wirft die grundsätzliche Frage auf, ob eine europaweit – oder sogar global – einheitliche (Quellensteuer-)Regelung für Kapitaleinkünfte von Steuerausländern wünschenswert wäre. Selbstverständlich hat jedes Land zunächst einmal das Recht, seine Steuerpolitik in freier Selbstbestimmung festzulegen. Genau wie im Fall international mobiler Arbeitskräfte erhöhen niedrige Steuersätze die Attraktivität des jeweiligen Standorts, so dass der «faire» Wettbewerb zwischen den Staaten um das international mobile Kapital dazu beiträgt, die Steuersätze in allen Ländern moderat zu halten. Der hiervon ausgehende Disziplinierungsdruck auf die öffentlichen Haushalte ist durchaus heilsam. Darüber hinaus erhöhen niedrige Steuersätze erfahrungsgemäss die Akzeptanz bei den Bürgern und vermindern so die Anreize zur Steuerhinterziehung. Andererseits ist es in der Praxis so, dass der internationale Wettbewerb um ausländisches Kapital häufig mit «unfairen» Methoden geführt wird, indem zum Beispiel Ausländern gegenüber Inländern nachhaltige steuerliche Vorteile gewährt werden. Konsequent zu Ende gedacht, könnte dies, wenn sich alle Länder so verhalten würden, zu einem «race to the bottom» führen, mit dem Ergebnis, dass niemand auf Kapitaleinkünfte mehr Steuern bezahlt und kein Land mehr Steuern aus Kapitalerträgen einnimmt, weil alle Anleger ihr Geld im Ausland investieren.

Allerdings ist ein solches extremes Ergebnis nicht zu befürchten, weil die Erzielung von Kapitaleinkünften im Ausland natürlich nicht von der (in den meisten Ländern gegebenen) Pflicht befreit, diese Einkünfte im Inland zu versteuern. Steuerausfälle im Inland entstehen erst dadurch, dass Anleger ihre ausländischen Kapitaleinkünfte im jeweiligen Inland nicht deklarieren. Dabei dürfte die Steuerehrlichkeit der meisten Anleger im Wesentlichen von zwei Faktoren abhängen: der absoluten Höhe des inländischen Steuersatzes auf Kapitaleinkünfte, die auch die Akzeptanz der Besteuerung an sich beeinflusst, sowie der Differenz zwischen dem im Inland geltenden und dem im Ausland erhobenen (Quellen)Steuersatz.

Unter Berücksichtigung dieser Aspekte erscheint die Einführung von Quellensteuern als akzeptabler Kompromiss zwischen dem Interesse des Einzelnen nach Schutz seiner Privatsphäre und dem Interesse der Allgemeinheit nach einer angemessenen Besteuerung von Kapitaleinkommen: Zum einen verhindern Quellensteuern ein internationales «race to the bottom», zum anderen wird der Abstand zwischen inländischem Steuersatz und ausländischer Besteuerung geringer, so dass für den Einzelnen weniger Anreiz besteht, sein Geld aus steuerlichen Gründen im Ausland anzulegen. Gleichzeitig bleibt jedoch der Steuerwettbewerb zwischen den Ländern in seiner Grundfunktion erhalten.

Im Zusammenhang mit der Umsetzung des Koexistenzmodells innerhalb der Europäischen Union und dem Bemühen, weitere Finanzzentren in die Regelung einzubinden, stellt sich die Frage nach den Konsequenzen für das Bankgeheimnis. Während bei einem Quellensteuerabzug die Anonymität gewahrt werden kann, führt die Anwendung eines Kontrollmitteilungssystems zu einer Aufweichung des Bankgeheimnisses. Eine Einführung von Kontrollmitteilungen ist vorwiegend fiskalisch orientiert und berücksichtigt nicht die Bedürfnisse des Finanzsystems. Vor diesem Hintergrund sollte aus der Sicht eines «Bankers» der Vertraulichkeit der Beziehung zum Kunden und der Erhebung von Quellensteuern der Vorzug gegeben werden, da die Besteuerung von Kapitalerträgen auf diesem Wege ohne eine weitere Verletzung der «Privacy» der Kunden erreicht wird. Auch kann der enorme bürokratische Aufwand, den die Erstellung und Auswertung der Kontrollmitteilungen mit sich bringt, vermieden werden. Bereits mit der Pflicht zum Einbehalt der Quellensteuern werden umfassende Kosten zur Sicherung der Steuereinnahmen und Aufrechterhaltung der Steuerehrlichkeit vom Staat auf die Banken verlagert.

Für die Banken in der EU wie in der Schweiz bedeutet der Beschluss des ECOFIN-Rates einen Schritt hin zu einem «level playing field» in dem Sinne, dass steuerlich induzierte Wettbewerbsvor- und -nachteile an verschiedenen Standorten etwas nivelliert werden. Zwar ist in naher Zukunft nicht mit hohen steuerinduzierten Kapitalrückflüssen in Bezug auf bestehende Anlagegelder zu rechnen; allerdings dürften die steuerlich motivierten Kapitaltransfers in das Ausland künftig abnehmen.

Implikationen für Banken

Es bleibt festzuhalten, dass für die Bürger der Wunsch nach Privatsphäre wieder einen höheren Stellenwert einnimmt. Dieses Bedürfnis geht über den reinen Daten- und Persönlichkeitsschutz hinaus und schliesst auch den Schutz der finanziellen Privatsphäre mit ein. Vor diesem Hintergrund steht eine Weitergabe von Informationen durch Finanzinstitute zu gewerblichen Zwecken nicht zur Debatte. Soweit Banken im Verhältnis zu ihren Kunden Daten für eine qualitativ bessere Bereitstellung von Dienstleistungen nutzen möchten, sind die bestehenden Datenschutzgesetze zusammen mit dem Wettbewerb unter den Banken eine gute Lösung. Darüber hinaus kann und sollte der Kunde auch in Zukunft selbst bestimmen, welche Informationen er gegenüber Dritten offen zu legen bereit ist.

Im Zentrum der Diskussion steht jedoch die Vertraulichkeit finanzieller Daten gegenüber dem Staat, den Steuer- und den Aufsichtsbehörden. Vornehmlich gegenüber dem Auskunftsbegehren dieses Interessentenkreises gewährt das Bankgeheimnis den Bankkunden Schutz. Die Banken erkennen selbstverständlich an, dass Einschränkungen des Bankgeheimnisses zur Erreichung von übergeordneten Zielen der Gesellschaft notwendig sind. Der zuständige Gesetzgeber ist in der Pflicht, hierzu eindeutige und beständige Standards vorzugeben. Die Handhabung dieser Standards in der Praxis sollte zu einer effektiven Bekämpfung der Geldwäsche und zu einem Aufspüren krimineller Finanztransaktionen führen. Der Kampf gegen Geldwäsche und Terror wird von den Banken zweifelsohne durch eine enge Kooperation mit den zuständigen Aufsichtsbehörden konsequent unterstützt. Allerdings muss sichergestellt sein, dass die im Zuge legitimer Nachforschungen von den Behörden gesammelten Informationen nicht für andere Zwecke missbraucht werden.

Gegenüber den Steuerbehörden sollten sich die Banken im Interesse ihrer Kunden, aber auch in ihrem eigenen Interesse, grundsätzlich für eine möglichst weitgehende Aufrechterhaltung des Bankgeheimnisses einsetzen. Ein breit angelegter Austausch von Informationen mit Hilfe von Kontrollmitteilungen ist aus drei Gründen abzulehnen. Erstens würden automatische Kontrollmitteilungen einen weiteren Schritt hin zum «gläsernen Bürger» bedeuten und das Risiko eines Zugriffs auf die dem Finanzamt zur Verfügung gestellten Daten durch unberechtigte Dritte erhöhen. Zweitens unterminieren Kontrollmitteilungen den gesunden Steuerwettbewerb zwischen den beteiligten Ländern. Drittens ist die Erstellung, Weitergabe und Auswertung von Kontrollmitteilungen mit ökonomisch kaum vertretbaren Kosten für Finanzinstitute verbunden. Auf der anderen Seite ist es mit Hilfe von Quellensteuern möglich, eine effektive und transparente Besteuerung von Kapitaleinkommen sicherzustellen, ohne in das Bankgeheimnis einzugreifen. Schliesslich bieten Quellensteuern eine Möglichkeit, ein «Level Playing Field» für Banken und Finanzplätze im internationalen Wettbewerb herzustellen.

Es ist nicht Aufgabe der Banken, die Steuerehrlichkeit der Bürger zu überwachen. Banken haben auch kein Interesse daran, über das geschäftlich notwendige und vom Kunden bzw. Gesetz erlaubte Mass hinaus in deren Privatsphäre einzudringen. Die Antwort auf eine abnehmende Steuerehrlichkeit kann nicht in einem stetig wachsenden «Mehr» an Kontrolle bestehen. Vielmehr ist der Staat dazu aufgerufen, für eine massvolle und von den eigenen Bürgern als gerecht empfundene Steuerbelastung zu sorgen. Die Bereitschaft zur Steuerehrlichkeit könnte zusätzlich dadurch gefördert werden, dass der Staat sich glaubwürdig dafür einsetzt, dass mit Steuergeldern so effizient wie möglich umgegangen wird.

Schliesslich stellt die Ausgestaltung des Bankgeheimnisses einen wesentlichen Erfolgsfaktor für den jeweiligen nationalen Finanzplatz dar. Insbesondere die Schweiz profitiert neben der hohen Produktkompetenz ihrer Banken, der Stabilität des Schweizer Frankens als internationaler Reservewährung und der traditionellen Neutralität des Landes nicht zuletzt von der Verlässlichkeit ihres Bankgeheimnisses. Heute werden rund ein Drittel der weltweit ausserhalb ihrer Heimatländer («offshore») angelegten Gelder in der Schweiz verwaltet. Die Finanzindustrie trägt mit rund zwölf Prozent zum Bruttoinlandsprodukt der Schweiz bei und stellt knapp sechs Prozent aller Arbeitsplätze. Wie bedeutend Schweizer Banken das Bankgeheimnis einschätzen, zeigt eine Umfrage der Stiftung

«Genève Place Financière». Danach befürchten 90 Prozent der Genfer Banken einen Geldabfluss in der Grössenordnung von 5 bis 25 Prozent für den Fall, dass das Bankgeheimnis aufgeweicht werden sollte. Vor diesem Hintergrund ist die ablehnende Haltung der Schweizer Bevölkerung gegenüber einer Lockerung des Bankgeheimnisses nachvollziehbar.

The Case for Financial Privacy

Richard W. Rahn

According to the following excerpt from the book «The End of Privacy», calling into question financial privacy is a typical characteristic of States marked by arbitrary and despotic rule, because the lack of financial privacy endangers also other basic rights of freedom. For several years, the Swiss financial center has now been under massive foreign pressure, with banking secrecy being the main focus point. The author interprets resistance to taxation and tax evasion by setting up a domicile in «tax havens» as unmistakable evidence of economically unproductive governments and as a manifestation of preference given to individualistic freedom.

Die Infragestellung der finanziellen Privatheit ist gemäss dem folgenden Ausschnitt aus dem Buch «The End of Privacy» ein typisches Merkmal von Willkürstaaten, denn ohne finanzielle Privatheit sind auch andere grundlegende Freiheitsrechte gefährdet. Seit einigen Jahren steht der schweizerische Finanzplatz unter massivem ausländischem Druck. Im Zentrum steht das Bankgeheimnis. Der Autor versteht den Steuerwiderstand und die Steuerflucht in fiskalisch attraktivere Staaten als ein klares Zeichen für unproduktives Wirtschaften einer Regierung und als ein Manifest für die individuelle Freiheit.

Experience should teach us to be most on our guard to protect liberty when the government's purposes are beneficent [...] the greatest dangers to liberty lurk in insidious encroachment by men of zeal, well-meaning but without understanding.

Justice Louis D. Brandeis

Financial privacy is about the ability, and what many consider the right, to keep confidential the facts concerning one's income, expenditures, investments and wealth. Without financial privacy, many other fundamental freedoms, such as freedom of religion and speech, are endangered. Invasions of financial privacy are common characteristics of virtually all abusive governments.

Those who would limit or eliminate financial freedom often argue that, if you have nothing to hide and are only engaged in lawful activities, you should not object to full disclosure of your financial activities. Such an argument fails to understand the basic nature of man for without privacy there is no personal life, and the kind of civil society most people seek is probably not possible. Princess Diana had almost everything but privacy, and the lack of privacy clearly caused her misery. Chekhov expressed it more cynically in «Lady with the dog», writing: «The personal life of every individual is based on secrecy, and perhaps it is partly for that reason that civilized man is so nervously anxious that personal privacy should be respected.»

Even those who have only a modest acquaintance with world history should observe that the most civilized and tolerant societies have had a high regard for privacy of all sorts. The most brutish and intolerant societies have had no respect for privacy. Thoughtful people realize that this is no coincidence. Totalitarian regimes always target the privacy of their subjects.

Those who advocate financial disclosure also seem to have no understanding that people have the right, and all too often the need, to protect themselves from corrupt or abusive elements within governments, assorted criminals and potential wrongdoers, or just downright nasty or insensitive people. The right of self-defense is as basic a human right as there is. Those who would strip away financial privacy are also cutting away at the right of self-defense.

Financial privacy cannot be isolated and stripped from other forms of human privacy. In the modern world, man's means of providing food, shelter, and self-esteem are mostly translated into financial concepts-money, earnings, spending, investing, and wealth. The details of a person's financial life are telling indicators of his religious practices, sexual activities, and political preferences. Once all this is public knowledge, not much privacy is left. As Disraeli said, knowledge is power. If you know everything about a person's finances, including the nature and sources of his income, you have power over that person.

The Historical Case for Privacy

Those who argue for free financial disclosure to our government, on the notion that the people who serve in the US government are only interested in protecting us from evil, are both naïve and dangerous. That notion is totally contrary to the facts.

We are told that the information given to the government will remain confidential. The law requires that IRS and FBI files shall not be disclosed.

Yet we know that sensitive files have been disclosed by a number of Administrations over the past fifty years, often for political reasons. Under the Clinton Administration, FBI files were given to unauthorized people for political purposes, and there have been extensive and well-reported abuses at the IRS. Only after an embarrassing Congressional investigation did the IRS apologize. The Deputy Treasury Secretary, Roger Altman, and the General Counsel of the Treasury, Jean Hanson, both had to resign in disgrace because they abused privacy. Do you really want people like this knowing the intimate details of your financial life? Nearly every Administration has been plagued by some officials who violated the public trust. Given that not everyone who serves government is a saint, it is only realistic to expect that despite laws and regulations, some government officials at some time will violate citizens' legal privacy if they have access to sensitive information.

Some might recall that when Judge Robert Bork went before the US Senate in his confirmation hearings, a Senate staffer had managed to obtain records of his video-tape rentals. If we get to the point where we know the intimate financial details of everyone who is up for elective office or high appointive office, will anyone pass muster, other than the most boring, bland, and unimaginative? Civilization has not progressed because of the activities of the bland and unimaginative.

The American Constitution is based on the idea of limited government. Until the passage of the Sixteenth Amendment in 1913, which gave us the income tax, there was no constitutional authority for any invasion of financial privacy. Alexis de Tocqueville, in his classic work of 1848,

«Democracy in America», observed: «The lot of the Americans is singular: they have derived from the aristocracy of England the notion of private rights and the taste for local freedom; and they have been able to retain both because they have no aristocracy to combat.»[1]

Some legal scholars argue that the existing requirements, as well as new demands for financial disclosure, conflict with the Fourth Amendment to the Constitution, which states: «The right of the people to be secure in their persons, houses, paper, and effects, against unreasonable searches and seizures, shall not be violated, and no Warrants shall issue, but beyond probable cause, supported by Oath or affirmation, and particularly describing the place to be searched, and the persons or things to be seized.»

Quite obviously, the IRS could not exist in its present form if the Fourth Amendment were still literally interpreted as the law of the land, rather than the Sixteenth.

Why Financial Privacy Is Moral

> The right to possess private property is derived from nature, not from man; and the state has by no means the right to abolish it.
>
> Pope Leo XIII

The Swiss, and others who have bank privacy laws, have been under attack for years by officials and critics in countries that do not have bank privacy laws. Nations that do not have bank privacy (such as the US) are at a competitive disadvantage to those countries that do offer bank privacy, and that attract deposits from around the world. Officials from countries that do not offer bank privacy often cloak self-interested attacks on their competitors in high-sounding moral rhetoric. For instance, they suggest that Swiss bank privacy only exists to protect drug dealers and international criminals. In fact, Swiss banking laws do not protect money from criminal sources. These laws where tightened in the 1980s and 1990s to meet the strictest international standards. Criminals who wish to disguise the origins of their wealth sometimes shelter behind the attorney-client privilege and use their lawyers to evade these laws, but this problem is being addressed by lawmakers in Switzerland and neighboring countries.

170

Critics of bank privacy cannot imagine, it seems, that anyone but a criminal would be interested in keeping his affairs to himself.

Policy makers in the US have long argued against bank privacy on the basis that the IRS needed access to individuals' and business' banking records. Law enforcement authorities also have argued that they need access to bank records to find and document criminal wrongdoing. These arguments have a certain initial appeal-until you look closely at Switzerland. Is this government unable to collect taxes?[2] Is Switzerland overrun with criminals? No it is a peaceful, prosperous country.

The Swiss have been attacked because some of their banks did not make adequate efforts to find the heirs of victims of the Holocaust and return the assets that these victims deposited in Swiss banks. In part because of the Gold War, these bankers claimed that they had found it virtually impossible to trace the heirs of dormant accounts whose original owners had resided in Poland, Czechoslovakia, Romania, and other then-Eastern-Bloc countries. Bankers were also too rigid in demanding the same proofs of ownership from Holocaust survivors as one would expect from ordinary claimants of dormant accounts. Thankfully, world opinion has awakened the conscience of the banking community, which is finally making vigorous efforts to locate the rightful heirs of these accounts.

Unfortunately, there also has been much hypocrisy in this attack on the Swiss. Many of these attacks have come from countries that did far less than the Swiss to protect both the assets and the lives of the Jewish refugees, particularly in relation to the size of their populations. Ironically, the Swiss bank privacy laws were established explicitly to protect individuals persecuted by their governments. The Swiss have a long tradition of sheltering refugees and their assets, dating back to the seventeenth century, when Geneva and Basel welcomed Protestants fleeing persecution in France. During the French revolution, aristocrats (along with their wealth) escaping the Jacobins found refuge in Switzerland. So it was not surprising that Jews and other victims of Nazi persecution looked to Switzerland as a safe place to protect their assets from confiscation.[3]

The much-maligned Swiss bank privacy laws were enacted in 1934 to protect Germans and Jews who were trying to place their funds beyond Hitler's grasp. Many German Jews had placed assets in Switzerland.[4] It was widely assumed that Switzerland would eventually fall to Germany's advance trough Europe, and thus, many people were using Swiss accounts as a temporary measure and transit point to send their assets to more remote and presumably safer regions such as the United States, Great Britain, and Brazil. As Hitler was in the process of suppressing German civil liberties, he promulgated a law ordering all citizens to declare their foreign holdings, under penalty of death. Hitler sent agents of the Gestapo to Switzerland in an attempt to identify the German accounts.

Most Germans who had exported capital felt they had no choice but to put their trust in the Swiss not to reveal information on their personal finances, and a great many Germans did not report their accounts across the border [...] (The Gestapo's) methods and techniques are still described by the Swiss as «diabolical and clever.»

They included not only bribes but efforts to deposit funds under suspected account names at various Swiss banks. If the funds were accepted by a bank, this was considered proof that the person named held an account at the bank.[5]

Nevertheless, Swiss banking laws protected the assets, and in some cases the lives, of many innocent people. Power-hungry governments have always seen financial privacy as an obstacle to their attempts to control the lives of individuals. Unlike totalitarians, Americans believe in the sanctity and dignity of the person. As history shows, these qualities can only be protected if the financial privacy of the citizen is guaranteed. Thus financial privacy is profoundly compatible with Western values.

Notes

1 Alexis de Tocqueville, «Democracy in America», Vol. 2. (Vintage Press, 1945), 316.
2 Switzerland's total tax revenue as a percent of GDP is one of the lowest of the OECD, while the proportion of direct taxes is much higher in Switzerland than in most other countries.
3 It has recently been revealed that some of the German Jewish refugees who fled to Switzerland were put into labor camps during the war. Some of these refugees have reported cases of abuse, others have said that they were well-treated, and worked no harder than the Swiss working population. Approximately 15 % of all the refugees in Switzerland were put in labor camps.
4 The extent of the concern for the safety and property of those who were fleeing from Nazi persecution is well captured in the following personal reminiscence of a Swiss citizen Jörg Boller, who, as a child, watched the events of the Forties unfold. «As he recalls:
In mid-May 1940 – before the German Wehrmacht had broken through the Maginot line in Sedan – the rumor kettle was boiling especially in the border regions of Bodensee and Rhein. Intelligence officers in the vicinity of the legendary captain Paul Meyer, alias Wolf Schwertenbach (pseudonym as crime writer), at Castle Wolfsberg in Ermatingen claimed to know of German troop concentrations in Schwarzwald which were ready at any moment to march into Switzerland. In this hour of extreme uncertainty SKA branch director Witzig

172

called his colleagues and friends and asked them to empty the safe deposit boxes of any objects owned by people who had fled [...] The contents of the boxes would be very insecure in case of a German invasion, which was expected any minute, especially because in many cases valuable Judaica and expensive jewelry by German jewelers were concerned, which was considered by the Germans enemy-of-the-state property and would be seized without any doubt. Those owning the safe deposit boxes were subject to strict sanctions and punishment, as had happened recently in Holland in similar cases. My father and his friends emptied the safe deposit boxes they had rented (for friends who had escaped from Germany). In my memories I can see that glorious day in May 1940, which left me at 10 years old with an indelible impression. In the evening hours my parents dug a deep pit under a plant try in the vegetable garden, wrapped jewelry and other valuable objects of their painter friend Heinsheimer in prepared oil cloth, and at the end of their hard work put flower pots and lettuce plants on the grave. My parents had, for my protection, not confided in me, but I could witness this rare event from my wooden hut, and I made it my secret and confessed to my parents only much later, after the return of their friend after the war. The joy was all the bigger as my father opened the hiding place in front of the eyes of his friend who returned to Switzerland in mid-1945, and could take all valuables and jewelry unharmed and intact from the oil cloth. As thanks, the painter friend left us some paintings, which still occupy an honorary place in my home. All those who had built on the help of their Swiss friends and trusted them with their wealth in the hour of greatest need had similar experiences upon their return.» (From Jörg Boller's article, «Aus dem Banksafe in den Garten», (From the Bank Safe to the garden), «Bilanz», Feb. 1997: 80–83).

5   Robert Kinsman, «Your Swiss Bank Book» (Homewood, IL: Dow Jones-Irwin, Inc., 1975).

Das schweizerische Bankgeheimnis –
eine Grundrechtsfrage?

Konrad Hummler

Der schweizerische Banken- und Finanzplatz steht gegenwärtig vor existentiellen Herausforderungen. Wie Konrad Hummler im folgenden Aufsatz darlegt, gibt es im Zusammenhang mit dem Bankgeheimnis einen Grundrechtsaspekt. Totale finanzielle Transparenz sei gleichbedeutend mit einem absoluten Polizeistaat. Die Chancen der Schweiz, ihre weltweite Führungsposition in der privaten Vermögensverwaltung zu verteidigen und weiter auszubauen, liegen gemäss dem Autor unter anderem im Festhalten am Bankgeheimnis als Schutz der Privatsphäre der Kundschaft.

At present, the Swiss Banking and Financial Center faces challenges jeopardizing its very existence. As outlined by Konrad Hummler in the following essay, banking secrecy has also to be viewed under the aspect of a basic citizens' right. Total financial transparency is explained to be tantamount to an absolute police state. In the author's opinion, Switzerland's future prospects of defending and further developing its leadership on worldwide level in private asset management are among other things based on the prerequisite of further maintaining banking secrecy as a protection of its clients' private sphere.

Über das schweizerische Bankgeheimnis liess sich bis vor kurzem kaum reden, ohne dass allenthalben ernsthafte Verkrampfungserscheinungen ausgelöst wurden. Die in der Schweiz immer noch dogmatisch geprägte Linke dachte und denkt noch stets in den Kategorien der seinerzeitigen Bankeninitiative und interpretiert das Bankgeheimnis als Instrument zur Anonymisierung der ohnehin verabscheuungswürdigen Kapitalhingabe beziehungsweise als Verhinderungsmittel einer gerechten Umverteilung von reich zu arm. Doch auch wirtschaftlich freundlich gesinnte Kreise haben Mühe im Umgang mit dem Bankgeheimnis und mit dem Finanzplatz Schweiz schlechthin. Zunächst haftet dem Bankgeheimnis a priori und unreflektiert die Gleichsetzung mit der internationalen Kriminalität an, obwohl gerade der Finanzplatz Schweiz im Hinblick auf die Fernhaltung krimineller Machenschaften mehr und Wirkungsvolleres tut als manche reinen «Onshore-Plätze». Darüber hinaus ist aber rein Faktisches über den Finanzplatz nur sehr bruchstückhaft bekannt. Welchen Anteil hat der Finanzplatz an der gesamten Wertschöpfung unseres Landes? Wieviel davon ist eindeutig dem Vermögensverwaltungsgeschäft mit Ausländern zuzuordnen? Und – wenn dieses Vermögensverwaltungsgeschäft etwas zu tun hat mit dem Bankgeheimnis – welchen Anteil hat dann dieses Bankgeheimnis an unserem Bruttosozialprodukt? Nicht ganz unwesentliche Fragen, weder für die wirtschaftlich orientierten Kreise, aber eigentlich auch nicht für die politische Linke, denn gerade für sie müsste es grundsätzlich interessant sein, woher ein wichtiger Teil der Mittel stammt, die über unseren Sozialstaat zur Verteilung gelangen.

Der Finanzplatz als wichtiger Teil der schweizerischen Volkswirtschaft

Die Schweiz ist enorm erfolgreich als weltweit tätige Verwalterin privater Vermögen. Nach Erhebungen der Schweizerischen Nationalbank waren es 1998 von den total etwa 3000 Milliarden Schweizer Franken ungefähr 1600 Milliarden, d. h. ungefähr die Hälfte, die ausländischen Privat-Kunden zugeordnet werden können. Die restlichen 1400 Milliarden teilen sich auf inländische Privatkunden und auf so genannte Institutionelle auf, unter denen wohl auch die eine oder andere Vermögensstiftung oder Trust-Konstruktion mit rein privater Zielsetzung einzureihen wäre. Der effektive Anteil der «Auslandkundengeschäfte» dürfte deshalb höher als 1600 Milliarden Schweizer Franken ausfallen. Anhand der Zahlen lässt sich relativ einfach abschätzen, welche Wertschöpfung mit dem Vermögensverwaltungsgeschäft mit Ausländern verbunden ist: Man geht kaum fehl, wenn man etwa ein Prozent per annum vom verwalteten Vermögen als in der Schweiz «hängenbleibende» Bearbeitungsgebühr annimmt. Das würde mindestens 16 Milliarden oder fünf Prozent des Bruttoinlandprodukts ausmachen. Dazu rechnen muss man die Wertschöpfung all jener Berufe, die direkt oder indirekt eng mit dem Vermögensverwaltungsgeschäft mit Ausländern verbunden sind, also Anwälte, Treuhänder, einen

176

Teil der Hotellerie usw. Mit gesamthaft rund 10 bis 15 Prozent Anteil an der Wertschöpfung unseres Landes liegt man vermutlich etwa richtig.

Geringe Tiefe der rechtlichen Verankerung

Weshalb nun aber, angesichts solcher Grössenordnungen, das nur bruchstückhafte Wissen und das offenkundige Missbehagen, über wesentliche Zusammenhänge dieses Geschäfts zu sprechen? Es ist der Schweizerischen Bankiervereinigung hoch anzurechnen, dass sie in ihrer im Jahr 2000 aufgelegten Broschüre «Schweizer Bankkundengeheimnis schützt die Privatsphäre», wenn zwar auch nur vorsichtig-andeutend, aber immerhin, mit einem Tabu gebrochen hat, das bisher seitens der Banken und den ihnen nahestehenden Kreisen sorgsam eingehalten worden war: den Konnex aufzuzeigen zwischen der Steuersituation der Kunden im Ausland und dem Erfolg des Finanzplatzes Schweiz. Was an sich jeder weiss, der das Vermögensverwaltungsgeschäft in der Schweiz betreibt, wurde bisher nur unter vorgehaltener Hand geäussert. Ein wenig direkter ausgedrückt als in der besagten Broschüre: Ein wesentlicher Teil der schweizerischen Wertschöpfung und mithin unseres Wohlstands wird dadurch generiert, dass das schweizerische Bank*kunden*geheimnis es den ausländischen Individuen überlässt, ob und wieviel sie als Steuerpflichtige gegenüber ihren Behörden deklarieren. Die grosse Mehrheit umgeht die Steuerpflicht. Das schweizerische Rechtssystem zeigt sich gegenüber ausländischen Fisken unkooperativ bezüglich Mit- oder Beihilfe beim Eintreiben der jeweiligen Guthaben, es sei denn, es liege ein nach Schweizer Recht als kriminell einzustufender Sachverhalt vor. Die Attraktivität des Finanzplatzes Schweiz hat sehr viel mit diesen Zusammenhängen zu tun; allein aus Gründen der durchaus unleugbaren hohen Dienstleistungsqualität und Effizienz unserer Banken kommen die Ausländer nicht in die Schweiz.

Entgegen landläufiger Ansichten und vor allem auch ausländischer Perzeption basiert das schweizerische Bankgeheimnis keineswegs auf einem kohärenten Rechtskonstrukt und ist schon gar nicht verfassungsmässig verankert. Vielmehr sind es einzelne Rechtsnormen, die in ihrer Formulierung bzw. lediglich durch Auslegung und Praxis zum insgesamt sehr konsistenten Institut «Bankgeheimnis» führen. Im Bankengesetz ist es der Artikel 47, der es Angestellten einer Bank (oder sonst in einem qualifizierten Verhältnis zur Bank stehenden Personen) verbietet, vertrauliche Informationen zu offenbaren. Dieser straf- und damit öffentlich-rechtliche Schutz der finanziellen Privatsphäre wird sekundiert durch die zivilrechtlichen Ansprüche bezüglich Datenschutz und Vertraulichkeit des Zivilgesetzbuches und des Obligationenrechts. Die faktisch wichtigsten Bestimmungen befinden sich jedoch in den Gesetzen und Verordnungen des schweizerischen Steuerrechts bzw. in den Bestimmungen der Doppelbesteuerungsabkommen, die im Wesentlichen darauf hinauslaufen, dass die einfache Nichtdeklaration von Vermögenswerten oder von Einkommen nicht genügen, um das Bankgeheimnis im Zuge von ausländischen Amts- oder Rechtshilfebegehren zu lüften. Dagegen erfährt der Steuerbetrüger, der aktiv eine Deklaration verfälscht oder sogar Urkunden fälscht, keinen Schutz durch das schweizerische Bankgeheimnis. Die Trennlinie zwischen Vergehen (Steuerhinterziehung) und Verbrechen (Steuerbetrug) ist so einzigartig wie auch fragil. Es wäre für den Gesetzgeber ein einfaches, die Linie anders zu ziehen. Die besagte Trennungslinie beherrscht die Praxis von Rechts- und Amtshilfe der Schweiz in umfassender Weise, und die Zuverlässigkeit dieser Praxis ist es, die den Ruf und die Anziehungskraft des Finanzplatzes Schweiz bis anhin ausgemacht hat.

Die kurze Darstellung der rechtlichen Bedeutung des schweizerischen Bankgeheimnisses wäre unvollständig, wenn nicht auch gesagt würde, was der Schutz der Privatsphäre ausdrücklich nicht umfasst: sämtliche kriminellen Tatbestände, die über den erwähnten Vergehenstatbestand hinausgehen. Die Schweiz ist sowohl aus Gründen des Rechts wie auch der Rechtsanwendung eine wenig geeignete Destination für kriminelle Gelder. Die Aufdeckungsrate des Finanzplatzes Schweiz in Geldwäscherei-Angelegenheiten ist klar höher als an allen anderen relevanten Orten auf der Welt.

Das Bankgeheimnis im Widerstreit der Argumente

Es gibt im Wesentlichen vier Argumentationslinien, mit denen das schweizerische Bankgeheimnis begründet und gegebenenfalls verteidigt wird. Erstens wird darauf verwiesen, dass das Bank*kunden*geheimnis nur am Rande fiskalische Aspekte aufweise. Vielmehr gehe es um den prinzipiellen Schutz eines individuellen Grundrechtes auf Schonung seiner Privatsphäre. Die zweite Argumentationslinie läuft auf die Eigenverantwortlichkeit des Individuums gegenüber seinen Behörden hinaus, auf die Vorstellung also, das Individuum gehöre nicht dem Staat. Insbesondere habe der Staat kein direktes Zugriffsrecht auf das Eigentum seiner Bürger. Deshalb könne die Umgehung einer Abgabepflicht auch nicht ohne weiteres einen kriminellen Tatbestand begründen. Die dritte Argumentationslinie weist auf die sehr weitgehende Kooperationsbereitschaft der Schweiz in verschiedenen steuerlichen Belangen und vor allem auch in Bezug auf Sorgfaltspflichtfragen hin. Die schweizerische Verrechnungssteuer erfasse steuerbaren Vermögensertrag an der Quelle; wenn alle interessierten Staaten dieselbe Praxis einhielten, dann wären auch die wesentlichsten Löcher bei der Besteuerung von Einkommen aus Vermögensanlagen gestopft. Im Übrigen müsse das Ausland ein Interesse an einem Finanzplatz haben, der rechtsstaatlichen Regeln unterworfen ist und der im Falle des Missbrauchs seiner Geheimhaltungspraxis durch kriminelle Elemente einfache und effiziente zwischenstaatliche Amts- und Rechtshilfeverfahren zur Verfügung stellt. Eine vierte, etwas wagemutige Argumentation lieferte der Zürcher Bankier Dr. Hans-Dieter Vontobel in einem Leitartikel zu den «Schweizer Monatsheften»[1]. Er wies auf den dämpfenden Effekt eines Offshore-Platzes auf die Staats- und Fiskalquote der umliegenden Länder hin. Die Steuervermeidungsmöglichkeit über einen Offshore-Platz verhindert, dass die Besteuerung ins Unermessliche steigen kann. Ja, die Argumentation könnte noch weitergeführt werden: Wenn quasi konfiskatorische Grenzen überschritten werden, dann kann einem Finanzplatz mit konsequent eingehaltenem Bankgeheimnis existenzsichernde Funktion für die Bürger des Hochsteuerlandes zukommen.

Die Beurteilung der Stichhaltigkeit der vier Argumentationslinien ist letztlich abhängig davon, welcher Auffassung über Funktion und Rechte von Staat resp. Individuum man Sympathien entgegenbringt. Vermutlich brächte es aber mehr, zunächst einmal möglichst wertefrei die Frage nach den Ursachen zu stellen. Dabei geht es um mehr als um die Frage nach dem Huhn oder dem Ei, und die einseitige Betonung der fiskalischen Problematik Europas ist für die Erklärung des Erfolgs des Finanzplatzes Schweiz kaum hinreichend. Vielmehr spricht einiges dafür, dass nebst der sehr hohen Steuerlast, auf die noch zurückzukommen ist, ein allgemeiner Mangel an Vertrauen in die politischen Systeme das Ausweichen in ein alternatives, als sicher betrachtetes System nahelegt. Die geschichtliche Erfahrung der Europäer sitzt offenbar tief. Der Zufluss zum Finanzplatz Schweiz nähme vermutlich rasch ab, wenn die Bürger

Europas darauf vertrauen könnten, dass weder jetzt noch in Zukunft das politische System ihnen einen wesentlichen Teil der erwirtschafteten Mittel mir nichts, dir nichts aus der Tasche saugen kann. Solches Vertrauen lässt aber weder die allgemeine historische Erfahrung noch die politische Ausrichtung der gegenwärtigen Regierungen bzw. der EU-Kommission aufkommen.

Die Schattenwirtschaft in den meisten EU-Ländern hat einen konjunktur- und wohlstandsrelevanten Anteil. Eine Schattenwirtschaft kommt aber, genau wie die «normale» Wirtschaft, ohne Bankdienstleistungen nicht aus. So gesehen erfüllen Finanzplätze wie die Schweiz, Liechtenstein oder Luxemburg eine notwendige ökonomische Funktion, die eine direkte Folge des übermässigen Staatsanteils in den umliegenden Ländern ist. Soweit die wertefreien Feststellungen.

Die vier Argumentationslinien treffen aber auch auf Gegenargumente. Zunächst wird unter dem Hinweis auf die durchwegs demokratisch-rechtsstaatlichen Verhältnisse in den umliegenden Ländern entgegengehalten, dass nichts die Steuerumgehung rechtfertige, weil es ja jedem Bürger freistehe, unter Ausübung seiner Rechte die politischen Verhältnisse zu verändern. Es gehe nicht an, dass ein Finanzplatz quasi eine Abstimmung «zu Fuss» begünstige und damit der politischen Auseinandersetzung faktisch den Wind aus den Segeln nehme. Sodann wird das «Privatsphäre»-Argument insofern zu entkräften versucht, indem niemand, der nichts zu verbergen habe, mit der Offenlegung seiner Privatsphäre ein Problem haben könne. Im Weiteren wird darauf hingewiesen, dass die faktische Möglichkeit, nichtversteuerte Mittel auf einem Finanzplatz sicher zu parken, zu grossen Ungerechtigkeiten unter den Steuersubjekten führt; die «Grossen» könnten alles tun und sämtlichen Steuerlasten entgehen, den «Kleinen» stünden diese Möglichkeiten aber nicht offen. Schliesslich sei die schweizerische Verrechnungssteuer als Anreiz zur Deklaration im eigenen Land im Übrigen deshalb illusorisch, weil sie nur einen immer unwesentlicheren Teil der zur Verfügung stehenden Finanzinstrumente erfasse. Es sei ein leichtes, verrechnungssteuerumgehende Anlagestrategien zu formulieren und zu verwirklichen.

Gewiss war das Bankgeheimnis schweizerischer Usanz seit seiner Einführung im Jahre 1934 zu keinem Zeitpunkt völlig unbestritten. Namentlich vor und während des Zweiten Weltkrieges kam es zu vielen versuchten und auch erfolgten Übergriffen ausländischer Staatsgewalt. Der Fall Scheffknecht, wie er in einem Artikel der «Neuen Zürcher Zeitung» von 1948[2] ausführlich beschrieben worden ist, zeigt exemplarisch den gewaltigen Hunger Nazideutschlands nach Fluchtgeldern und die Anwendung von Druckmitteln wie auch die unzimperlichen Methoden gegenüber schweizerischen Behörden und Banken auf. Neu an der heutigen Situation ist, dass der steigende Druck vom Ausland nicht von ausgesprochenen Unrechtsregimen, sondern von Organisationen wie der OECD und der Europäischen Kommission ausgeht. Deren Legitimation in dieser Sache darf zwar nicht a priori als gegeben angenommen werden: Die Qualität der Gegenparteien ist aber doch unbestrittenermassen höher als bei früheren Gelegenheiten.

Es sind, wenn nicht alles täuscht, zwei strategisch zu unterscheidende Hauptlinien, auf denen der Vorstoss gegen das schweizerische Bankgeheimnis vorgetragen wird. Auf der einen Seite ist es die eher fundamentalistisch-prinzipielle Richtung, die im Bankgeheimnis eine letzte Bastion alles Nichttransparenten und mithin Bösen sieht. Wo der präsumptiv stets die Sache der Gerechtigkeit austragende Arm internationaler Agenturen keine Daten erheben kann, herrscht Finsternis. Der Standpunkt geniesst die Sympathien der ebenfalls (punktuell, d.h. sofern es gerade Sensationswert hat) auf Transparenz erpichten Medien. Wo immer die «Reichsten der Welt» oder gegebenenfalls auch einmal strafrechtlich relevante Sachverhalte interessieren, kommt ihnen ein die Privatsphäre schützendes Bankgeheimnis in die Quere. Störend an der fundamentalistischen Linie, die vor allem die frühere US-Administration Clinton beflügelt hatte, ist der Umstand, dass die karibischen Offshore-Zentren im Vorhof der USA stets ausgespart blieben. Dort, wo sich vermutlich die höchste Kriminalitätsrate im Offshore-Geschäft konzentriert, schwieg man in auffälliger Weise, wohl aus Rücksicht auf die Interessen des Finanzplatzes New York. Der Vorwurf der Doppelmoral geht deshalb mit dem fundamentalistischen Standpunkt einher. Dass auf dieser Welt aber am Ende derjenige Recht erhält, der die Macht in den Händen hat, musste die Schweiz anlässlich der Affäre um die nachrichtenlosen Vermögen schmerzhaft erfahren.

Mit dem Wechsel zur Administration Bush hat sich die amerikanische Position etwas verändert. Zwar bleibt ein Geheimnisschutz in Steuerangelegenheiten für die Amerikaner nach wie vor etwas Unannehmbares; das Wort «secrecy» ist im calvinistischen Kontext der Sozialkontrolle gerade auch bei Republikanern kein Thema. Insofern darf man sich vom Machtwechsel in Washington keinen Paradigmenwechsel erhoffen. Hingegen haben die Amerikaner der OECD die Unterstützung in Sachen Bekämpfung des so genannt «schädlichen Steuerwettbewerbs» aufgekündigt, ganz einfach aus der pragmatischen Überlegung heraus, dass angesichts der Steuersenkungspläne der Regierung Bush bald einmal Niveaus erreicht werden könnten, die ebenfalls unter das Prädikat «schädlich» fallen würden. Zudem ist sich Amerika nun vermehrt bewusst geworden, dass ein extrem kapitalhungriges Land nicht gut daran tut, seine Attraktivität durch Anbindung an ein Hochsteuerkartell zu verringern.

Der europäische Hunger nach Steuersubstrat

Die zweite, europäische Linie ist pragmatischer orientiert. Es geht um Geld für die notleidenden Fisken der Länder der EU sowie um den Kampf um Marktanteile des Finanzplatzes London. In den meisten Ländern der EU herrschen nach wie vor ausserordentlich hohe Sätze sowohl bei der direkten Besteuerung Privater als auch der Unternehmungen. Kombiniert ergeben sich insbesondere inakzeptable und wachstumshemmende Fiskallasten über den ganzen Lebenszyklus eines EU-Bürgers, wie der Heidelberger Universitätsprofessor Manfred Rose an einem Rechenbeispiel für Deutschland drastisch nachgewiesen hat (siehe Abbildung).

Die Aufstellung zeigt die Auswirkungen einer Besteuerung des Unternehmenserfolgs sowie des persönlichen Einkommens zu einem Satz von beidseitig 40 Prozent und unter der Annahme von keinerlei Verrechnungsmöglichkeiten. In den meisten real existierenden Steuersystemen sind durch komplexe Abzugsmöglichkeiten die Folgen einer solchen Doppelbesteuerung zwar gemindert. Was aber bleibt und in den wenigsten Untersuchungen berücksichtigt wird, ist die bei weitem höhere effektive Steuerlast, wenn man nicht die jährliche Bemessung als relevantes Intervall annimmt, sondern (den für das individuelle Steuersubjekt bei weitem belangreicheren!) längeren Zeitraum beispielsweise eines ganzen Lebens.

Die europäische Problematik: Wenig unternehmerische Anreize infolge insgesamt zu hoher Besteuerung

Ohne Besteuerung

Reingewinn im ersten Jahr	10000
Investition im ersten Jahr	= 10000
Investitionen in den folgenden Jahren (bei einer jährlichen Rendite von 5 % des Eigenkapitals)	
Eigenkapital nach 40 Jahren	70400
Veräusserungsgewinn	70400
Alterskonsumfonds	= 70400

Mit Besteuerung

Reingewinn im ersten Jahr	10000
Einkommens- und Gewerbesteuer (40 %)	- 4000
Investition im ersten Jahr	= 6000
Investitionen in den folgenden Jahren (bei einer jährlichen Rendite von 5 % des 0,6*5%=3 % des Eigenkapitals)	
Eigenkapital nach 40 Jahren	19572
Veräusserungsgewinn[1]	19572 bis 15462
Einkommensteuer[2] (0,5*42 %=21 %)	4110 bis 5247
Alterskonsumfonds	= 15462 bis 12215

Belastung nach Steuern:
zwischen 78,04 und 82,65 % von 70400 DM

Quelle: Prof. Dr. Manfred Rose (Universität Heidelberg): «Konzept zur Einfachsteuer», Heidelberg 2001 sowie «Plädoyer für ein lebenszeitlich orientiertes Einkommenssteuersystem», Referat anlässlich einer Tagung der Progress Foundation, Zürich im Juni 2000.
[1] Sätze variieren je nach Abschreibungsmöglichkeiten und «Halbeinkünfteverfahren» zwischen Käufer und Veräusserer.
[2] Seit 2001: Nur noch halbe Einkommensteuer bei Veräusserungsgewinnen und -dividenden.

Die negativen Anreize insbesondere einer Doppelbesteuerung auf Einkommen und auf einbehaltenen oder ausgeschütteten Unternehmensgewinnen, die in diesem System zu einer relativen Belastungsquote von rund 80 Prozent führen, dürfen keinesfalls unterschätzt werden. Sie ersticken nämlich die unternehmerische Initiative im Keim. Nicht jene von Grossunternehmungen, sondern den jungunternehmerischen Drang in den KMU-Bereich. Zusammen mit indirekten Steuern von bis zu 25 Prozent in einigen europäischen Ländern (zum Beispiel Dänemark und Schweden) erweisen sich die fiskalischen Lasten insbesondere für den Mittelstand als äusserst unattraktiv.

Kommt hinzu, dass diesen Belastungen nur sehr unsichere Aktivposten gegenüberstehen. Das Pensionssystem in Deutschland, Frankreich, Italien steht auf schmalen und wackligen Füssen und führt fast zwangsläufig dazu, dass die Spartätigkeit *ausserhalb* des als zu teuer und als zu unsicher erkannten Systems erfolgen muss. Das Konto in der Schweiz und anderswo entspricht somit einer «Meinungsumfrage zu Fuss» bezüglich der Frage, wie attraktiv, effizient und zukunftsträchtig der EU-Mittelstand sein eigenes System einstuft. Die ohnehin relativ hohe Sparquote bewegt sich durch das klandestine Sparen des EU-Bürgers in beinahe japanischen Höhenlagen. Insgesamt resultiert aus dieser Situation eine europäische Wirtschaft, die auf individueller Ebene bei weitem zu wenig investiert, erfindet und neue Arbeitsstellen schafft und die ihren Konsumverzicht in Töpfe leitet, die sich (vorderhand) dem Zugriff der nimmersatten Staatskassen entziehen.

Es ist davon auszugehen, dass man in den zuständigen Gremien der EU und der die EU-Politik bestimmenden Länder um die Zusammenhänge weiss. So hat die EU-Kommission im Rahmen ihrer Steuerharmonisierungsbestrebungen insbesondere auf die Notwendigkeit tieferer Steuern für die Unternehmungen hingewiesen. Da aber gleichzeitig keine fiskalischen Ausfälle entstehen dürfen (bzw. weil solches offenbar politisch ins Abseits führen würde), erhofft man sich Remedur durch Erschliessung des bisher unbesteuerten Sparsubstrats ausserhalb des Systems.

Das Programm von «Feira»

Die Einigung beim EU-Gipfel in Santa Maria Da Feira (Portugal) im Juni 2000 über die Zinsbesteuerung stellte den Versuch dar, innerhalb der EU diese Strategie der Steuersenkung ohne Senkung der Fiskalquote – da man ein Substrat ausserhalb des Systems erschliessen will – politisch in einen machbaren Zustand zu versetzen. Die Aufgabe war alles andere als einfach, weil sich einzelne der EU-Mitgliedsländer (wie zum Beispiel Luxemburg, Österreich und Spanien) bis auf weiteres ebenfalls knietief mit diesem «Substrat ausserhalb des Systems» beschäftigen und gut davon leben. Die getroffene Lösung kam zustande durch das Beharren Londons auf dem Konzept des so genannten Informationsaustausches für Zinseinkünfte und durch das im Gegenzug durch die EU aufgegebene Konzept einer europaweiten Quellenbesteuerung. Eine solche hätte den Finanzplatz London wegen des hohen Marktanteils von institutionellen Investoren offenbar massiv getroffen; wie man in London mit dem Informationsaustausch umgehen würde, weiss – allerdings hinter vorgehaltener Hand – niemand. Man bezeichnet den Aufwand zur Erhebung der Daten als schlicht «unmöglich».

Der von der EU favorisierte Weg des Informationsaustausches für Zinseinkünfte erwies sich bei näherer Betrachtung sowohl grundsätzlich als auch konzeptionell als lückenhaft. Zinszahlungen stellen ja längst nicht mehr die einzigen Quellen von Einkünften aus Finanzanlagen dar, allen möglichen Umgehungsvarianten sind Tür und Tor geöffnet. Die im Zuge der Verhandlungen mit der Schweiz erfolgte Rückkehr zum Koexistenzmodell wird nach einhelliger Auffassung massgeblicher Kreise in der EU nur ein Übergangsstadium darstellen – das grosse Ziel des gläsernen Bürgers von den britischen Inseln bis nach Sizilien und vom Atlantik bis möglichst zum Kaukasus bleibt bestehen.

Auf der Suche nach pro-aktiven Strategien

Man kann selbstverständlich den Standpunkt vertreten, die frühere schweizerische Politik der flexiblen Abwehr und gegebenenfalls des hinhaltenden Kampfes sei mit Abstand die am meisten Erfolg versprechende Vorgehensweise. Denn erstens müsse man sie nicht explizit formulieren. Damit entfalle weiterhin die Notwendigkeit einer tatsächlichen innenpolitischen Auseinandersetzung. Zweitens sei es unwahrscheinlich, dass sich die Europäische Union (angesichts der «eigenen» Offshore-Plätze Luxemburg, Kanalinseln, Gibraltar etc.) in der Frage überhaupt wirklich einig werde. Mit den Amerikanern habe man sich, wie die Regelungen über den «Qualified Intermediary»-Status zeige, noch einmal (knapp) einigen können. Es gelte nun halt, diese Strategie auch unter widrigeren

Rahmenbedingungen als früher durchzuhalten. Im übrigen möge man über die Angelegenheit besser schweigen als reden.

Der bisherige Erfolg dieser Vorgehensweise spricht auf den ersten Blick für sich. Nur muss man sich bewusst sein, dass die Strategie wenig Dissens in Gesellschaft, Politik und Verwaltung erträgt. Und gerade diesbezüglich sind denn auch die grössten Fragezeichen für den längerfristigen Erfolg einer passiven Abwehrstrategie zu sehen. Geldwäschereiaffären, die auf die eine oder andere Weise jeden Finanzplatz, auch denjenigen der Schweiz mit ihren qualitativ hochstehenden Sorgfaltspraktiken, tangieren, thematisieren das Stillzuschweigende laufend. Schlagzeilen, die direkt oder indirekt mit dem Bankgeheimnis zu tun haben, werden noch häufiger werden. Der diskrete Charme des konsensuellen Tabus dürfte deshalb tendenziell der Vergangenheit angehören. Über kurz oder lang stellt sich das Problem der Notwendigkeit einer expliziteren Politik. Lässt sich aber eine solche überhaupt formulieren? Kann man sich etwa einen schweizerischen Finanzminister vorstellen, der explizit seinen ausgabefreudigen Kollegen, dem ausgabefreudigen Parlament zuruft: «Hört einmal, liebe Miteidgenossen, wir haben doch bis anhin aus dem Geschäft mit ausländischen Steuerumgehern ganz schön profitiert. Und nun wollen wir alles daran setzen, dass das in Zukunft auch so bleibt!» Der innen- wie aussenpolitische Abschuss wäre programmiert.

Darüber hinaus bewirkt das ungleiche Verhältnis der kleinen Schweiz mit der grossen EU eine übergrosse Bereitschaft der Politiker und Beamten, namentlich der Diplomaten, auf Druckversuche des Auslands in vorauseilendem Gehorsam zu reagieren. Realistischerweise: Für all diejenigen Schweizerinnen und Schweizer, die sich dereinst in Brüssel profilieren wollen, steht das Bankgeheimnis als eine der grossen Inkompatibilitäten der Schweiz mit der EU im Wege. Der Finanzplatz tut gut daran, sich dieser Anreizsituation bewusst zu sein.

Selbstaufgabe wäre eine Alternative, allerdings mit allen Konsequenzen. Es steht ausser Zweifel, dass der Verzicht auf das Bankgeheimnis, würde er auch nur schleichend-faktisch oder aber durch einen expliziten politischen Willensakt vollzogen, gravierende wirtschaftliche Folgen für unser Land hätte. Der oben beschriebenen Bedeutung des Finanzplatzes am Bruttosozialprodukt unseres Landes gibt es höchstens noch beizufügen, dass die Existenzberechtigung unserer Währung vermutlich eng mit dem Wesen unseres Finanzplatzes und mithin dem Bankgeheimnis zusammenhängt.

Die Option «Selbstaufgabe» würde damit das Ende des Schweizerfrankens und des Zinsvorteils gegenüber ausländischen Währungen implizieren. Die gesamtwirtschaftliche Bedeutung ist evident.

Beide Vorgehensweisen, die abwehrend-vorsichtige wie auch die ziemlich absurde, sich selbst aufgebende, erweisen sich mit anderen Worten als fragwürdig und perspektivenlos. Die Suche nach wirklichen Alternativen ist deshalb vordringlich. Welches sind denn aber die Unverzichtbarkeiten, die eine solche andere Strategie kennzeichnen würde, und wo bestünde allenfalls Handlungsspielraum?

Es gibt im Zusammenhang mit dem Bankgeheimnis einen Grundrechtsaspekt. Beinahe jegliches individuelle Tun und Lassen findet letztlich immer sein Abbild in Geld- bzw. Kontobewegungen. Totale finanzielle Transparenz ist deshalb gleichbedeutend mit polizeistaatlicher Totalität. Es kann nicht sein, dass es eine unbeschränkte Legitimation für einen Big Brother (und wäre er noch so wohlwollend …) gibt. Das Notleiden (leerer) Staatskassen reicht für eine derartige Legitimation nicht aus. In diese Richtung müsste denn auch die Formulierung der Unverzichtbarkeit gehen. Der von der EU anvisierte Informationsaustausch reiht sich lückenlos in die Geschichte des Alten Kontinents mit seinem persistenten Mangel an Verhältnismässigkeit in der Gewichtung der Interessen von Institution und Individuum. Der Widerstand dagegen ist von übergeordnetem Interesse.

Hingegen sind auf der rein finanziell/fiskalischen Seite Kompromisse eher denkbar. Eine Beteiligung ausländischer Fisken an – beispielsweise – Einnahmen aus einer Zinsbesteuerung von Guthaben ausländischer Kunden in der Schweiz hätte zumindest den Vorteil, dass auf der Ebene des individuellen Steuersubjekts keine Informationen fliessen und insofern die Grundrechtsproblematik entfällt. Zudem sähe sich die Schweiz des Makels entledigt, auf fiskalischer Seite völlig unkooperativ zu sein. Würde sich die Besteuerung in engen (und bezüglich Erhöhungen demokratisch kontrollierbaren!) Grenzen halten, würde auf diese Art die Schweiz aus dem Offshore- zum europäischen Benchmarkplatz. Keine ganz unattraktive Variante.

Anmerkungen

1   Schweizer Monatshefte Nr. 7/8, 1999, S. 6ff.
2   NZZ Abendausgabe Nr. 2159, 15. Oktober 1948, Blatt 8.

Privatheit und Bankgeheimnis – Staatsphilosophische und wirtschaftsethische Überlegungen

Peter Koslowski

Die Unterscheidung von privat und öffentlich ist eine Konstante der europäischen Geistesgeschichte. Es ist nicht der Staat, der das Recht auf Privatheit einräumt, sondern die Gesellschaft, die dem Staat Eingriffsrechte wie das Steuerrecht in wohldefinierten Rechtssituationen zugesteht. Das Eigentumsrecht steht im Rang über dem Steuerrecht des Staates. Dadurch ist auch das Bankgeheimnis gegen den Eingriff des Staates geschützt. Nur bei dringenden Verdachtsmomenten kann das Bankgeheimnis aufgehoben werden. Der Beitrag diskutiert das Problem des Bankgeheimnisses am Beispiel des Schweizer Bankgeheimnisses.

The distinction of private and public is a constant of Western history. It is not the state that yields the right to privacy to society but society that yields the right to intervene like the right to tax to the state. The right to property is of higher rank than the right of the state to tax. The right to bank secrecy is therefore protected against the intervention by the state. Only in very urgent situations of suspicion, the bank secrecy right can be superseded. The article discusses the problem of bank secrecy at the example of the Swiss bank secrecy rules.

Der Dualismus von privat und öffentlich ist eine Konstante der europäischen Geschichte und europäischen politischen Philosophie seit Aristoteles. Aristoteles unterscheidet die Sphäre des Politischen und Öffentlichen, die Polis oder Stadt, von der Sphäre des Wirtschaftlichen und Privaten, dem oikos oder Haus. Er kritisiert Platos Theorie der Politeia und der Aufhebung dieser Differenz. Plato hatte bekanntlich gefordert, dass es im Idealstaat, der Politeia, keinen Unterschied zwischen privat und öffentlich, Oikonomia und Politeia, geben dürfe. Für das Gemeinwesen, so Plato, sei es von grösster Bedeutung, dass alle unterschiedslos in gleicher Weise von allem betroffen werden. Wenn es jedoch eine Sphäre des Privaten gebe, sind manche mehr von dem, was dem Staat zustösst, betroffen als andere, die sich in ihre Privatsphäre zurückziehen können.

Der Dualismus von privat und öffentlich als Konstante
der europäischen Geschichte

In der Tat ist dies eines der immer wiederkehrenden Argumente gegen das Recht auf Privatheit. Privatheit bewirkt, dass nicht alles Politische auf alle in gleicher Weise durchschlägt. Das Recht auf Privatheit ermöglicht einen Schutzraum des Privaten und eine Differenz zum Öffentlichen. Dieses Recht ist von seiner Natur her nicht gleich in seiner Ausprägung. Wer ein grösseres Grundstück oder Appartement besitzt, hat einen grösseren Raum des Privaten als derjenige, dessen Raum des Privaten kleiner ist. Die Verbindung von Privatheit und Ungleichheit ist es stets, die das Ressentiment gegen das Privatheitsprinzip hervorruft, und die Argumente gegen Privatheit gleichen häufig jenen gegen Ungleichheit.

Das Argument für Privatheit ist das Gegenargument zum platonischen Argument zugunsten der Notwendigkeit der gleichen Betroffenheit aller: Es gibt ein Interesse der Allgemeinheit daran, dass in Zeiten politischer Fehler oder Verirrungen nicht alle in gleicher Weise vom Öffentlichen betroffen werden. Das Private ist eine Sicherung gegen die Totalisierung des Falschen durch die Politik. Natürlich impliziert dies, dass auch das gute Öffentliche dadurch nicht in der gleichen Weise totalisiert wird, weil sich ja der Raum des Privaten ausserhalb des Öffentlichen bewahren kann.

Das Bankgeheimnis in der Schweiz hat zweifellos bewirkt, dass der Zugriff der Nazis auf jüdische Konten in der Schweiz verhindert werden konnte. Der Angriff der Nazis auf das Privatrecht im allgemeinen und die Aufhebung jedes Privatrechtsschutzes für die jüdischen Bürger bewirkte, dass die totalitäre Ideologie und Praxis in alle Lebensbereiche Deutschlands vordringen konnte. Der Schutz der Privatsphäre ist daher so etwas wie ein Risikominimierungsverfahren gegen den totalen Durchgriff des Staates und damit gegen dessen politische, rechtliche und kulturelle Irrtümer. Das Recht auf Privatheit und das Insistieren auf der Differenz privat und öffentlich bewirken vielleicht, dass nicht der Optimalstaat verwirklicht wird, weil sich die Bürger das Recht auf Privatheit vorbehalten, aber sie bewirken die Verhinderung des Schlechtesten, dass sich nämlich das schlechte Öffentliche überall einnistet, dass es totalisiert wird. Die Differenz von privat und öffentlich ist notwendig, weil das Schlechteste immer zu vermeiden ist, weil es aber nicht immer möglich ist, das Beste zu verwirklichen. Die Forderung, das Politische nicht zu totalisieren, folgt aus dem Prinzip des Rechts und der Ethik, das Falsche zu vermeiden, nicht aber das Optimale zu fordern. Die Forderung, an der Differenz von privat und öffentlich festzuhalten, ist eine Art negativer Utilitarismus. Es geht nicht darum, den Monismus und maximalen Nutzen des optimalen Öffentlichen zu verwirklichen, sondern den negativen Nutzen oder Schaden der Totalisierung des schlechten Öffentlichen zu vermeiden. Diese Forderung folgt aus der Schwäche der menschlichen Natur und der Gefahr, die immer gegeben ist, dass sich diese Schwäche in der kollektiven Aktion des Politischen potenziert und totalisiert.

Aristoteles macht bereits alle Einwände, die gegen die Aufhebung der Differenz von privat und öffentlich erhoben werden müssen, gegen Platos Theorie des Gemeineigentums und der Aufhebung der Differenz von privat und öffentlich, Oikos und Polis: Er wendet gegen Plato ein, dass das Gemeineigentum nicht wirklich Eigentum ist und dass sich die Einzelnen nicht mehr um die Dinge kümmern werden, wenn es keine Differenz zwischen dem Allgemeinen und dem Besonderen gibt. Er kritisiert weiter an Plato, dass das Prinzip der gemischten Verfassung und der Gewaltenteilung mehrerer Verfassungsprinzipien sowie das Prinzip der Unterscheidung von privat und öffentlich im Staat mit Gemeineigentum und Aufhebung der Privatsphäre nicht verwirklicht werden können.[1]

Es scheint, als ob Plato einige dieser Kritikpunkte akzeptiert hat. In der Retraktation seiner politischen Philosophie in den *Gesetzen* gibt er den Gedanken des Gemeineigentums und der Aufhebung der Differenz von Polis und Oikos auf.

Das Christentum tendierte in seinen Anfängen dazu, die Unterscheidung von privat und öffentlich zur Unterscheidung zwischen der Öffentlichkeit und der Sphäre der religiösen Innerlichkeit zu verschärfen. Die Differenz von Staat und Kirche tat im lateinischen Christentum ihr Übriges, die Sphäre des Politischen und des Religiösen zu trennen und die Sphäre des Privaten und der religiösen Innerlichkeit von der Sphäre des Öffentlichen, auch der öffentlichen Religion, zu unterscheiden.

Grenzen des Staates

Der Schutz der Privatsphäre steckt dem Staat und seinen Zugriffs-
rechten Grenzen. Warum ist die Frage nach den Grenzen des Staates von
besonderer Bedeutung? Der Staat ist die letzte Institution, die eintritt,
wenn alle anderen Institutionen versagt haben. Der Staat ist der letzte
Zufluchtsort, der Letzthaftende und der über Staat und Gesellschaft Letzt-
entscheidende. Auch wenn der Staat durch internationale Organisationen
einen Funktionsverlust erleidet, wird eine Institution immer die Funktion der Letztentscheidung übernehmen müssen, und diese Institution ist
der Staat. Der Staat ist, so Luhmann, eine paradoxe Menge, die sich selbst
enthält. Der Staat ist die Einheit von Staat und Gesellschaft und legt
zugleich durch die Legislative die Differenz zwischen sich und der Gesellschaft fest.[2] Der Staat enthält daher zunächst keine Grenze seiner selbst.
Er ist potenziell der Alles-Entscheidende. Tatsächlich wird er von aussen
durch Machtverhältnisse, internationale Organisationen und andere Staaten daran gehindert, alles zu entscheiden. Durch die Verfassung und das
Recht bindet er sich zudem selbst an die Kohärenz seines Handelns, wie
am Beispiel des Politischen gezeigt wurde.

Gibt es darüber hinaus Grenzen des Staates? Zwei Grenzen sind zu
nennen, die historisch-zeitliche oder logische Grenze, die den Naturzustand vom staatlichen trennt, und die Grenze, welche aus der Notwendigkeit der Freiheitssicherung des Individuums gegenüber Eingriffen des
Staates in das Leben des Individuums folgt.

Der Naturzustand als Grenze des Staates

Die Lehre vom vorstaatlichen Naturzustand ist für die Frage der
Grenzen des Staates ambivalent. Die Annahme, dass ein vorstaatlicher
Naturzustand möglich ist und historische Realität war, begrenzt die
«Selbstverständlichkeit» des Staates. Libertäre Modelle einer staatslosen
Gesellschaft können auf die historische Realität weitgehend staatsloser
Gesellschaften wie das mittelalterliche Island oder den Wilden Westen
Amerikas verweisen. Voraussetzung freier staatsloser Gesellschaften ist
die Existenz von vorstaatlichen Eigentumsrechten, die ihre Geltung nicht
dem Staat verdanken. Die Annahme ist, dass es ein Eigentumsrecht der
ursprünglichen Aneignung gibt, das ohne Staatsgewalt gesichert werden
kann.

Die Lehre vom ursprünglichen Naturzustand ist dagegen etatistisch, wenn sie wie bei Rousseau davon ausgeht, dass der Gesellschaftsvertrag erst das Eigentum begründet und dass es kein Eigentum vor dem Gesellschaftsvertrag und dem Eintritt in den staatlich-politischen Zustand gab und gibt. Rousseau nennt die Rede vom Eigentum den Mythos aller Mythen, den die Besitzer den Nichtbesitzern beim Eintritt in den staatlichen Zustand erzählen.

Die Frage, ob Eigentum nur aus der Anerkennung des Eigentums als Institution durch alle entsteht, wie es Rousseau und Hegel behaupten, oder ob es durch ursprüngliche Aneignung, Arbeit, Gewohnheitsrecht oder das Recht der originären Neuschöpfung schon vorstaatlich konstituiert ist, ist für die Bestimmung der Grenzen der Wirksamkeit des Staates und des Rechts auf Privatheit von grosser Bedeutung. Die Lehre von der Begründung des Eigentums im Willen aller zum Eigentum ist stets der Ausdehnung der Wirksamkeit des Staates förderlich, während die naturrechtliche Begründung des Eigentums die Rolle des Staates zurücknimmt. Das Eigentumsrecht ist vorstaatlich, weil seine Entstehungsbedingungen vorstaatlich sind. Die Anerkennung des bereits entstandenen Eigentums durch staatliches Recht ist nicht mit der ursprünglichen Eigentumsentstehung – selbst im staatlichen Zustand nicht – zu verwechseln. Wenn jemand etwa eine Erfindung macht, ist er der Eigentümer dieser Erfindung, unabhängig davon, ob es ein Copyright oder Patentrechte gibt oder nicht. Das gilt freilich nicht für die Durchsetzbarkeit dieser Rechte.

Grenzen des Staates aufgrund der Freiheitssicherung des Individuums und Grenzen der Begründung von Staatstätigkeit durch Vorteilskalküle

Das Urmodell der Begründung des Staates aus dem Vorteilskalkül des Einzelnen, der es vorzieht, im staatlichen Zustand statt im Naturzustand zu leben, ist Hobbes. Nach Hobbes treten die Individuen in den politischen oder staatlichen Zustand aufgrund eines Nutzen- oder hedonistischen Kalküls ein. Hobbes' politischer Hedonismus[3] besteht darin, dass er annimmt, dass die Individuen bereit sind, alle ihre Freiheit für den Nutzen der Sicherung des Lebens an den Souverän abzugeben. Damit wird ein Maximalstaat auf minimalistischer Grundlage begründet. Im Sozialstaat wird der politische Hedonismus fortgesetzt: Immer wenn der Staat uns mehr Lust als Leiden, mehr Vorteile als Lasten, mehr Staatsleistungen als Steuerlasten verschafft, wenn also unser hedonistisches Kalkül aufgeht, sollten wir nichtstaatliche Funktionen an den Staat abtreten. Wenn wir mehr Güter, hedonistische Befriedigung, Sicherheit, Glück durch den Staat erhalten können, sollten wir die entsprechende Staatstätigkeit verlangen und fördern, auch wenn dies einen Verlust an Freiheit und das Risiko grösserer Macht der Politiker über unser Leben bedeutet.

Dieser politische Hedonismus liegt auch der Begründung zugrunde, die für das so genannte Wagnersche Gesetz (nach Adolf Wagner) gegeben wird, welches besagt, dass mit der Höherentwicklung der Gesellschaft mehr Staatsfunktionen nachgefragt werden und die Staatstätigkeit daher immer mehr zunimmt. Die gegenwärtig beobachtbare Gegenbewegung, dass zunehmend staatliche Leistungen wie Sicherheit durch gesellschaftliche Träger, private oder internationale Anbieter übernommen werden, stellt das Wagnersche Gesetz empirisch in Frage.

Das Argument der Notwendigkeit der Freiheitssicherung gegenüber staatlicher Macht kritisiert diesen politischen Hedonismus auf mehreren Ebenen: Zunächst macht es geltend, dass Freiheitsverluste und Risiken durch staatliche Macht in das politische hedonistische Kalkül eingehen müssen. Weiter müssen die Grenzen des Mehrheitsprinzips im Recht zu besteuern, die Grenzen des Rechts zu progressiver Besteuerung, die Grenzen des Rechts zur Staatsverschuldung wegen der Belastung künftiger Generationen und wegen der Gefahr der Staatsschuldillusion beachtet werden. Zum anderen kann Gerechtigkeit nicht nur als ein Argument für die Ausdehnung der Staatsfunktionen, sondern auch als ein solches für deren Begrenzung angeführt werden, wenn die Mehrheit sich Vorteile zu Lasten der Minderheit unter Missachtung des Gerechtigkeitsgebotes verschafft.

Die Mängel des politischen Hedonismus liegen, wie beim philosophischen Hedonismus, in seinem Missverständnis der Bedingungen, unter denen Glück erlangt werden kann. Der Staat hat die Bedingungen zu sichern, unter denen Glück von den Individuen gesucht werden kann, also Freiheitssicherung durch Recht zu schaffen. Das Glück der Individuen selbst kann er nicht sichern. Die Grenzen des Staates ergeben sich daher aus den Bedingungen der Sicherung menschlicher Freiheit und der ausserstaatlichen Güter von Leben, Eigentum und Handlungsfreiheit. Der Rechtsstaat, der aus diesen Grenzen des Staates folgt, ist kein Minimalstaat, aber eher ein Minimal- als ein Maximalstaat. Er belässt die Individuen im Wesentlichen so, wie er sie vorfindet.

Dieser Konzeption des Staates steht das Modell des Staates als Akteur der Selbsterzeugung der Gesellschaft nach ihrem eigenen Bild, das

Modell der Einheit von Staat und Gesellschaft als Subjekt-Objekt gegenüber. Die Ursprünge dieses Modells liegen in der Identitätsphilosophie
des Idealismus von Hegel und Schelling.[4] In dieser Tradition ist der Staat
die Selbstbezüglichkeit und das Selbstbewusstsein der Gesellschaft oder
des Volkes. Im Staat wird, was in der Gesellschaft bisher nur unbewusst
und kontingent war, auf die Ebene des Bewussten und Notwendigen
gehoben: Der Staat hebt die Zufälligkeit der Gesellschaft und des Begriffs
in das Allgemeine staatlicher Politik auf. Die falsche Voraussetzung ist
hier, dass das Kontingente und das Private der bürgerlichen Gesellschaft
und des Marktes aufhebbar sind, dass der Staat mehr weiss als der Markt
und dass das Kontingente und das Private keine eigenständige Bedeutung
haben. Verfehlt ist am identitätsphilosophischen Verständnis von Staat
und Gesellschaft auch die Annahme, dass, weil alle von der Gesellschaft
ungelösten Probleme schliesslich beim Staat als dem letztentscheiden-
den enden, dieser auch die Mittel habe, sie zu lösen, und alle Gegensätze
aufheben könne. Das Hegelsche Modell kennt keine Subsidiarität zwischen Staat und Gesellschaft, sondern nur die lineare Aufhebung der
Gegensätze der Gesellschaft im Staat. Ein subsidiäres Eintreten der
Gesellschaft für Insuffizienzen des Staates kommt in ihm nicht vor.[5] Für
das identitäre Modell von Staat und Gesellschaft als Subjekt–Objekt gibt
es kein Primärrecht des Eigentums und der Privatsphäre. Vielmehr lässt
der Staat Bereiche aus seiner Wirksamkeit aus, beschränkt sich selbst,
räumt der Privatsphäre Raum ein.

Im Modell des Vorrangs des gesellschaftlich bereits geltenden Eigentums vor dessen staatlicher Anerkennung ist dagegen die Sphäre des Privaten und Gesellschaftlichen das Primäre und Vorrangige, das dem Staat
Rechte über sich einräumt und nicht umgekehrt vom Staat seinen Raum
eingeräumt bekommt. Diese unterschiedliche Beweislastregel zwischen
dem identitären und dem personalistischen Modell von Staat und Gesellschaft ist für die Frage des Schutzes der Privatsphäre entscheidend. Es ist
nicht die Sphäre der Gesellschaft, die zu begründen hat, warum sie frei-
gelassen bleiben soll, sondern es ist der Staat, der zu begründen hat,
warum er ein Eingriffsrecht in die Gesellschaft und in die Sphäre der Privatheit hat. In ähnlicher Weise hat auch Michael Oakshott darauf hingewiesen, dass die «civil society» eine Sphäre eigenen Rechts ist, die nicht
durch den Staat konstituiert wird. In ihr gehen die Menschen ihren
Zwecken nach, welche immer diese sein mögen, ohne auf kollektive
Zwecke verpflichtet zu sein oder verpflichtet werden zu können.

Der Dualismus von privat und öffentlich als Ausdruck
der Skepsis gegen den Menschen als politisches Wesen

Die Differenz von privat und öffentlich ist eine Konstante, die eng verbunden ist mit der westlichen Skepsis gegen den Menschen, vor allem
gegen den Menschen als «zoon politikon», als politisches Wesen. Verbindungen zur Erbsündenlehre drängen sich hier auf. Wenn bereits der Einzelne stets versucht ist, unrecht zu handeln und unrecht handelt, wie viel
mehr ist das von der Verbindung dieser Menschen in der kollektiven
Handlung zu befürchten. Die Forderung nach der Differenz von privat
und öffentlich entsteht aus der Einsicht, dass das Kollektiv das Schlechte
potenziert, wenn die Mehrheit oder eine starke Minderheit das Böse oder
Schlechte will. Dieses Schlechte kann vom trivialen Übel des einfachen
Neides bis zur rasenden Eifersucht und völligen Kriminalisierung des
Öffentlichen in der Sklaverei und dem Genozid reichen. Die Macht der
vereinigten Kräfte von Privatem und Öffentlichem kann ins Böse umschla-
gen und es weit über das hinaus vergrössern und potenzieren, was das
Böse des Individuums vermag. Eine kleine Veränderung des Inhaltes des
Wortes «gut» kann, wenn sie öffentlich und allgemein gemacht wird, die
Sphäre des Öffentlichen ins Böse umschlagen lassen.

Ein zentrales Beispiel ist hier der Neid. Neid ist der wesentliche Grund
für den Schutz des Privaten. Es ist auch das zentrale Argument für das
Bankgeheimnis und die Vertraulichkeitsgebote in Finanzangelegen-
heiten. Neid und Eifersucht gehen in ihrer Wirksamkeit weit über den
individuellen Neid hinaus, wenn sie sich mit politischer Macht verbinden
und sich zum politischen Ressentiment gegen Individuen, Gruppen oder
Nationen formieren. Barrieren der Information und der Transparenz
gegenüber der Privatsphäre und der Schutz des Privaten sind daher häufig der beste Weg, um das Ressentiment erst gar nicht zur Entwicklung
kommen zu lassen. Sie sind Ressentimentvermeidungsstrategien. Gerade
wenn das Ressentiment und der Neid ganze Gruppen zu beherrschen und
zur Feindseligkeit gegen Minderheiten oder andere Nationen aufzu-
stacheln droht, ist der Schutz gegen das unberechtigte Ausgesetztwerden
der angefeindeten Gruppen und der Schutz ihrer Privatsphäre die einzige Möglichkeit, das Ressentiment und den Neid zu begrenzen.

Das Bankgeheimnis als Schutz der Privatsphäre
am Beispiel der Schweiz

Es ist bekannt, dass der Schutz des Bankgeheimnisses in der Schweiz ausgeprägter und ausgedehnter ist als in anderen Industrienationen. Es ist daher von Interesse, das Problem des Bankgeheimnisses am Beispiel der Schweiz zu diskutieren. Die Bedingungen, unter denen das Schweizer Bankgeheimnis aufgehoben werden kann, sind sehr restriktiv. Das Steuerrecht durchbricht das Bankgeheimnis nicht. Dies ist der entscheidende Unterschied zu den USA und zu Deutschland: Die Schweiz hält daran fest, dass das Interesse des Fiskus an der Durchleuchtung seiner Bürger und natürlich auch das Interesse des ausländischen Fiskus an Informationen über Konten seiner Bürger auf Schweizer Banken das Bankgeheimnis aufhebt. Das amerikanische Recht kennt kaum mehr einen Schutz des Bankgeheimnisses. Besonders bedenklich ist es, dass der amerikanische Fiskus in einem Masse das Bankgeheimnis anderer Länder durchbrechen kann, wie es in früheren Zeiten unter souveränen Nationen nicht möglich war.

Das Strafrecht hebt das Bankgeheimnis auch in der Schweiz auf – wenn auch nicht im selben Ausmass wie in den USA und in Deutschland. Einfache Steuerhinterziehung begründet weder für Schweizer Bürger noch für ausländische Konteninhaber eine Aufhebung des Bankgeheimnisses. Nur die fortgesetzte Hinterziehung grosser Steuerbeträge begründet Rechte besonderer Steuerkontrollorgane (BESKO) bei der direkten Bundessteuer. An den ausländischen Fiskus müssen und dürfen schweizerische Banken Auskünfte nur in Fällen schwerwiegender Strafverfahren geben. Das Strafrecht begründet jedoch auch bei Schweizer Bürgern in Fällen des Abgaben- bzw. Steuerbetruges eine Aufhebung des Bankgeheimnisses.

Von der Wirtschaftsethik her ist die Frage zu stellen, ob die schweizerischen Regelungen dem Grundsatz der Sachgerechtigkeit und der Rechtsidee entsprechen. Häufig wird ja in der Kritik am Bankgeheimnis behauptet, die Schweiz mache sich dadurch der Beihilfe zur Steuerhinterziehung schuldig und unterstütze, wie etwa im Falle des Ex-Präsidenten des Kongo Mobutu, ein schwerwiegendes Ausbeutungsverhalten. Die Frage ist, ob es wirtschaftsethisch vertretbar ist, dass es ein Land in Kauf nimmt, dass sein in ihm geltendes weitergehendes Bankgeheimnis dem Anleger aus dem Ausland die Steuervermeidung und Steuerhinterziehung in dessen

Inland erleichtert. Kann die Schweiz dem Fiskus des Heimatlandes des ausländischen Anlegers den Zugriff auf die Information über die in der Schweiz gehaltenen Konten vorenthalten? Nimmt die Schweiz, wenn sie diese Information nicht zugänglich macht, die Steuerhinterziehung ausländischer Bürger mit Hilfe von Schweizer Konten billigend in Kauf, oder erklärt sie sich nur als unzuständig für die Steuerfahndung des Auslandes?

Zunächst ist zu sagen, dass eine billigende Inkaufnahme dann gegeben wäre, wenn die Schweiz die Steuerfahndung nach Ausländern anders als diejenige nach Inländern behandeln würde. Die Analyse des schweizerischen Rechts ergibt jedoch, dass der schweizerische Fiskus auch auf die Konten von Schweizer Bürgern in der Schweiz keinen Zugriff bzw. einen im Vergleich zu Deutschland sehr erschwerten Zugriff hat, so dass das Bankgeheimnis und die dadurch bewirkte Erschwerung der Steuerfahndung für Inländer und Ausländer in der Schweiz gleichermassen gelten. Die schweizerischen Institutionen ermutigen also nicht zur Steuerhinterziehung von Ausländern im Ausland, sondern halten hier die Gleichbehandlung von Inländern und Ausländern ein.

Zu fragen ist weiter, ob es eine ethische Pflicht der Schweizer Behörden gibt, die Steuerfahndung des Auslandes zu unterstützen, wenn es sich um blosse Verdachtsmomente oder gar Rasterfahndungen handelt. Hier scheint Zurückhaltung angezeigt zu sein. Zum einen muss man das Recht der Schweiz anerkennen, durch das Bankgeheimnis internationales Kapital anzuziehen. Wenn Kapitalanleger durch ein strikteres Bankgeheimnis bewogen werden, ihr Geld in der Schweiz anzulegen, kann man nicht ohne weiteres von der Schweiz erwarten, dass sie diesen komparativen Vorteil durch eine Unterstützung der Steuerfahndung des Auslandes verringert oder gar aufhebt. Die Schweizer Institutionen können mit Recht argumentieren, dass sie für vielleicht überhöhte Steuersätze ihrer Nachbarländer nicht verantwortlich sind und auch keine ethische Pflicht für ein Land besteht, möglicherweise überhöhte Steuern seiner Nachbarländer einzutreiben oder deren Eintreibung zu unterstützen.

Die progressive Einkommenssteuer ist kein Naturrecht, das jedes Land zu achten und durchzusetzen hat. Die Steuervermeidung bei überhöhten Progressionssätzen widerspricht nicht dem internationalen Privatrecht und muss daher nicht von jedem Staat verfolgt werden.

Für Deutschland ist das Gefälle zwischen den Steuersätzen in Deutschland und seinen Nachbarländern zumindest insofern heilsam, als es den «hungrigen» deutschen Fiskus daran hindert, die Steuerschraube noch mehr anzuziehen. Leider sind die verteilungspolitischen Konsequenzen dieser Entwicklung nicht erfreulich, weil sie es nur den wohlhabenden Schichten Deutschlands ermöglichen, ihre Steuerlast durch Verlegung des Kapitals herabzusetzen, dem einfachen Mann diese Möglichkeit des Protests gegen die Steuer jedoch nicht gegeben ist. Hierin ist zweifellos die Achillesferse des schweizerischen Bankgeheimnisses zu sehen, die ja von seinen Kritikern aus der Schweiz selbst auch immer wieder vorgebracht wird.

Grundsätzlich gilt, dass in einer globalisierten Wirtschaft kleine Länder einen Vorteil erlangen können, wenn sie niedrige Steuersätze im Inland einführen und dadurch ausländisches Kapital aus den bevölkerungsstarken Nachbarländern mit hohen Steuersätzen anziehen. Der durch niedrigere Steuersätze eintretende Verlust beim Steueraufkommen der Inländer kann durch den durch die niedrigen Steuersätze angezogenen Kapitalzufluss und die durch ihn verursachten zusätzlichen Steuerzahlungen oder Zinserträge aus den auf den Banken gehaltenen Konten mehr als ausgeglichen werden. Langfristig kann dieser komparative Vorteil der kleinen Staaten die Steuerbasis der grossen Länder so aushöhlen, dass diese zu erheblichen Senkungen der Steuersätze gezwungen werden. Dass in der EU der Ruf nach einer Harmonisierung der Steuersätze zwischen den EU-Ländern immer lauter wird, erklärt sich aus dieser Entwicklung. Er ertönt am lautesten in Deutschland, dessen hohe Steuersätze durch die kleinen Nachbarländer unter Druck gesetzt werden.

Eine Steuerharmonisierung ist wohl notwendig in Europa, nur sollte niemand glauben, dass diese Harmonisierung nach oben, in Richtung höherer Durchschnittssteuersätze, geschehen wird. Die Harmonisierung wird eine solche nach unten, zu geringeren Steuersätzen, sein und damit wahrscheinlich das Ende des Steuerstaates in Europa einläuten. Der Druck, den die Schweiz auf die Steuersätze der EU-Mitgliedsländer ausübt, ist nicht zu kritisieren, da ihn, wenn die Schweiz ihre Steuersätze erhöhen und ihr Bankgeheimnis abschwächen würde, andere Länder wie Österreich, Luxemburg und die Tschechische Republik ausüben würden. Initiativen der deutschen Regierung gegen Ende des Jahres 2002, die auf eine Amnestie bei Nachmeldung im Ausland geparkter und nicht versteuerter Kapitaleinkünfte zielte, weisen auf Entwicklungen in Richtung niedrigerer Steuersätze hin.

Die Frage, ob das Schweizer Bankgeheimnis nicht nur der Steuervermeidung, sondern auch der Beihilfe zur Steuerhinterziehung durch das Bankgeheimnis dient, ändert sich jedoch vollständig dann, wenn es nicht nur um unterschiedliche Steuersätze, sondern um das Horten von unrechtmässig erworbenem, geraubtem oder gestohlenem Eigentum oder um bereits in einem Strafverfahren des Auslandes aktenkundig gewordene Steuerhinterziehung geht. Die Schweiz würde sich, wenn sie den Transfer solcher Vermögenstitel in die Schweiz durch das Bankgeheimnis deckte, der Hehlerei schuldig machen.

Das schweizerische Recht hebt deshalb das Bankgeheimnis etwa auf, wenn ein Strafverfahren vorliegt und der ausländische Fiskus einen schweren Abgaben- bzw. Steuerbetrug eines seiner Bürger, der in der Schweiz ein Konto unterhält, nachweisen kann. Würde die Schweiz in einem solchen Fall auf dem Bankgeheimnis gegen das internationale Strafverfolgungsinteresse bestehen, würde sie sich in der Tat dem Vorwurf der Beihilfe zur Steuerhinterziehung aussetzen. Es ist nur folgerichtig, dass deshalb die Schweiz bei Abgabenbetrug dem ausländischen Staat Amts- und Rechtshilfe leistet. Das schweizerische Bankgeheimnis hält durchaus die Balance zwischen dem Interesse an der Wahrung des Bankgeheimnisses und der Vermeidung des Verdachts der Unterstützung von Steuerhinterziehungsverhalten der ausländischen Kontoinhaber.

Dies ist daran zu erkennen, dass *erstens* die schweizerischen Banken dem inländischen Fiskus dieselben Daten vorenthalten, die sie auch dem ausländischen Fiskus nicht liefern. Die schweizerischen Behörden werden dem ausländischen Fiskus keine Bankdaten geben, die die Banken dem eigenen schweizerischen Fiskus vorenthalten können. Die Schweiz leistet *zweitens* aus Gründen ihrer Neutralität keine Rechtshilfe bei Ermittlungen von Tatbeständen, welche sie als politische, militärische oder devisenrechtliche Tatbestände ansieht. Es scheint kein wirtschaftsethischer Einwand gegen dieses Beharren auf der Neutralität auch bei steuerrechtlichen Tatbeständen, die aus politischen, militärischen oder devisenrechtlichen Tatbeständen entstehen, vorzuliegen. Die Schweiz leistet *drittens* keine Rechtshilfe, wenn der Gegenstand des ausländischen Verfahrens eine Tat ist, die Steuer-, Zoll- oder Währungsvorschriften des Auslandes verletzt oder gegen dessen handels- oder wirtschaftspolitische Vorschriften verstösst. Hier ist weniger eindeutig, dass das Neutralitätsgebot auch die Neutralität gegenüber allen steuerrechtlichen Vorschriften des Auslandes fordert. Andererseits kann man auch nicht eine dringliche

Aufhebung des Neutralitätsgebots aufgrund von Steuer-, Zoll- oder Währungsvorschriften begründen, da weder die Menschenwürde noch hohe Persönlichkeitsrechte berührt sind.

Der Neutralität in Fragen des ausländischen Steuer-, Zoll- und Währungsrechts steht die eindeutige Selbstverpflichtung der Schweiz gegenüber, Rechtshilfe in solchen Fällen zu leisten, in denen der Abgabenbetrug des Ausländers eine Handlung darstellt, die auch nach Schweizer Recht so zu nennen ist. Wirtschaftsethisch scheint die schweizerische Balance zwischen der Neutralität gegenüber dem Interesse des ausländischen Fiskus, seine Steuern einzutreiben, und der klaren Unterstützung von Strafverfolgungsbehörden des Auslandes in Fällen, in denen eindeutige Straftatbestände vorliegen, durchaus gelungen. Eine ethische Pflicht zur Unterstützung des Fiskus eines ausländischen Staates ist dagegen kaum begründbar.

Zu fragen ist allerdings, ob die Neutralität der Schweiz und damit die strikte Geltung des Bankgeheimnisses gegenüber internationalen und ausländischen Steuer-, Zoll- oder Währungsvorschriften auf Dauer durchzuhalten ist. Wenn nämlich die schweizerische Wirtschaft ebenfalls zunehmend noch mehr international verflochten sein wird und ihrerseits die Schweizer Behörden ein Interesse daran haben werden, ihre Rechtsansprüche in Steuerverfahren gegen Vermögenstitel der Schweizer Bürger im Ausland geltend zu machen, werden die Schweizer Behörden um eine weiterreichende internationale Kooperation in Fragen der Steuerfahndung und -eintreibung nicht herumkommen. Hier liegt offensichtlich eine Güterabwägung vor zwischen dem Interesse der Schweiz an der Aufrechterhaltung des Bankgeheimnisses und ihrem Interesse, an der internationalen Zusammenarbeit in der Steuerfahndung beteiligt zu sein.

Wie sich diese Güterabwägung entwickeln wird, ist keine wirtschaftsethische Frage, sondern eine der schweizerischen Staatsräson. Solange die Vorteile aus der «wirtschaftspolitischen und steuerrechtlichen Neutralität» deren Kosten übersteigen, wird die Schweiz – diese Prognose kann man wohl wagen – an ihr festhalten und Nachteile bei ihren Exporten und der internationalen Zusammenarbeit in Kauf nehmen.

Sollten die Nachteile für die Schweizer Industrie und den Fiskus die Vorteile für die Schweizer Finanzinstitutionen und Finanzmärkte jedoch übersteigen, wird eine Einschränkung des Bankgeheimnisses eingeführt werden. Voraussehbar ist der Konflikt in dieser Frage zwischen den Schweizer Banken und Finanzinstitutionen einerseits und der Schweizer

(Export-)Industrie andererseits. Wer ihn gewinnen wird, ist schwer abzusehen, weil die Vor- und Nachteile, die auf beiden Seiten entstehen, nur schwer zu bewerten sind. Die Wirtschaftsethik erlaubt zu dieser Frage, die primär keine ethische, sondern eine wirtschafts- und fiskalpolitische ist, keine eindeutige Aussage.

Das Schweizer Bankgeheimnis ist eine Form der fiskalischen Neutralität der Schweiz gegenüber den Finanzbehörden des Auslands und seine Reform oder Beibehaltung daher, wie alle Fragen der Reform oder Beibehaltung der überkommenen Form der schweizerischen Neutralität, eine Entscheidung der schweizerischen Souveränität, die das Volk im Ausgleich zwischen den an dieser Frage ganz unterschiedlich interessierten schweizerischen Interessengruppen fällen muss. Das Bankgeheimnis ist ein integraler Bestandteil des Schutzes der Privatsphäre. Es ist ein Prinzip der Vermeidung von Neid und Ressentiments, das nur in sehr gut begründeten Fällen, etwa beim wirklichen Nachweis der Steuerhinterziehung, aufgehoben werden sollte. Rasterfahndungen und die Aufhebung des Bankgeheimnisses bei bloss schwachen Verdachtsmomenten stellen ein Überschreiten der dem Staat gesetzten Grenzen dar und gefährden die notwendige Unterscheidung von privat und öffentlich. Das Steuerrecht des Staates steht, entgegen weit verbreiteter Anschauungen, nicht über dem Recht auf Privatheit. Vielmehr ist in jedem einzelnen Fall zu prüfen, ob dem Staat die Aufhebung des Bankgeheimnisses und des Rechtes auf Schutz der Privatsphäre zusteht oder nicht. Dies gilt auch in der gegenwärtigen Verschärfung der Situation durch den internationalen Terrorismus und dessen internationale Finanzoperationen.

Anmerkungen

1   Vgl. Peter Koslowski, «Zum Verhältnis von Polis und Oikos bei Aristoteles. Politik und Ökonomie bei Aristoteles», 1976, 2. Aufl. 1979, 3. durchges. u. erg. Aufl. unter dem Titel Politik und Ökonomie bei Aristoteles, Tübingen (J. C. B. Mohr [Paul Siebeck]) 1993.

2   Vgl. P. Koslowski, «Gesellschaft und Staat. Ein unvermeidlicher Dualismus», Stuttgart (Klett-Cotta) 1982.

3   Der Begriff des politischen Hedonisten wurde von Leo Strauss eingeführt, an den Anthony de Jasay: «The State», Indianapolis (Liberty Fund) 1998, und an ihn dieser Beitrag anschliessen.

3   Vgl. zur Kritik des Deutschen Idealismus P. Koslowski, «Philosophien der Offenbarung. Antiker Gnostizismus, Franz von Baader, Schelling», Paderborn, München, Wien, Zürich (Schöningh) 2001, 2. Aufl. 2003.

4   Vgl. P. Koslowski, «Subsidiarität als Prinzip der Koordination der Gesellschaft», in: K. W. Nörr, Th. Oppermann (Hrsg.), «Subsidiarität: Idee und Wirklichkeit. Zur Reichweite eines Prinzips in Deutschland und Europa», Tübingen (J. C. B. Mohr [Paul Siebeck]) 1997, S. 39–48.

Quellenverzeichnis

I. Kapitel:

Gerhard Schwarz, überarbeitete und erweiterte Fassung des am 14. April 2001 unter gleichem Titel in der «Neuen Zürcher Zeitung» erschienenen Leitartikels.

Samuel Warren and Louis D. Brandeis, «The Right to Privacy», in: Harvard Law Review 193, 1890, Vol. IV, p. 193–196.

Bernhard Ruetz, Originaltext.

Hannah Arendt, «Vita activa», Verlag R. Piper, München 1996[8], S. 73–81.

II. Kapitel:

Suzette Sandoz, Originaltext.

Alexis de Tocqueville, «Über die Demokratie in Amerika», Verlag Philipp Reclam Jun., Stuttgart 1985, S. 324–329.

Edwin J. Feulner, überarbeitete Fassung des Referats gehalten an der 16. Economic Conference der Progress Foundation vom 24. April 2002 in Zürich.

Konrad Hummler, überarbeitete Fassung des Referats gehalten an der 16. Economic Conference der Progress Foundation vom 24. April 2002 in Zürich.

III. Kapitel:

Rainer J. Schweizer, überarbeitete Fassung des Referats gehalten an der 15. Economic Conference der Progress Foundation vom 29. November 2001 in Zürich.

Richard A. Epstein, überarbeitete Fassung des Referats gehalten an der 15. Economic Conference der Progress Foundation vom 29. November 2001 in Zürich.

Gabriele Siegert, Originaltext.

Beat Rudin, Originaltext.

IV. Kapitel:

Josef Ackermann, Originaltext.

Richard W. Rahn, «The End of Money and the Struggle for Financial Privacy», Seattle 1999, p. 59–64.

Konrad Hummler, leicht überarbeitete Fassung des gleichnamigen Aufsatzes in: Walter Hirt, Robert Neff, Richard C. Ritter (Hrsg.) «Eigenständig: Die Schweiz – ein Sonderfall», Zürich 2002, S. 112–124.

Peter Koslowski, Originaltext.

Autorenverzeichnis

Josef Ackermann ist seit 2002 Sprecher des Vorstands der Deutschen Bank und Vorsitzender des Exekutivkomitees. Er studierte Wirtschafts- und Sozialwissenschaften an der Universität St. Gallen und promovierte dort 1977 zum Dr. oec. Bis 1989 nahm er nebenamtlich einen Lehrauftrag in Finanzpolitik und Wirtschaftstheorie an der Universität St. Gallen wahr. Nach dem Doktorat begann er, für die Schweizerische Kreditanstalt (SKA) in Führungspositionen in New York, Lausanne und London zu arbeiten. 1993 wurde er Präsident der Generaldirektion der Schweizerischen Kreditanstalt. 1996 wechselte er als Vorstandsmitglied zur Deutschen Bank in Frankfurt/Main.

Hannah Arendt, geboren 1906 in Hannover, gestorben 1975 in New York, studierte Philosophie, Theologie und Griechisch u.a. bei Heidegger, Bultmann und Jaspers, bei dem sie 1928 promovierte. 1933 emigrierte sie nach Paris, ab 1941 lebte sie in New York. 1946 bis 1948 war sie als Lektorin, danach als freie Schriftstellerin tätig. 1963 wurde sie Professorin an der Universität von Chicago, ab 1967 an der New School for Social Research in New York. Sie erhielt zahlreiche Ehrungen, darunter den Lessing-Preis der Stadt Hamburg.

Louis D. Brandeis, geboren 1856 in Louisville (Kentucky), gestorben 1941 in Boston, studierte Jurisprudenz an der Universität Harvard und eröffnete daraufhin eine Rechtsanwaltskanzlei in Boston. 1916 wurde er als erster jüdischer Richter mit der Unterstützung von Präsident Wilson an den Supreme Court gewählt. Er war zeitlebens ein starker Anhänger der zionistischen Bewegung. Sein herausragender Aufsatz ist «The Right to Privacy».

Richard A. Epstein is the James Parker Hall Distinguished Service Professor of Law at the University of Chicago since 1972. He has also been the Peter and Kirstin Senior Fellow at the Hoover Institution since 2000. He is a member of the American Academy of Arts and Sciences and a Senior Fellow of the Center for Clinical Medical Ethics at the University of Chicago Medical School. He served as editor of the Journal of Legal Studies from 1981 to 1991, and since 1991 has been an editor of the Journal of Law and Economics. He is the author of numerous books and articles.

Edwin J. Feulner, Ph. D., is President of The Heritage Foundation in Washington, D.C. Heritage is the largest privately supported public policy research organization (»think tank«) in the world. Feulner also serves on the board of three grant-making foundations and of five other policy organizations, as a member of the Multimedia Super Corridor's international advisory board (Malaysia) and as a Distinguished Visiting Professor at Hanyang University in Korea. He is the author and contributor of many books.

Konrad Hummler ist geschäftsführender Teilhaber von Wegelin & Co., Privatbankiers, St. Gallen. Er studierte an den Universitäten Zürich und Rochester (N.Y.) Jurisprudenz und Ökonomie. Nach seiner Promotion an der Universität Zürich war er von 1981 bis 1988 bei der Schweizerischen Bankgesellschaft vor allem als persönlicher Referent des Verwaltungsratspräsidenten Robert Holzach tätig. 1989 erfolgte der Wechsel zu Wegelin & Co., deren Teilhaber er seit 1991 ist. Hummler ist Mitglied des Verwaltungsrats verschiedener Unternehmungen und Institutionen sowie Stiftungsrat der Progress Foundation. Er ist Autor etlicher polit-ökonomischer Studien sowie der Wegelin-Anlagekommentare.

Peter Koslowski ist Visiting Scholar-in-Residence beim Liberty Fund, Indianapolis, USA, und apl. Professor an der Universität Witten/Herdecke. Er war 1985–1987 ordentlicher Professor für Philosophie und Politische Ökonomie an der Universität Witten/Herdecke und 1987–2001 Gründungsdirektor des Forschungsinstituts für Philosophie Hannover. Er ist Vorsitzender des Ausschusses Wirtschaftsethik der Deutschen Gesellschaft für Philosophie. Er verfasste zahlreiche Bücher zur politischen

Philosophie, Wirtschaftsethik und Religionsphilosophie. 2001 erschien sein Buch «Principles of Ethical Economy».

Richard W. Rahn is Senior Fellow of the Seattle-based Discovery Institute and founder of the Novecon companies, whose products range from advanced semiconductor substrates and devices to international financial services. He received his Ph.D. from Columbia University in 1972 and served as head of the graduate Departement of Management of the Polytechnic University of New York. During the 1980s, he was Vice President and Chief Economist of the US Chamber of Commerce. He served as an economic advisor to US and foreign government officials and coordinated several economic transition teams in Eastern Europe. He is a frequent commentator on economic issues in the news media.

Beat Rudin studierte Jurisprudenz an der Juristischen Fakultät der Universität Basel, wo er 1991 promovierte. 1992 bis 2001 war er Datenschutzbeauftragter des Kantons Basel-Landschaft. In den Jahren 2000 und 2001 war er Präsident der Vereinigung «Die schweizerischen Datenschutzbeauftragten / Les Commissaires suisses à la protection des données (DSB+CPD.CH)». Er ist Mitherausgeber der Zeitschrift für Datenrecht und Informationssicherheit «digma» (www.digma.info). Seit 2001 ist Rudin Geschäftsführer der Stiftung für Datenschutz und Informationssicherheit (www.privacy-security.ch).

Bernhard Ruetz ist wissenschaftlicher Mitarbeiter am Liberalen Institut, Zürich (www.libinst.ch). Er hat Allgemeine Geschichte, Philosophie und Allgemeines Staatsrecht an den Universitäten Zürich, Basel und Freiburg im Breisgau studiert und mit der Dissertation «Der preussische Konservatismus im Kampf gegen Einheit und Freiheit» an der Universität Zürich promoviert. Ruetz ist Verfasser zahlreicher Beiträge zu liberalen und konservativen Grundsatzfragen.

Suzette Sandoz ist ordentliche Professorin für Familien- und Erbrecht an der Universität Lausanne. Sie studierte Jurisprudenz an der Universität Lausanne und war Assistentin für Schuldbetreibungs- und Konkursrecht, Verfassungsrecht und Zivilprozessrecht. Von 1986 bis 1991 war Sandoz als Mitglied der «Liberalen Partei» im Waadtländer Kantonsrat und von 1991 bis 1998 im Nationalrat.

Gerhard Schwarz studierte Wirtschaftswissenschaften an der Universität St. Gallen sowie am American Institute for Economic Research in Great Barrington (Mass.). Nach seiner Dissertation über Kolumbien und einem Gastspiel in einem Liechtensteiner Industriebetrieb trat er 1981 in die Wirtschaftsredaktion der «Neuen Zürcher Zeitung» ein, die er seit 1994 leitet. Schwarz ist Autor und Herausgeber zahlreicher Bücher sowie wissenschaftlicher Artikel und nimmt einen Lehrauftrag an der Universität Zürich wahr. Er ist Mitglied verschiedener Stiftungsräte, darunter auch der Progress Foundation. Seit 2002 ist er ausserdem Vorsitzender der Friedrich-August-von-Hayek-Gesellschaft.

Rainer J. Schweizer ist seit 1990 ordentlicher Professor für öffentliches Recht an der Universität St. Gallen. Er war 1974 bis 1986 wissenschaftlicher Mitarbeiter im Eidgenössischen Justiz- und Polizeidepartement, in verschiedenen Expertenkommissionen des Europarates und der OECD, besonders zu Fragen des Informations- und Datenschutzrechts. Seit 1993 ist er Präsident der Eidgenössischen Rekurs- und Schiedskommission und seit 1996 Vizepräsident von Interpol (Lyon). Seit 1998 ist er Mitglied des Rates der Schweizerischen Akademie für Geistes- und Sozialwissenschaften und seit 1999 Mitglied des Rates der Schweizerischen Wissenschaftlichen Akademien sowie Beirat der internationalen Richter-Union (Madrid).

Gabriele Siegert ist ordentliche Professorin für Publizistikwissenschaft mit Schwerpunkt Medienökonomie an der Universität Zürich. Sie studierte Wirtschafts- und Sozialwissenschaften und war von 1987 bis 1995 Assistentin am Lehrstuhl für Soziologie und empirische Sozialforschung an der Universität Augsburg, wo sie 1992 promovierte. Von 1995 bis 2001 war sie Universitätsassistentin am Institut für Kommunikationswissenschaft der Universität Salzburg, 1999 Vertretungsprofessorin für Medienwissenschaft an der Universität Jena und im Jahre 2000/2001 Vertretungsprofessorin für Kommunikationswissenschaft am Institut für Journalistik und Kommunikationsforschung der Hochschule für Musik und Theater in Hannover. Siegert ist Autorin etlicher Publikationen zum Thema Medienökonomie und Medienmanagement.

Alexis de Tocqueville, geboren 1805 in Paris, gestorben 1859 in Cannes, entstammte einem alten normannischen Adelsgeschlecht. Nach dem

Studium der Jurisprudenz an der Sorbonne in Paris führte ihn 1831 eine Studienreise im Auftrag der französischen Regierung nach Nord-amerika. Ab 1832 führte er in Paris ein Advokaturbüro, war aber hauptsächlich mit der Niederschrift seiner Erfahrungen in Amerika («De la démocratie en Amérique») beschäftigt. Nicht zuletzt deshalb wurde er 1841 in die Académie Francaise aufgenommen. 1848 wurde er Vizepräsident der Französischen Nationalversammlung und 1849 Aussenminister der Zweiten Französischen Republik. Seine politische Karriere endete 1851 durch die Einflussnahme von Napoleon III. Danach schrieb er sein berühmtes Werk: «L'Ancien Régime et la Révo-lution».

Progress Foundation

Die Progress Foundation ist eine gemeinnützige Stiftung nach schweizerischem Recht. Sie untersteht der Stiftungsaufsicht des Eidgenössischen Departements des Innern in Bern. Sie ist politisch, wirtschaftlich und ideologisch unabhängig. Ihr Credo basiert auf der Überzeugung, dass Fortschritt und Freiheit aufs engste miteinander verknüpft sind. Ohne Freiheit des Forschens und Suchens ist wirtschaftliche und gesellschaftliche Innovation nicht möglich. Freiheit führt immer zu Offenheit, Bewegung, Wandel und Fortschritt. In diesem Sinne will die Progress Foundation zur Weiterentwicklung und Verbreitung freiheitlicher Ideen beitragen, die um die Prinzipien Wettbewerb, Privateigentum, Selbstverantwortung und Soziale Verantwortung kreisen.

Die bisherigen Aktivitäten der Progress Foundation konzentrieren sich auf vier Bereiche. Die Stiftung organisiert Vorträge und Diskussionsveranstaltungen, vor allem in Form von «Economic Conferences» in Zürich. Ferner veranstaltet sie Workshops, bei denen im kleinen Kreis klassische Texte diskutiert werden. Diese Symposien sollen den jeweils rund fünfzehn Meinungsführern aus Wissenschaft, Politik, Wirtschaft und Medien Impulse für ihre Tätigkeit vermitteln. Die Stiftung verbreitet ihr Gedankengut ferner durch Publikationen. Bisher wurden Texte der verschiedenen «Economic Conferences» vor allem auf Englisch im Rahmen der Schriftenreihe der Schwesterorganisation «American Institute for Economic Research» (Great Barrington, Massachusetts) veröffentlicht. Das vorliegende Buch ist nun bereits das dritte einer Schriftenreihe auf Deutsch. Schliesslich vergibt die Progress Foundation Stipendien an schweizerische Studenten, die an einem Sommerprogramm des American Institute for Economic Research teilnehmen wollen. Sie leistet ausserdem gelegentlich für Forschungsprojekte, die dem Stiftungszweck entsprechen, finanzielle Unterstützung.

In der Reihe der Progress Foundation sind im NZZ Buchverlag erschienen:

———

Gerhard Schwarz, Robert Nef (Hrsg.)
Neidökonomie
Wirtschaftspolitische Aspekte eines Lasters
2000, 200 Seiten
Mit Beiträgen von: Ernst Fehr, Gonzalo Fernández de la Mora, Friedrich August von
Hayek, Robert Nef, John Rawls, Helmut Schoeck, Gerhard Schwarz, Erich Weede

«Es gibt kein vergleichbares Buch... Wenn man sich für das Phänomen des Neides
interessiert, kommt man an diesem Band nicht vorbei.»   *Frankfurter Allgemeine Zeitung*

«Nebst Referaten und modernen Klassikertexten versammelt der gediegene Reader
‹Neidökonomie› repräsentative Sprichwörter und Zitate zum Thema Neid aus
verschiedenen Kulturen und Jahrtausenden.»   *Neue Zürcher Zeitung*

———

Robert A. Gilmour, Gerhard Schwarz (Hrsg.)
Freiheit und Fortschritt – Die Suche nach einem gemeinsamen Nenner
Freedom and Progress – In Search of a Common Denominator
2001, 252 Seiten
Mit Beiträgen von: George Gilder, Robert A. Gilmour, Deepak Lal, Allan H. Meltzer,
Meinhard Miegel, Manfred J.M. Neumann, Alvin Rabushka, Dixy Lee Ray,
Albrecht Ritschl, Manfred Rose, Gerhard Schwarz, Jürg H. Sommer

«Die kurzen Texte umfassen ein breites Spektrum von Themen... kaum ein Autor
schreckt vor provokanten Thesen zurück, etwa bei der Entmythologisierung ökologischer
Gefahren, der Einheitssteuer oder einer marktwirtschaftlichen Reform des Gesund-
heitswesens ... Besonders jene Aufsätze (sind) interessant, die nach den Entwicklungs-
bedingungen marktwirtschaftlicher Ordnungen fragen.»   *Neue Zürcher Zeitung*

«Stellenweise überzeugend und in jedem Fall spannend ist diese Diskussion.»
                                              Frankfurter Allgemeine Zeitung

———

Konrad Hummler, Gerhard Schwarz (Hrsg.)
Das Recht auf sich selbst
Bedrohte Privatspähre im Spannungsfeld zwischen Sicherheit und Freiheit
2003, 216 Seiten

———

Neue Zürcher Zeitung, Buchverlag
Postfach, 8021 Zürich, Telefon 01 258 15 05, Fax 01 258 13 99
buch.verlag@nzz.ch, www.nzz-buchverlag.ch

Im NZZ Buchverlag erschienen:

_____

Psychologische Grundlagen der Ökonomie
Herausgegeben von
Ernst Fehr und Gerhard Schwarz
2003, 116 Seiten
Mit Beiträgen des Nobelpreisträgers Vernon Smith und von
Samuel Bowles, Colin Camerer, Kurt Dopfer, Armin Falk, Ernst Fehr, Bruno S. Frey,
Simon Gächter, Herbert Gintis, David Laibson, George Loewenstein, Gerhard Schwarz,
Robert J. Shiller, Tom Tyler, Jean-Robert Tyran, Jeromin Zettelmeyer

In der Ökonomie ist bisher oft von der Annahme ausgegangen worden, dass der Mensch rational und eigennützig handle. Dieses Denken greift jedoch zu kurz. Dem scheinbar vernünftigen Handeln des Menschen liegen häufig irrationale Motive zugrunde. Zum einen können Neid und Ehrgeiz das Verhalten mitbestimmen, zum andern zeigen sich Werte wie Fairness oder das Prinzip der Gegenseitigkeit als Korrektive ungebremsten Machtstrebens. In jedem Fall hat man es mit komplexen Verhältnissen zu tun. Wer die Ökonomie von Grund auf verstehen will, muss deshalb mehr über das Wesen des Menschen wissen. Die Wirtschaftswissenschaft ist eben nicht eine Art «höhere Mathematik» und auch nicht eine mechanistische Analyse der Welt, sondern eine Humanwissenschaft. In ihrem Zentrum steht das Verhalten der Menschen. Diese Sehweise war zeitweise verschüttet, hat aber in den letzten Jahren vor allem dank dem Aufkommen von Experimenten eine eigentliche Renaissance erlebt.

Diese Essaysammlung, die auf einer Artikelserie in der «Neuen Zürcher Zeitung» basiert, versucht, gesicherte Erkenntnisse über die psychologischen Grundlagen der Ökonomie zu vermitteln. Nicht um Formeln und Schlagworte ist es ihr zu tun, sondern um kompakte, verständliche Information.

Neue Zürcher Zeitung, Buchverlag
Postfach, 8021 Zürich, Telefon 01 258 15 05, Fax 01 258 13 99
buch.verlag@nzz.ch, www.nzz-buchverlag.ch